新課程・国家資格シリーズ①

地域福祉論

新たなパートナーシップの形成のために

牛津信忠・星野政明・増田樹郎　編著

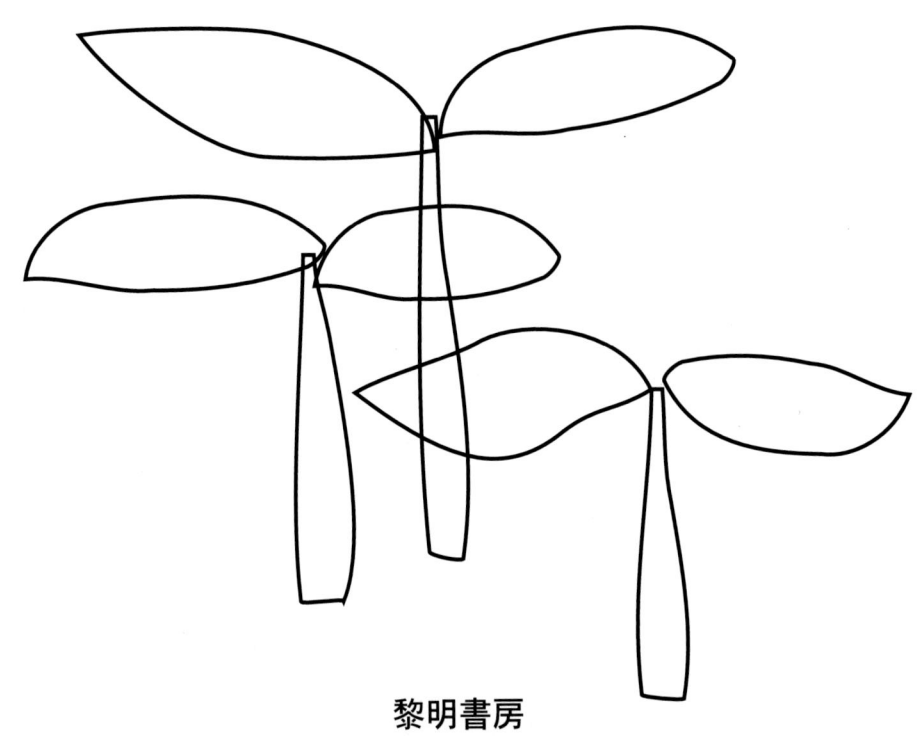

黎明書房

はじめに──いま，なぜ地域福祉なのか

　周知のように，社会保障構造改革及び社会福祉基礎構造改革の理念を踏まえて，公的介護保険制度が施行され，社会福祉事業法改正によって社会福祉法が成立した。一連のこうした制度改革のねらいは，旧来の措置制度を改め契約制度に移行させることであるが，その方向は，サービスの需給調整を市場原理に委ねることであり，具体的には「利用者による選択の尊重」と「民間事業者の活用」を基本とする改革を行うことである。

　公的介護保険では，公助（公費負担）・自助（自己負担）・互助（40歳～65歳未満の保険料負担）に加えて，地域保険的な傾向を持つ共助（65歳以上の保険料負担）が組み込まれている。共助は市町村の介護サービスの充実度や利用度によって保険料が変動するシステムであるが，サービスと費用負担に関する市町村格差が見えてくるこうしたシステムは，地域の福祉レベルとサービス内容に対する住民による評価が不可欠である。その意味では，介護を通して素顔の見える地域施策に対する市町村の力量がいま問われているといってよい。

　他方，社会福祉法では，「措置から契約へ」に対する諸施策が盛り込まれているが，そのポイントは，①サービス利用者の権利擁護と，サービス提供事業者の評価システムを確立すること，②社会福祉法人の透明性を高めること，③地域福祉の推進を図るために社会福祉協議会の機能を拡充すること，の3点である。

　この法改正によって，児童福祉と生活保護の関連を除いた大部分の福祉施策は，市町村に移管することになったが，その主旨を踏まえれば，市町村の「地域福祉計画」策定の義務づけは，まさに福祉・医療・保健の総合的なビ

ジョンを地域において実現していくこと，つまりは住民の生活ニーズを反映したサービス・システムを具体化することに直結している。

一連の制度改革では，福祉という公的空間を「行政」から「地域」に移し，サービスの「選択と決定」は利用者―事業者間で締結されるサービス関係に集約されて，行政の役割は「支援費」の支給手続に限定されることになる。「地域」を主眼とすることは，一面では住民の暮らしに根ざした，住民本位の福祉サービスを実現することであるが，他面では，サービス提供のみならず，サービス利用においても，地域＝市場（原理）としての功利性や効率性が求められていくことにほかならない。

この二面性があればこそ，サービス事業における利用者の権利擁護がクローズアップするのであり，地域福祉権利擁護事業や成年後見制度は，痴呆症高齢者や知的障害者等が契約関係の俎上にのぼるために不可欠な制度なのである。

しかし，当事者としての利用者や家族からすれば，こうした改革がもたらす影響がどのような形で「わが身の問題」となるのか，を理解することは容易ではない。措置制度において福祉サービスは反射的利益でしかなかったがゆえに，あるいは措置内容についての情報開示すらなかったがゆえに，施設ケアでも在宅ケアでも，自己責任において生活設計していくための学習と選択の機会は皆無だったのである。

あるいは，制度改革によって，市町村社会福祉協議会（以下，社協とする）は「協議体」としての体質改善を求められながら，「運動体」として住民主体の地域福祉活動を継続していく意思とは別に，介護サービスを中心とする「事業体」としての主体性を確立しなければならないという状況下にある。社協が果たすべき役割像は，社協の将来像であるばかりではなく，地域住民の地域福祉像であるといえるならば，「住民の選択する福祉」を実現するターニングポイントの一つが社協にあるといって過言ではないであろう。

あらためて「住民の選択する福祉」がいま，それぞれの地域において問われている。少子・高齢化していく状況では，介護ニーズは，高齢者を抱えている家族の現在を描いているだけではなく，地域の近未来像を映し出してい

はじめに

るのである。福祉教育は，長い時間をかけて世代から世代へと福祉の心を伝え，育んでいく試みにほかならない。ボランティア活動は，組織づくりからネットワーク（連携）づくりに変化しつつ，地域福祉の導入役を果たしている。住民が主役となるためには，学習と情報交換が不可欠であり，当事者支援の輪を広げながら，住民のニーズ（声）を活動に繋げ，参画していく基盤づくりがいま求められているのである。

　全国には「こんなまちだったらいいな」という願いが「こんなまちにしよう」という活動へと展開している地域が多くある。福祉の状況が大きく変わるとすれば，それは制度改革によってではなく，住民が「いのちを育み，暮らしを営む」主体として，自らの社会的・政治的・法的な立場や主張をボトムアップしていく瞬間であろう。エンパワメントとは，こうした活動と参画を最大化していくための視点や方法を意味している。その意味では，住民の暮らしの中にある福祉への関心や動機，活動を最大限にパワーアップしていこうとすることこそ地域福祉の思想にほかならない。

　本書は，こうした地域福祉の時代を踏まえて，いま最もホットな話題を盛り込みつつ，地域福祉の主要な課題を取り上げて解説している。社会福祉の教育・研究・実践を通して，明日の福祉世界を創造していくために，本書がわずかでも貢献していくことができるならば望外の幸せである。

　末筆ながら，本書の編集に際して，貴重な研究成果をまとめてくださった執筆者の方々，また絶えず協力と励ましをいただいた黎明書房の武馬久仁裕社長，細心の気遣いを通して編者の連携を助けていただいた都築康予氏に対して，衷心よりの敬意と感謝を申し上げる。

　　　　　　　　　　　　　　　　　　　　　　編者　星野政明ほか

目　次

はじめに──いま，なぜ地域福祉なのか　1

第1章　地域福祉への道標 …………………………………… 13

1　社会福祉における地域福祉の位置　14
　(1)　社会福祉基礎構造改革　14
　(2)　社会福祉理念からの再出発　14
2　参加と共同性の位置　17
3　地域性──福祉コミュニティの理念　21
　(1)　地域での総合的な支援　21
　(2)　地域性と共同性　23
4　自立性──エンパワメントの視点　24
5　権利性──アドボカシーの意義　27
6　統合性──主体的共同の形成　29
　(1)　経済システムとしての統合化へ
　　　──共セクターの経済構造としての互酬システム──　30
　(2)　あらゆる地域政策・運動（活動）の原点　31
　(3)　実践活動の原点として　33

第2章　地域福祉の源流とコミュニティの課題 ……………… 37

1　歴史としての地域福祉　38
　(1)　地域福祉の源流　38
　(2)　米国におけるCOの形成　39
　(3)　英国におけるコミュニティケアの形成　40
　(4)　大戦後の地域福祉　40

2　コミュニティの形成——個と共同性　41
　　(1)　コミュニティへの視座　41
　　(2)　コミュニティと近代化　43
　　(3)　コミュニティにおける個と共同性　44
　3　コミュニティと地域福祉　46
　　(1)　コミュニティ概念の課題　46
　　(2)　コミュニティから地域福祉へ　47
　4　コミュニティ実践の視点と方法　48
　　(1)　コミュニティ実践の視点　48
　　(2)　コミュニティ実践の方法　49
　　(3)　コミュニティ実践の課題
　　　　——特に「福祉のまちづくり」の場合——　50

第3章　地域福祉と社会福祉基礎構造改革　……………………　53

　1　社会福祉基礎構造改革における地域福祉の視点　54
　　(1)　「社会福祉八法改正」から社会福祉基礎構造改革へ　54
　　(2)　社会福祉基礎構造改革と地域福祉　59
　2　措置制度から利用制度へ　61
　3　公的介護保険と地域福祉の課題　67
　　(1)　介護保険制度の概要　67
　　(2)　公的介護保険と地域福祉の課題　70
　4　利用者の権利擁護とその課題　71
　　(1)　成年後見制度と地域福祉権利擁護制度　71
　　(2)　利用者の権利擁護と課題　77

第4章　地域福祉の方法と実践　………………………………　79

　1　地域福祉を担うヒューマンパワー　80
　2　地域福祉計画立案の視点と方法　81
　　(1)　地域福祉計画策定の意義　81

(2) 地域福祉計画の構造と特質　82
　　(3) 地域福祉活動計画の内容と構成　82
　　(4) 地域福祉活動計画の過程と展開方法　83
　3　コミュニティワークの方法と過程　85
　　(1) コミュニティワークの意味　85
　　(2) コミュニティワーク実践の技術・技法　85
　　(3) 地域組織化活動の意義と方法　87
　4　ケアマネジメントの方法と過程
　　　──ソーシャル・サポート・システムを目指して──　90
　　(1) ケアマネジメントの意味と必要性　90
　　(2) ケアマネジメントの方法と過程　91
　　(3) ソーシャル・サポート・システムとケアマネジメント　93
　　(4) ケアマネジメントを支える対人援助の技法　93
　5　ボランティア活動とその展開　94
　　(1) ボランティア活動の社会的意義と性格　94
　　(2) 阪神・淡路大震災時のボランティア活動から学ぶもの　95
　　(3) ボランティア活動展開の方法　96
　　(4) NPO（民間非営利組織）とボランティア活動　97
　6　福祉オンブズパーソンの意義と役割　98
　　(1) オンブズパーソン制度の意味　98
　　(2) 福祉オンブズパーソンの意義と役割　99
　　(3) 福祉オンブズパーソンの展開の方法　100

第5章　地域福祉とエンパワメント　103

　1　地域福祉における権利擁護の課題　104
　　(1) 「社会福祉法」制定の社会的背景　104
　　(2) 権利擁護の課題　105
　2　エンパワメントの意味　106
　　(1) エンパワメントの台頭と歴史的展開　106

(2) エンパワメントとは　107
　3　エンパワメント実践の視点　108
　　(1) アメリカ社会のエンパワメント・アプローチ　108
　　(2) わが国の福祉改革による地域福祉実践の変容　109
　　(3) 新たな時代の地域福祉実践　110
　4　エンパワメント実践の方法　111
　　(1) 対人的アプローチ　111
　　(2) エンパワメントへの対社会的アプローチ　112
　5　福祉専門職とエンパワメント　114
　　(1) 福祉専門職の課題　114
　　(2) 福祉職における専門性の獲得　115

第6章　地域ケアサービスの視点と方法　119

　1　地域ケアサービスの視点と方法　120
　　(1) 地域ケアサービスとは　120
　　(2) 地域ケアサービスの視点　120
　　(3) 地域ケアサービスの方法　121
　2　利用者主体の生活援助とは　122
　　(1) 救済から人権保障へ　122
　　(2) 医学モデルからライフモデルへ　123
　　(3) 問題別・個別的援助からケアマネジメントへ　123
　3　利用者主体の施設ケアとは　125
　　(1) 施設の在宅化　125
　　(2) 施設の地域化　126
　4　利用者主体の在宅ケアとは　128
　　(1) 在宅生活に必要な多様な機能の調達と調整及びケア計画作成　128
　　(2) 利用者を取り巻く環境への働きかけ　129
　　(3) 組織化　130
　5　利用者のための福祉情報・相談サービスの在り方　131

(1) 情報提供の視点　132
　　(2) 相談サービスの視点　133

第7章　地域福祉と社会福祉協議会　135

1　社会福祉協議会とは何か　136
　　(1) 概要　136
　　(2) 財源　137
　　(3) 事業活動　138
　　(4) まとめ　139

2　社会福祉基礎構造改革と社会福祉協議会　140
　　(1) 社会福祉基礎構造改革の本質　140
　　(2) 社協への影響　140

3　地方分権から見た社会福祉協議会の意義
　　——地方分権法の流れを踏まえて——　141
　　(1) 公共とは何かが問われる　141
　　(2) 社協の意義　142

4　都道府県社会福祉協議会の位置づけ　143
　　(1) 都道府県社協　143
　　(2) 市区町村社協からする都道府県社協の位置づけ　144

5　市区町村社会福祉協議会の役割像　145
　　(1) 理念から見た役割　145
　　(2) 実践目標から見た役割　145
　　(3) 実践原則から見た役割　146
　　(4) 実践方法から見た役割　147
　　(5) 組織から見た役割　147

第8章　地域福祉の関連領域
　　——医療・保健・教育を中心にして——　151

1　医療・保健と地域ケア・システム　152

(1)　福祉・医療・保健の連携への動き　152
　(2)　「連携」の意味内容　152
　2　地域医療と地域福祉の連携　154
　(1)　医療・保健活動の地域への関心　154
　(2)　連携への可能性　155
　(3)　連携のパターンについて　156
　3　地域保健と地域福祉の接点　158
　(1)　制度から見た地域保健　158
　(2)　求められる住民参加　159
　(3)　保健・医療・福祉の連携を目指して　160
　4　福祉教育を地域福祉に活かす視点　161
　(1)　福祉教育とは　161
　(2)　福祉教育登場の背景　163
　5　生涯学習の課題と地域福祉　164
　(1)　生涯学習の本質とは　165
　(2)　生涯学習と地域福祉活動　166

第9章　生活環境と地域福祉の視点　………………………… 169

　1　地域環境から見る福祉問題　170
　(1)　"当たり前"の要望　170
　(2)　環境上の福祉課題　171
　(3)　環境改善に向けて　171
　2　生活空間づくりと地域福祉　172
　(1)　理念としてのノーマライゼーション　172
　(2)　方法としてのバリアフリー　174
　(3)　バリアフリーからユニバーサルデザインへ　174
　3　生活文化の創造と地域福祉　177
　(1)　暮らしの安心と生活文化　177
　(2)　"かけがえのないもの"と生活文化　178

4　福祉のまちづくりと地域福祉活動　180
　　(1)　意識づくり　180
　　(2)　当事者に学ぶ　181
　　(3)　住民の支援と連帯　182
　　(4)　行政の役割　183
　　(5)　福祉のまちづくりの課題　186

第10章　地域福祉の国際的動向　189

　1　英国の地域福祉──その理念と方法──　190
　　(1)　歴史及び社会的背景──地域福祉的な発想の展開──　190
　　(2)　地域福祉の意義と位置　192
　　(3)　現在の取り組みと問題点　194
　　(4)　今後の発展方向・課題　196
　2　米国における地域福祉──その理念と方法──　199
　　(1)　歴史　199
　　(2)　意義　200
　　(3)　動向　202
　　(4)　今後の展望　203
　3　スウェーデンの地域福祉──その理念と方法──　205
　　(1)　歴史的背景　205
　　(2)　地域福祉の意義　206
　　(3)　地域福祉の動向　206
　　(4)　地域福祉の展望　208
　4　オーストラリアの地域福祉──その理念と方法──　210
　　(1)　高齢者システムの改革　210
　　(2)　将来の課題　211
　　(3)　ケア・チョイス　211
　　(4)　まとめ　215
　5　韓国の地域福祉──その理念と方法──　216

目　次

　　(1)　韓国地域福祉の歴史　217
　　(2)　セマウル運動　218
　　(3)　社会福祉協議会　220
　　(4)　総合社会福祉館　221

第11章　地域福祉の実践事例　……………………………………　223

　1　過疎地における社協活動　224
　　(1)　事例の概要　224
　　(2)　経過と背景　224
　　(3)　課題と展望　225
　　(4)　論点　226

　2　都市化の中の高齢者ケアと地域福祉活動　228
　　(1)　事例の概要　228
　　(2)　経過と背景　228
　　(3)　課題と展望　229
　　(4)　論点　230

　3　障害者の地域自立生活とサービス利用　232
　　(1)　事例の概要　232
　　(2)　事例を理解する視点　232
　　(3)　課題・展望　232
　　(4)　論点　238

　4　地域での子育て支援活動　240
　　(1)　事例の概要　240
　　(2)　活動の展開　240
　　(3)　課題と展望　242
　　(4)　論点　243

　5　地域に根づいた在宅支援ボランティア　245
　　(1)　事例の概要　245
　　(2)　事例のポイント　246

(3) 課題と展望　247
　(4) 論点　248
　6　**精神保健福祉領域における地域支援活動**　249
　(1) 事例の概要　249
　(2) 事例を理解するポイント　249
　(3) 課題と展望　250
　(4) 論点　253

資料編　255
索引　272

第 1 章

地域福祉への道標

　地域の中における生活福祉形成の営みを「地域福祉への道標」と総称して議論する。ここでは，まず"地域福祉とは何か"をはじめとするその理念領域を解明する。その理解を通じて，社会福祉基礎構造改革時代とでもいえる改革の嵐の中から，地域福祉が時代の課題を解決する要として浮かび上がる。それは地域福祉が時代の求める参加と協働を内包し，地域に生きる人々相互のパートナーとしての行き方を探るがゆえである。その方向性をたどる中で福祉社会への歩みが確実化され，そこでは公助や自助とともに，共助が重要な位置を占める。本章ではこの基盤となる内容が中間（共）セクター論として究明される。また地域福祉実践の中で配慮さるべきエンパワメント，アドボカシー，また主体性を築くシステム，さらに互酬構造等についても地域福祉の軸足としての位置づけを伴い解明がなされる。

1 社会福祉における地域福祉の位置

(1) 社会福祉基礎構造改革

　日本においても新たな社会福祉システムへの移行が進められてきたが，近年「社会福祉基礎構造改革」として本格的に形を整えてきた。その基本視点は，「多様な福祉問題の錯綜」の中において「限られた者の保護・救済にとどまらず，国民全体を対象として，その生活の安定を支える役割を果たす」ことを目指すものと概括される。これは，従来から社会福祉領域において広く議論されてきた内容「社会福祉概念の狭義から広義への移行」ないし「選別的かつ弱者救済的福祉から普遍的，一般的福祉へ」という方向性の延長線上にある。

　さらにその構造改革理念を概観しておくと，サービスの利用者と提供者との間の対等な関係，利用者本位に需要を総合的かつ継続的に把握，保健・医療・福祉の総合的なサービスが効率的に提供される地域体制，多様なサービス提供主体の参入促進，市場原理を活用，情報開示と事業運営の透明性，費用の公平かつ公正な負担，自助・共助・公助による地域的に個性ある福祉文化等が特筆される[注1]。

(2) 社会福祉理念からの再出発

　上記の改革に読み込まれた理念を，「ニーズに即した社会福祉」という理念に照らして検討しておく。

　これまでも，狭義に捉えた「より深刻な生活問題を抱えた人々への援助的対応」としての社会福祉において，全体的・総合的な問題状況の把握とそれに対応することが求められてきた。現在の福祉目的が，次第にニーズ充足という方向性を確立していくその程度に応じて，このような努力とその成果が深さを増している。次に，広義の社会福祉においては，当然のことながら一

第 1 章　地域福祉への道標

般化した共通のニーズへの対応という傾向を拭い去ることはできないが，問題解決をなそうとする個々人の生活問題状況の一般動向の中には狭義の社会福祉ニーズが潜んでおり，予防的対応にはこれとの連続性保持が求められる[注2]。

　ところで，この生活ニーズを地域生活者の側から捉えるならば，人々ないし人の主意主義（ボランタリズム）的行動——これをここでは「目的ないし意味を目指す意志的行動」と理解しておく——により各時点で規定されつつ把握される側面が重要である。この動的規定状況の中で，客体状況に取り囲まれて在ると見える人が意味を形作りつつ，その成就を目指す行動により主体化していく。少しく説明を加えるならば，社会福祉においては，「生命の尊厳」を基礎に，「生存権・生活権から幸福追求権」までを含む人権，それを保持・擁護するための「ニーズ充足」が，目指される価値すなわち目的となる。このような意味を持つ目的を達成すべく，一定の社会状況に対し意志的に行動していく。その中で客体に左右される（規定される）とともに意味を媒介にして客体をも左右し，そのプロセスで意志の独自性・独立性を獲得していく（図1-1参照）。こうした主体化の道を地域生活者が実践していく時に生活問題解決のプロセスが着実に地域の内側から築かれていく。そのような道を用意していくのが地域の中の社会福祉の重要な課題である。そこに福祉的な社会を築くプロセスがある。上述の目的志向＝ニーズ充足的な社会福祉の在り方とはこのような人間の主体化への道でもある[注3]。

　われわれのこうした福祉観，生活問題観によると，社会福祉における一定の福祉対象を特殊化してそれに対応してゆくような状況から脱することが可能となる。客体化からの離脱即主体化の道をたどるという中にある福祉への道は，人間の対象化の解消を意味するからである。弱者と強者，生活問題を抱える人とそうでない人，こうした区分がたとえ社会的にあったとしても，社会福祉の上記のような在り方が現実化するに応じて，社会福祉が生活者そのものの側から把握されるようになり，特殊化や対象化は，単なる遅れて進行する政策論上の便宜的表現にとどまるようになる。

　もし，上述のような社会福祉が進行しその密度を深めるとするならば，そ

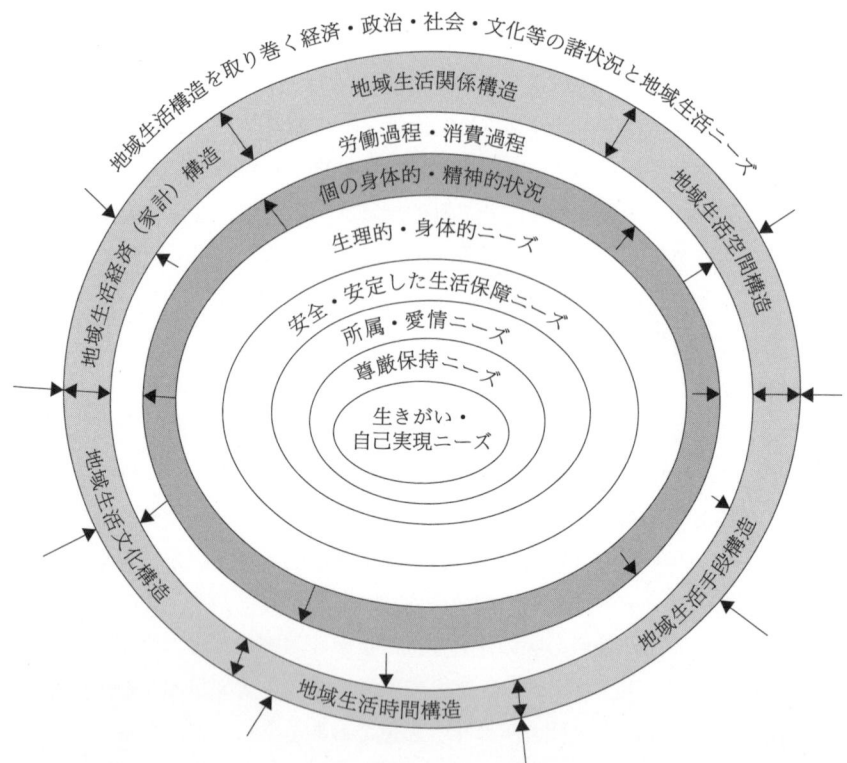

注　各構造要因は，相互に関連し合って存立している。それぞれの概要を知るため各構造因子の一端を注記しておく。
【生活関係構造】家族関係，近隣ないし地域関係，生活援助の人的ネット（専門，非専門）。
【生活手段構造】日常生活用具，移動・交通手段等の配置，医療・保健制度等，生活援助・回復・問題予防の制度・活動体。
【生活空間構造】住居，地域環境，生活環境に関する諸制度。
【生活文化構造】学問・芸術・娯楽等（享受・活動参加），教育・文化制度。
【生活経済（家計）構造】家計収入・支出。
【生活時間構造】日々の生活時間の配分状況。

図1-1

（図は拙稿「生活構造と社会経済体制」『長崎外語論叢』24号，1981年，62-65頁参照）

れは，国によって中央集権的に形作られるものではなく，生活の場そのものから内発性を重視しつつ作り上げられるものであることは，議論の流れの中から十分読み取ることができるであろう。そのような「生活の場すなわち地域社会において実現されていく社会福祉」をわれわれはここで一応便宜上地域福祉と呼び，地域福祉の定義の大枠とする（定義の詳細については次節及び注6参照）。

2　参加と共同性の位置

新たな生活者による創造的規定力としての「中間（共）セクター」

　われわれは，今この時点において，地域生活者による社会福祉ニーズの把握を基点に，生活密着型の福祉形成を課題としている。それにより，あまりに官僚化した公的福祉形成を是正し，公的介護保険がらみで生じる危険のある，利用者をないがしろにした営利本位の福祉商品化を防ぎ，さらには福祉のノーマライゼーションや高度化にも対応できる福祉形成システムの可能性を開くものである。さらに，それは予期される「基礎構造改革」がもたらすマイナス状況の予防策ともなる。

　かつて，ヘゲーデュシュ（Hegedus, A.）等が，公的生活の二重性を指摘した。この認識は，われわれに公的側面の二重構造を教えてくれる。一つは，極めて官僚的な権力機構としての側面である。もう一つは，同じ「公」といっても，公（共）の部分で，「社会的コントロールの実際の場所」といわれる自主的・自発的に人々（市民ないし生活者）が参与し協同性を保っていくことのできる側面である[注4]。

　われわれは，この公的生活の二重の場の後者に「中間セクター」という特別な意味・位置を見出すことができる。特にその純粋形態＝性格性を見つめるならば，まさに「共セクター」と呼ぶのがふさわしいであろう。

　いうまでもないことであるが，以上の言説は，「共セクター」を挟み込む公助及び自助の位置する「公セクター」「私セクター」の重要性を軽んじる主張

では毛頭なく，生活福祉に関していえば，公的にその生活保障及び最終責任が確実に保持され，また私的領域の自助についても，生活内容の実質形成の場という現実はこれから先もさほどの変化はないといえる。しかし，この時点で，現在の福祉の閉塞状況を打破し，新たな道の可能性を開く構造的な改革をより根源的な福祉価値を持つ内実あるものとするために，「中間（共）セクター」を提示するのである。

　それでは，この「中間セクター」を福祉領域に見出すとすればどのような集団・組織がそれに包み込まれるのであろうか。それを「公」及び「私」セクターとの関連を交え図示しておく。図1-2に示された中間（共）セクターの区分けされた各サブセクターは，まずその最も「共」の度合いの強い部分が公私協同としての「a」領域で示され，そこに社会福祉協議会，その他民間社会福祉諸団体，各種ボランティア協会，生活協同組合・福祉協同組合・高齢者協同組合等が位置する。「公」でありながら中間セクターとして区分けされる「b」の領域には，地域に根づいた公的体制，まさに公共の性格が強力に保持されるべき保健所，福祉事務所等をはじめ，福祉公社，公の下部機関としての諸団体・組織等が位置する。さらに公私でカバーしきれていない領域に自主的・自発的に，また先駆的に取り組む諸活動体・諸組織体が位置する場として「c」領域を考えることができる。ここに位置する活動体等には純粋なボランタリズムに基づくボランティア活動体や，市民運動体・活動体などを考えることができるであろう。最後に「d」の領域には，私的なメリットないし利益の形成を目指し協力し合ったり，社会企業体を設立するなどという動きの広がる，現時点では極めて活発な動きが見られるようになってきた預託型といわれる福祉活動体や団体，有償で利益を生みその配分が成される福祉活動，当事者グループ・活動体，家族の会活動，企業による福祉事業（営利型，フィランソロピー型）等がある。ここで付言しておくと，この各サブセクター内でそれぞれにボランティア的な活動を見出すことができるようになってきている。しかしそのボランタリズムの純粋性から，あえてここでは「c」の領域をその特性とともに浮き彫りにしている（図1-2参照）注5）。

第1章 地域福祉への道標

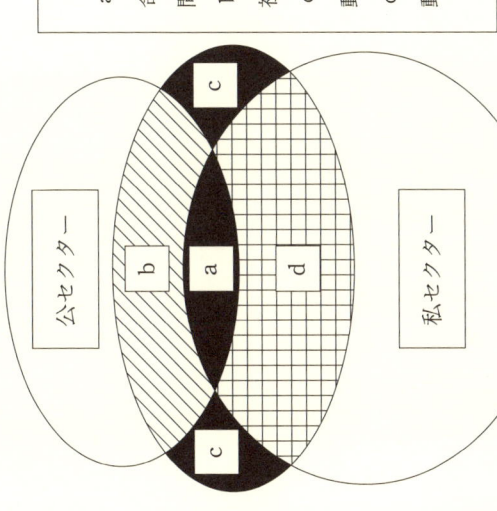

a 社会福祉協議会、福祉協同組合、共同募金会、その他各種民間福祉活動体・団体等
b 福祉事務所、保健所、福祉公社、公立福祉施設等
c 先駆的ボランティア団体・活動体、先駆的NPO団体等
d 預託型福祉活動、有償福祉活動、当事者活動体（家族の会）等

共セクターは図のa、b、c、dに分化してで示される。
（構成団体については右の囲み参照）

図1-2 地域社会内の中間（共）セクター

（図は『地域福祉活動計画-理論編』長崎県社会福祉協議会、1992年、11-12頁（牛津作成）参照）

19

こうした「中間」ないし「共」セクターがその性格を鮮明にしつつ,「公」や「私」各セクターを生活問題に即した場から社会的にコントロールしてゆく力と能力を養うことが,福祉問題の深化・拡大が進む現代において強く求められている。これは,繰り返しになるが,「公」や「私」各セクターの役割のトーンダウンではなく,またその重要性の軽視を意味するものではない。単なる機能的・補完的な役割をしか持つことがなかった「中間セクター」に構造的な役割を見出し,「公」「私」の各セクターの強化と独自性の発揮のためにもインパクトを与え,時にリードし,同時に自らも他セクターとの相互性の中で構造的な強化を確実にしていく。われわれは「中間セクター」をそのように位置づける。

上述のような地域社会動向の中で,人間の真の主体化のために,生活問題のまさに存在するその場とそこに生きる人々が,意識的に生活問題に直面ないし真向かい,それに対処していくことが求められ,そのような営みが現在広がりを持ちつつある。その時期において進行する社会福祉構造改革も,その営みの真髄を見極め,行動を共にすることによりその理念として掲げた内容を実現していくことができるといえよう。それは上述のような思想を含みつつ大きな潮流となって今後の社会を覆っていく,まさに地域福祉の流れにほかならないのである。

われわれはその地域福祉を現実的に把握できる範囲で定義づけ,後節においてその内包する理念域のより現実対応的な考察を進めていく。

これまで地域福祉については機能論的,運動論的とさまざまな表現がなされたものの,その構成内容を見る限りにおいては,基本的に岡村重夫により位置づけられて以来,さほどの変容を見せていない。すなわち地域福祉は,1.直接的具体的援助活動としてのコミュニティケア,2.地域組織化(コミュニティ・オーガニゼーション),3.福祉組織化(福祉コミュニティづくり)及び予防的社会福祉から構成されている。われわれは,今この段階において,従来の構成に運動論と少しく構造的論点を加味し次のように位置づけておく。地域福祉とは「①地域(生活圏)において公—共—私が協働して住民の生活ニーズの充足のために環境改善・ケアを含む生活支援及び諸種の福祉活動を

体系的に整備していく過程である。また、②社会基盤としてのコミュニティの組織化及び福祉運動の営みと、その中における住民の主体化を促進する。さらに、③ノーマライゼーション（normalization），統合化（integration），参加（participation），包含（inclusion）を理念とする」[注6]。

　ここに位置づけた現福祉状況を踏まえた「地域福祉」は、必ずしも前節で述べた主意主義（ボランタリズム）に基づく「地域に生きる人の主体化」とは直接結びつくものではない。それは現実のサービス形成及びその利用（ないし獲得）に翻弄され、自らの主体を見失う現実の生の事態を直視する時、かえって前節の理念と遊離するかに見える。しかし、ここに示されたケアの政策や技術、地域や福祉の組織化の中には、その実践者が専門性を深く追求し行為する時に行為の基軸たる理念としていつも抱き持つことが必須とされる内容がある。そこには自らと人への相互応答に際しての方途と地域生活者の意志的生活への道が可能性として確実に存立している。後節においては、主意主義的な相互性の在り方の具体的形態を問うていく。その議論に先立ち、ここでは、ただ生活の場＝地域で人間の存在を可能性に向かって開き、人間らしく生きる姿を形作ることの重要性を示唆するにとどめる。

3　地域性——福祉コミュニティの理念

(1) 地域での総合的な支援

　「利用者本位の考え方に立って、利用者を一人の人間としてとらえ、その人の需要を総合的かつ継続的に把握し、その上で必要となる保健・医療・福祉の総合的なサービスが、教育、就労、住宅、交通などの生活関連分野とも連携を図りつつ、効率的に提供される体制を利用者の最も身近な地域において構築する」（構造改革）。このように福祉の進行方向を表現する「基礎構造改革」は、まさに社会福祉の地域福祉化を進めるための改革ということができる。

さらにこの方向性を確実にたどっていくには，早くからいわれてきたように「地方分権化」の一層の進展を欠かすことができない。それも実質的なそれでなければならない。このことについては「地方分権一括法」の成立（平成11年7月8日）により，問題を内在させながらも何とか進行方向が見えてきた。この法律は地方行政の自己決定と自己責任性を可能とする糸口を開くものであり，国と地方自治体の関係を上下関係から対等の協力関係に変えるものといわれる。特に課税自主権の拡大により法定外の新税創設が可能となる点は地方の自主性を大きく高めると考えられる。地方独自の目的税も事前協議のみで創設可能となり，独自の福祉施策の展開への道がかなり容易となる。これは今後，曲折はあろうが，行政が地域に根ざして地域福祉施策を進めるにあたり大きな力となるであろう。

　この方向性は長い議論の末にようやく緒に就き始めた段階であるが，こと地域の中の福祉形成の問題「総合的なサービス」を「利用者の最も身近な地域において構築する」という「構造改革」にいう論点をもう少し深くたどっておこう。

　この施策上の方途をさらに実効性あるものとするためには前節に述べた議論の内容が社会に充分浸透し，地域に生きる人々が相互に社会の構成員（メンバー）としての自覚を強め，さらにはもう一歩進みメンバー間のさまざまな役割に応じたパートナーシップを形作る必要がある。これまで社会福祉の問題を抱える人々は「クライエント」（対象者）と呼ばれた。この表現は近年になって社会福祉サービスを利用する人（ないし人々）として「ユーザー」（利用者）といわれるようになり，構造改革においてはこの表現が一般的に用いられている。ニーズ保持者をサービスの消費者として，市場機構の導入を準備・拡大する意図も見え隠れするが，この表現の一般化は一応の前進であろう。しかし，住民・生活者・市民の営みは公的目論見を超えてはるかに目線を同一にする方向を当然とすべく進んでいる。それが地域に共に生きる人々すべてを社会の構成員として位置づけ，構成員としての権利と義務を持って生きようとする意図を内在させながら各自が相互に構成員として認識し合う在り方である。

(2) 地域性と共同性

このように相互に権利と義務を持ち合い構成員として認識し合う時，そこには「ミーイズム（自己主義）」の独善性からつまり「自己という牢獄から離脱する」（D. ヤンケロビッチ）道が用意されていく。それは必然的に上述した共セクター（ないし中間セクター）への道に連続していく。地域の中で一人一人が主体として生き会う在り方を模索し，実現の努力を果たしていく。それは福祉制度改善・サービス創造等という目標達成を目指す組織化（福祉組織化）であったとしても，地域における共生の営みとしての地域づくり（地域組織化）という意味が「メンバーとして認識し合う」という在り方の中にはある。しかし，現実のこの両者の組織化の中には，サービス提供の組織化としての意味が特に日本的現実においては濃厚であり，「メンバーとして認識し合う」その在り方には限界が感じられる。それゆえに，次なるステップとしての「地域社会に生きる人々がメンバーとして真に認識し合える」共生の営みが課題となる。

この「共生」がたとえ見果てぬ夢であっても，いつまでもそのプロセスの中にあるのみであっても，そのプロセスの一歩一歩に共生の段階的ゴールがある。すなわちコミュニティワークにいうプロセスゴール (process goal) の中に意味が見出されていく。

かつて，R. M. マッキーバーは，その古典的労作の中でコミュニティを「共同に結合しようとする意志の集合」「社会生活の，つまり社会的存在の共同生活の焦点」とし，さらにアソシエーション（目的に従い形作られる結社ないし団体）と対比して「それは，アソシエーションがそこに整序されるとしても，アソシエーションでは完全に充足されないもっと重大な共同生活なのである」とする。コミュニティとは上にいうメンバーとして相互に認識し合う共生の営みの最も基盤にあるものなのである。

われわれは，ここにいう「共同性」が最も密度濃く存在しうる場として地域社会を重視する。そこで，数多くのコミュニティの連鎖の中から地域性と共同性を持つ内実を抽出し，ここで表現するコミュニティの意味内容として

おく。しかしここで注意しておかねばならないのは，「個」の確立を一つの代表的象徴とする近代を潜り抜けてきたコミュニティの具体的な姿の中には，私的次元からは離脱しているものの「個」の行動主体的なありさまを拭い去り「共同」に解消してしまうことなく，あくまでも共同・協調の中に主体的「個」が息づいているということである。すなわち，「個」が高次化した時にある協同，言葉を換えれば主体的個人がそれぞれに協力・協働し合う時に形づくる「主体的共同」がそこには位置するのである[注7]。

　ここにいう地域の中の共同性を支えるのが，前節で述べた「中間（共）セクター論」以外のなにものでもないが，その一層の展開においては，社会学の立場からのボランタリー・アソシエーションの議論がその実体解明のために参考になる。例えば，佐藤慶幸は「ヴォランタリー・アソシエーションは多種多様な現象形態をとりうるが，その基本的特徴は，既存の社会システムの集合的なメンバーでありながら，それから自立してその社会システムを補完あるいは変革する機能を果たすことにある」[注8]としている。「自律的連帯」を保持し，やや運動主体としての意味を強く持つ当該「ヴォランタリー・アソシエーション」に対し，ここに述べる「中間（共）セクター」とは，次第にシステムの重要な一翼を担い，堅固に福祉社会システムを成長させる主体であり，他のシステム形成主体と拮抗しながら存立する。これはE.ハイマンの「社会」概念の検証の結果たどり着いた集団組織構成体の在り方である。野間俊威は，E.ハイマンのいう「社会」とは「自尊と彼我の相互尊重」と「共通の目的の追求」に関する「合意」によって成立する「組織された生活」として定式化している[注9]。

4　自立性——エンパワメントの視点

　エンパワメント［empowerment（内在能力発揮・向上）］は，アメリカの公民権運動が進展した時代における運動論的発想と密接に関わる概念である。これが社会福祉の技術領域に影響を与え，「社会的に不利な状況に置かれた

第1章 地域福祉への道標

人々の自己実現を目指し」その人々の「ハンディキャップやマイナス面に着目して援助をするのではなく，その人のプラス面である長所，力，強さに着目して援助する」対応の在り方が援助視点として定着する。このような方途によりサービスを利用する人々が持てる能力を自ら見出し，自信を持って自らが担う生活問題の主体的な解決を探っていくことを目指す。この視点に立つことにより「援助者はサービス利用者と同等の立場に立つパートナーということになる」[注10]。

ところで，自立性という視点からエンパワメントを見る時，S. M. ローズのいうアドボカシー及びエンパワメントモデルの基底にある価値認識は示唆的であり参考になる。ローズは，モデルが基礎づけられている4つの仮定を次のように列挙し，その中にある価値を重視する。

・ 問題を抱えた個人を，社会状況の中で生活する全人者として捉える。
・ 人間は必要な物質や社会的・情緒的支援を得て，安定した積極的な生活をすることができるようになった時に，成長し自己の能力を伸ばすことができる。
・ 人間の成長や進歩は，正直さ，明確な目標，目標・目的・活動計画の継続的な共有化によって特徴づけられる人間関係の中で生じる。
・ 個人の将来の発達の全体像や，より豊かに生活する能力は，サービス提供者に許される役割の範囲を超えて，診断でもって決定されることはない。

このそれぞれからローズに従いわれわれが導出できる価値認識とは，サービス提供者主導ではなく問題を抱えたその人を主導者として捉え，その個人が自らの内なる力を発して生きていくことを重視するというものであり，上記の仮定とは，それを可能とする方向性を意味するのである。それは真実の自立ないし主体的な生を位置づけ，それへの支援を組むいくつかの媒介項にほかならない。

ところで，自立とは語源的には「自己を律すること（autonomous）」と定義づけられる。しかし，この表現では，福祉にいう「自立」の内容は正しく伝わらない。ボーチャンプ（Beauchamp, T.）及びチャイルドレス（Childress, J.）は福祉にいう自立の定義のあいまいさを指摘しながらも，個人の自由，

プライバシー，自由な選択，自己管理，自己調整，道徳からの独立といった価値を含む在り方の総体として自立に関する彼ら独自の総括的理解を表現している。その他，自立は観念的な領域，あるいは，自己決定に関連する多くのことを含む広義の概念と定義づけられる。したがって自立は，自己決定，自由，独立，選択や行動の自由を包含する概念の総和であると理解される注11)。

　そうした自立のためには，次の意味における人への対応に際してのエンパワメントを欠如することはできない。E. O. コックスとR. J. パーソンズは，エンパワメントを「個々人が自分自身の生活に参加し，管理を分担し，影響を与えるのに充分なくらい強くなっていく過程」とし，それが，もはや達成され発展の可能性を持たなくなったような目標値の表現ではない，あくまでプロセスにおいて見出されるものであることに注意を喚起している。その過程の理解を深めるために彼らが取りまとめた既存文献の関連事項の要約は参考になる。それはエンパワメントの過程から発していくいくつかの個の内的様相といえるものであるが，まず，「自己効力感，自分のために行為を促進する自己意識，自尊心，そして自己統制」，第二に「共同体験の共有認識」，これは「自責感を和らげ，個人的な失敗よりも他の原因に目を向ける傾向を強め，運命を共有しているという意識と意識高揚をもたらす」，第三に「批判的に思考することを学び，情報にアクセスする，活動を起こすための技能を獲得する，また再評価する」，このようなことにより「問題を社会政治的な文脈の中に位置づける」ことができるようになる。第四に「個々人は行為方策を発展させ，内的構造と外的構造に影響を与えるのに必要な資源，知識，技能」を獲得していくことができる注12)。

　このような個の内的力動性を地域に生活する問題を抱える人々の内奥に目覚めさせるような支援，また相互に目覚めさせ合うような在り方が地域支援のすべての中に読み込まれていなければならない。

　このエンパワメントによって獲得される終局の在り方は，ある一定の目標値として表現はできないとしても，その特性は表現可能である。それを英国障害者リハビリテーション協会は次のように表現している。エンパワーさ

ているとは「変化に開かれている，主張ができる，自己責任を持つ，自己の方向性に対する確信，感情の豊かさ，失敗から学ぶ，問題から逃げない，現実的に生きる，相対的な考え方，代替案を探す，自己が好き，他者を価値あるものとして接する，他の人のニーズを考える，回りと世界に関心を持つ，バランスのある生活スタイル，自己統御」を意味するとされる[注13]。

このように見てくると，以上のエンパワメントの内容は，真にノーマルな生き方を保持する一人の地域生活者にとっての極めて日常的な姿（イメージ）をわれわれに提示してくれる。それは「生きる力の増強」という意味を持つ専門的対応の中においてはいうまでもないことながら，それとともにその区分を越えた地域生活者同士の相互対応の中から生まれてくる。それはわれわれの日常の中で深く広く理解され実践されるべき行動原理を指し示してくれている。

5　権利性——アドボカシーの意義

自立へと向かう道の中で，そこではアドボカシー[advocacy（権利擁護）]がエンパワメントの一環として，内側からの主体的な生を支えるさまざまな在り方として（ないし条件として）重視される。しかし，エンパワメントが極めて困難である人々の場合，アドボカシーが先んじて重要性を帯びることも重視すべきであり，近年この認識が広がりつつある。

例えば「基礎構造改革」内の権利擁護の記述はその先んじた改革の一環として，民法改正（平成11年12月1日）を伴う「成年後見制度」の実現という形で新たな展開を果たした。

この制度は，判断能力に困難を持つ「成年者（痴呆性高齢者・知的障害者・精神障害者等）を保護する」ことを目的とする。「現行民法上は，禁治産・準禁治産制度及びこれを前提とする後見・保佐制度が設けられている。今回の改正においては，高齢社会への対応及び知的障害者・精神障害者等の福祉の充実の観点から，自己決定の尊重，残存能力の活用，ノーマライゼーション

等の新しい理念と従来の本人の保護の理念との調和を旨として，柔軟かつ弾力的な利用しやすい制度を構築するための検討が行われた」(法務省民事局成年後見制度等関連四法の概要より)。これは「家庭や地域で通常の生活ができるようにする社会づくり」(ノーマライゼーション)に進む重要なステップである。

　上記の改正思想は，民法の一部を改正する法律（平成11年法律第149号）として実を結んだ。その中で「現行の禁治産・準禁治産の制度を，各人の多様な判断能力及び保護の必要性の程度に応じた柔軟かつ弾力的な措置を可能とする制度とするため，補助・保佐・後見の制度に改めた」「配偶者が当然に後見人・保佐人となる旨を定める現行規定を削除し，家庭裁判所が個々の事案に応じて適任者を成年後見人・保佐人・補助人（以下「成年後見人等」という）に選任することができるようにした」等の改正がなされた。

　これに伴い「各地の社会福祉協議会等の団体機関により，痴呆の高齢者，知的障害者，精神障害者等に対して日常生活の相談援助，財産管理などを行う取組」が法的裏付けを持つことになる。この権利擁護への道は，「財産管理にとどまらず，日常生活上の支援を行うことが大変重要であることから，社会福祉の分野においても，……高齢者，障害者，児童等による各種サービスの適正な利用などを援助する制度の導入，強化」(基礎構造改革)へと進展することが期待される。

　ところで，アドボカシーとは上にも述べたように一般には公的（ないし法的），かつまた政治的な領域で理解され，さらに制度的環境面の改善に関わるコミュニティ活動の従事者や行政職の関わる面が多大であると理解されることが多かった。しかし，社会福祉が地域社会の対人福祉サービスに集中していく状況の進展の中で，ケアマネージャーなどの福祉専門職のワーカー，ボランタリーな福祉活動などの草の根活動体，情報環境と関わる人々など広がりを持ってこのアドボカシーに目配りをし，状況対応的な活動を木目細やかに実践していくことが求められる。

　それなくしては，あくまでも利用者が責任主体として福祉を用いていくことが困難となる。これは社会的公正という原理的方向へ向かって，ニーズ保

持者の環境改善の能力増強を図るいわばエンパワメントの過程をたどることにより可能となる。その目的は資源のより平等な配分や圧力や被害を感じることのない人間関係の達成，またさらには自尊や，自信や知識や技能を強化することによる力の創造的な感覚の達成という表現で一括される。

また上にも見たように，自己の資産管理や福祉サービスの利用自体が，放置された状況下では極めて困難な幼い子ども，特定疾患を持つ高齢者，さらには精神障害者や知的障害者等で状況に応じた適切な自己決定が困難である人々にとっては，大前提として専門ワーカーが問題を抱えた個人の権利擁護の責任を的確に果たし，必要に応じて財産等の管理やサービスへの誘いを適切になさねばならない。責任を持って，ニーズを持つ人に出会い，そのニーズを把握し，ニーズ充足を達成できる機関ないし団体とのコーディネーションを果たしていくとともに資産管理等の生活業務を権利擁護のために代替していく。またそのプロセスで可能な限りの情報伝達を図り，その人の内なる思いに即していく。このプロセスで，エンパワメントが欠かせない援助的対応の在り方になることはいうまでもない[注14]。

地域福祉はインフォーマルないしはボランタリーな活動等との関わりの中にアドボカシーの根を張る努力をするとともに，制度的側面に関わる専門ワーカー及び団体機関によるアドボカシー増進をもその重要な責務とする。地域福祉とは，このような意味におけるあらゆる側面にわたる地域内アドボカシー・システム作りに関わる社会福祉の在り方でもある。

6　統合性——主体的共同の形成

上述のような地域福祉の方向性とともに，従来から地域の福祉活動といわれた営みの中で求められ達成されてきた事柄を挙げると次のような内容が列挙される。生活福祉問題の除去(予防的対応含む)，さらには問題解決行動への自発的参加・協力，住民の主体性や連帯増強，地域住民の資源利用能力促進，人権意識の向上，疎外からの開放，人格の向上・発展，所属交流の促進，

情緒安定，自己形成・自己実現，問題解決能力の増強等。また，コミュニティ活動や運動の結果としての民主的自治体の形成，生活者とともにある自治体，意識的コミュニティとしての地域社会形成，福祉コミュニティの形成，地域内ケアネットワークの開発，ボランティア活動の促進・活動体相互連携促進，セルフヘルプ・グループの奨励・活動促進，組織連携・計画立案，運動的諸活動の一層の展開なども重要である[注15]。

このプロセスをたどることは，総じて地域住民をその（地域）生活の統合化及び地域への統合化へ導く。このことを経済システム上の地域福祉的な在り方の統合化，及び地域福祉への焦点としての原理への統合化を取り上げて最後に考えておこう。

(1) 経済システムとしての統合化へ
——共セクターの経済構造としての互酬システム——

第2節においては「中間（共）セクター」の構成団体・活動組織体に言及したが，次にその経済構造上の議論に触れておく。それは後述の理念的統合性と脈絡を同じくする経済構造の核についての議論となる。

ボールディングは，「互酬」を「交換」に対置して「非形式性，非契約性，比率の非明示性」をその特性としている。われわれは，これをK.ポランニーによる「互酬」の内実理解に基づき，「相互的ニード充足を目指す能力に応じた財・用役の相互提供」ないし「可能性に応じて提供し，必要に応じて受け取る財・用役の相互性の流れ（ないし相互充足）」とした。こうした「互酬」は，前近代的様相を残存させる地域社会か，あるいは現代においては何らかの形で家族の中に把握されるのみとなっている。このように「互酬」は，限られた社会の一側面に追いやられ，極めて限定的にしか存在を許容されないものとなったかに見える。しかし，われわれはこの互酬をより積極的に「地域社会を中心に，社会構成員が意志的に作り上げていくもの」と理解している。そこでは，非形式性，非契約性，比率の非明示性がかえって意味を持つことにもなる。われわれは，このような意志的「互酬」を「中間（共）セクター」の主要な経済構造と理解する[注16]。上述において，われわれはK.ポランニー

第1章 地域福祉への道標

の「人間の経済」を参照しつつ，公的経済構造を「再分配モデル」，私的経済構造を「市場交換モデル」として設定した。われわれが今ここで提示しようとするのは，これもポランニーの「互酬モデル」を上記ボールディングの理解をも加味しつつ現代の中に位置づけようとするものである。

「公」や「私」といった福祉領域に挟まれた「中間（共）セクター」の現時点における重要度とその存立基盤強化の意義は，そのまま当該セクターの福祉経済基盤強化の意義に直結していく。「可能性に応じて提供し，必要に応じて受け取る財・用役の相互性の流れ」というような「互酬」の場においては，提供される財・用役を価格値で表すと，それはニーズ保有者の提供（負担）能力にしたがって決まるのであるから多価となる。それを受け取る人は，必要とする人が必要に応じて持てる能力内で提供するのみで充足できるのであるから，人間のニーズ充足を平等化し，それによる人間存在の価値の平等を実現する。すなわち「互酬」は岩田昌征のいうように「一物多価」と「人間一価性」を実現するといえる[注17]。

現今の福祉領域においては，上述のような意味を持つ基本的社会生活ニーズの相互充足構造を，意志的「互酬」として主体的共同の中で創る努力が求められている。

(2) あらゆる地域政策・運動（活動）の原点

地域福祉の現代的意義を問う時に，確かに，超高齢化や児童問題の深刻化などに伴う問題の一般化と，平行して進行する対応施策の一般化（例えば公的介護保険や児童福祉施策の拡大），さらにはノーマライゼーションや統合化理念の社会的浸透による福祉の特殊化から一般化への前進などにより，社会福祉が広義すなわち人間の生活問題全般への対応という次元で語られることが多くなった。われわれは，こうした時点であればこそ地域福祉の出発点として地域社会内の社会福祉（狭義）の内実とその抱く理念型を忘れてはならない。誤解のないように付言しておくが，それは，あくまで社会福祉の特殊化や弱者救済的思想への逆戻りを示唆するものではない。そこにわれわれが強調しておきたいのは，弱者としての特殊化や対象化という歴史的福祉実践

が展開される中にあっても，それとある時は連続しながら，ある時は一線を画しながら，実践動向の中で次第に力強く築かれてきた人間生活を根源的に支える視座である。

その視座とは，制度化以前の福祉的実践活動の中に，特に日常的実践の中に数多く見出されるものである。「なぜこの人は，このような生活状況の中で苦しまねばならないのだろうか」「なぜこのような差別が許されるのか」「共に生き合う世の中を築くことはできないのだろうか」「障害ゆえの生活苦は許されないはずだ」等々の日常的な心の動きが実践となった時に，次第に意識化されていく心の内なる人間への視点がここにはある。そこには，「生活世界」の日常の中にある「他者を主体で在らしめるところのもの」「愛」「創造的な力を発揮する」「主体から主体へ伝えられる積極的活動としての愛」(W. A. ルイペン)とでもいえる福祉的態度の芽吹きが見られる[注18]。それが，単なる心情であるとしても，また哲学的なまた宗教的な裏付けを持つものであったとしても，実践行動の方向ないし結果は問題を担う人々の「生活問題の解決，人間らしい生活のためのニーズ充足」という形を取ることになる。先に述べた言葉を用いると，「基本的生活ニーズの不充足，不調整」を解決するための予防・回復・援助，それによる「人間の生活構造の確立」ということになる。

ことさらこのような実践は，深刻な生活問題を抱える人々の生活実態そのものから開始されてゆき，広がりを持ってゆくことが歴史の中で明らかである。そこには，「人間の生命基盤」に立脚した，人間の生命価値の平等とそれゆえの相互尊厳化の必然が次第に社会的な価値原理としての位置を堅固化していくプロセスがある。しかし，深刻な生活問題状況の中に生きる人々への対応はともすればなおざりにされ，また基本的ニーズの何が基本的かを決めるのは，その時代の経済・社会・政治・文化等の状況であるとして，対応に問題解決への意欲さえ感じられないことが多くある。

しかし日常的に心を接して「生き合う」人々が，政策規定力の生活者側の基軸を形作りつつ，こうした限界を越えていく可能性を持つ。このような日常的生活者の心の流れが，「生命価値の平等」を的確に時代の中で戦いとってきていることをわれわれは歴史の中に見ることができる。この現在に至る流

れを顧みるにつけ,生活者が互いに共生の道を築きながら生きゆく福祉社会の存立とその柔軟なシステムをくみ上げることがいかにしても必要であると思わざるを得ない。

さらに,こうした福祉社会を可能とする共(中間)セクターの拡大深化とセクターとしての確立の中でのみ福祉主義の純粋形が貫徹されていく。国家的な全体性の中では,いかにしても経済主義を前提とせざるを得ないが,この共(中間)セクターの互酬展開の中で,さまざまな曲折はあろうとも,その試行錯誤の中から相互の福祉主義的充足へ至ることが可能となる。そこには,相互に主体化しつつ共に生き合おうとする主体的共同への道がある。

(3) 実践活動の原点として

最後に実践活動における統合化の焦点についてまとめておく。周知のように,ブトゥリム(Butrym, Z. T.)は「ソーシャルワークとは何か」において,「ソーシャルワークの実践モデル」を区分するとともに,「ソーシャルワークの基礎となる哲学」を「これは人間の本質に内在する普遍的価値から引き出される,人間尊重,人間の社会性,変化の可能性」と表現する。また岡田藤太郎は,「社会福祉学汎論」において,岡村重夫の議論をも引きつつ,「ソーシャルワークという仕事の本質的に重要な点は,クライエントないし利用者の社会関係の全体調整ひいてはその自己実現への援助にある」とする。地域の中の社会福祉としての地域福祉の実践技術も,この方途を踏襲する[注19]。

この方向性は近年アマルティア・センが提唱した人間における「基礎的潜在能力の平等」という価値設定に基づく社会活動や政策努力,さらには「コミットメント」し合って生き合う社会的生の在り方にも連続する。それはまさに人間尊重に基づき,人間の社会性や変化の可能性を尊重する。またその持てる可能性を発揮すべく「自己実現」へ共に生きつつ働きかける人と人の相互対応そのものといえる[注20]。その意味で,上述,社会福祉の援助技術(ソーシャルワーク)の目処と一致する。またこの道は地域の中の主体的共同の基礎となる価値へ続く。地域福祉は,クライエントという対象化した存在に対する援助という形で実践していたこれまでの福祉対応を,近年,エンパワメン

トとアドボカシーという実践モデルを基軸としながら、地域のサービス利用者の利用に供する方向へと変えてきた。そして今この変容の時代にすべてのメンバーが相互に、また場合によってはパートナーとしての役割に応じた営みの中で人として生きる状況を地域社会に築くという相互主体化、相互充足の在り方がボランタリーなまた NPO 等諸活動の中に姿を見せ始めている。地域福祉における統合化の基点であり終着点（たとえ見果てぬ夢であったとしても）である実践方途と方向がここに明示される。　　　　　　（牛津信忠）

注
1)　「社会福祉基礎構造改革」（中間報告），中央社会福祉審議会社会福祉構造改革分科会，平成 10 年 6 月 17 日。
2)　福祉ニーズの生活構造内の位置づけ（図 1 - 1 参照）。一定の精神的身体的条件を持つ個人の条件に即した「身体的ニーズ」～「所属ニーズ」その他諸ニーズを考えると，それぞれを達成できる消費過程，労働過程，さらに構造要因としての生活関係・家計経営・生活手段・生活文化・生活時間・生活空間があり，さらにこれら全体を包み込む社会・経済・政治等の状況があり，これら全体の有機的関係の中で，その個人の持つ主体的側面の社会生活上のニーズ=生活問題状況を図のように把握することができる。図 1 - 1 は，マズロー (Maslow, A. H.) の「人間の基本的欲求」各層を軸に各ニーズを設定し，上述の有機的関係性の全体を概観しようという試みである。われわれのいう「生活ニーズ」は，一定の身体的精神的条件を持つ個人がその置かれた社会・経済・政治制度等広義の社会関係に規定された生活構造内で「社会生活上の基本的欲求」の不充足・不調整を余儀なくされるという形で発現してゆく。牛津信忠「生活構造と社会体制」『論叢』24 号，長崎外国語短期大学，1981 年。青井和夫・松原治郎・副田義也編『生活構造の理論』有斐閣，1971 年，116-117 頁参照。
3)　牛津信忠「社会福祉本質論における互酬構造の位置と役割」『聖学院大学論叢』第 11 巻，第 4 号，1999 年。
4)　これは，東ヨーロッパがいまだ社会主義社会であった時代に改革派の学者によっていわれていたことである。そうして，東ヨーロッパに新たな社会をもたらしたのは，まさにこの後者の公（共）すなわち「社会的コントロールの実際の場所」であった。A. ヘゲーデュシュ，平泉公雄訳『社会主義と官僚制』大月書店，1980 年，274-281 頁参照。

第1章　地域福祉への道標

地域福祉の定義①（岡村重夫）	地域福祉の定義②（永田幹男）	地域福祉の定義③（三浦文夫）	地域福祉の定義④（阿部志郎）	地域福祉の定義⑤（井岡勉）
1 直接的具体的援助活動としてのコミュニティケア 2 地域組織化（コミュニティ・オーガニゼーション） 3 福祉組織化（福祉コミュニティづくり） 4 予防的社会福祉	1 援助を必要とする個人・家族の自立を地域社会の場において図る 2 それを可とする地域社会の統合化・基盤形成（環境改善、対人福祉サービス、組織化活動）；公―民の機能分担 3 在宅福祉サービス，物的・制度的条件整備のためのサービス，地域組織化，福祉組織化により構成	1 地域における要援護者活動（その人々への対人福祉活動） 2 予防的福祉活動 3 狭義のコミュニティケア 4 在宅福祉活動 5 地域の統合性を高める環境制度等の整備 6 物的環境整備 7 住民意識態度の変容 8 住民の社会参加	1 住民が協動しうる小地域で住民参加福祉活動を基盤に，行政機関，施設等の社会資源を動員し地域の福祉ニーズを充足 2 地域の福祉を高める公私協動の体系 3 生活形態の選択，そのための条件整備 4 住民参加	1 生活の場，地域を重視し，生活実態やニーズに即して社会福祉及び活動を組み立て直しながら総合的展開 2 住民が主体となり草の根の参加により作り上げていく 3 住民の努力と行政の積極的施策とが有機的に結びつくことにより展開

5) 牛津信忠「地域福祉活動計画・策定の意義と制度的基盤」『地域福祉活動計画策定指針・理論編』長崎県社会福祉協議会，1992年，11-12頁。

6) 主要な地域福祉の定義概括（上記表参照）
　鈴木五郎『地域福祉の展開と方法』（史創社，1981年，32頁）における表全体を参照。永田幹男『地域福祉組織論』全国社会福祉協議会，1981年，35頁。井岡勉『長崎県福祉問題に関する提言』長崎県生活福祉部，1982年（著者の一般的地域福祉の定義とは趣を異にするが，ここでは，あえて地域社会の内側を見つめた提言の中のそれを取り上げた）。

7) 牛津信忠「福祉社会における中間セクターの役割」経済社会学会編『戦後日本の経済と社会』時潮社，1986年，159-160頁。及びR. M. マッキーバー，中久郎・松本通晴監訳『コミュニティ』ミネルヴァ書房，1975年，47頁。

8) 佐藤慶幸『アソシエーションの社会学』早稲田大学出版部，1982年，18-19頁。

9) 野間俊威『経済体制論序説――E. ハイマンの社会思想――』有斐閣，1968年，237-240頁。

10) 赤塚光子・石渡和美他著『社会生活力プログラム・マニュアル』中央法規出

版，1999 年，5 頁。
11) ステファン・M・ローズ編，白澤政和・渡部律子・岡田新一監訳『ケースマネージメントと社会福祉』ミネルヴァ書房，1997 年，86-87 頁。
12) E. O. コックス，R. J. パーソンズ，小松源助監訳『高齢者エンパワーメントの基礎』相川書房，1997 年，39-41 頁。
13) 小川喜道『障害者のエンパワーメント――イギリスの障害者福祉』明石書店，1998 年，174-176 頁。
14) Encyclopedia of Social Work, 19th, NASWpress, 95-97pp.
15) 高森敬久・高田真治・加納恵子著『コミュニティ・ワーク』海声社，1989 年，2-4 頁及び 100-109 頁。
16) Boulding, K. E., "Evolutionary Economica", Sage Publications, 1981（ケネス E. ボールディング，猪木武徳他訳『社会進化の経済学』HBJ 出版局，1987 年，56-57 頁），前掲 7)「福祉社会における中間セクターの役割」166 頁。
17) 岩田昌征氏は，市場での価格決定の特色を「一物一価」と「人間多価性」に，計画メカニズムによるそれを「一物二価」と「人間一価性」としている。(岩田昌征『現代社会主義の新地平』日本評論社，1983 年，76-77 頁。)
18) W. A. ルイペン，菊川忠夫・丸山敦子訳『現象学と人間の回復』イザラ書房，1978 年，129-130 頁。
19) Z. T. ブトゥリム，川田誉音訳『ソーシャルワークとは何か』川島書店，1986 年，354 頁。
20) 鈴村興太「アマルティア・セン」社会保障研究所編『社会保障論の新潮流』第II部所収，有斐閣，1995 年，203-204 頁。鈴村はセンの「潜在能力」接近を「個々人がそれぞれに評価する機能を実行可能な選択肢から選択し自己を社会的に実現する自由度を表現する『潜在能力集合』を人の福祉的自由の指標とみなす」方途として簡潔に表現している（同書 204 頁）。

　　Nussbaum, M. C. & Sen, A. (ed.) "The Quality of life" Oxford, 1993, p. 30 & pp. 33-35.

第 2 章

地域福祉の源流とコミュニティの課題

　コミュニティの生成の過程は，近代から現代への社会形成の歴史そのものである。コミュニティは自然に成り立つのではなく，住民の暮らし方・生き方を映し出しながら，人為的に働きかけ，活動することによって見えてくるものである。コミュニティはさまざまな価値や文化に彩られており，それぞれの歴史を重ねているがゆえに，それが内包する課題も多様である。

　地域福祉はこうしたコミュニティを対象化しつつ，社会諸資源を活用しながら地域の福祉課題に取り組む実践論であるが，本章では地域福祉の源流にあるコミュニティ概念を詳らかにしつつ，コミュニティ実践の視点と方法について考察することをねらいとしている。

1 歴史としての地域福祉

(1) 地域福祉の源流

　一般に地域福祉の源流を求めるとするならば，まずは英国における COS (Charity Organization Society：慈善組織協会) を挙げることができよう。1870年代の英国では，資本主義経済の構造的疲弊の中で，貧困問題が次第に先鋭化してきていた。救貧が避けることのできない社会的・政治的な課題となった時，それまでの恣意的な慈善活動を組織化し，効果的な救貧施策にまとめあげる必要性があった。そのシステムは，教区を中心に地区委員会を設け，相互の情報交換をとおして地区ごとの慈善活動を組織化していくことであった。

　当時，救貧法以来の伝統は，被救護者をワークハウスなどの施設収容によって安上がりに管理し，かつ懲罰的な意義を与えることで救貧抑制を徹底しようとしていたが，そうした意図に反して失業・貧困問題の顕在化は，一方で労働者の組織的抵抗を促し，他方で慈善による無差別的な救済とそれに伴う院外救済（居宅救護）の拡大化に繋がっていった。すでに慢性的な貧困状態に対して救貧法的な施策は無力化しつつあり，新たな社会改良の施策，つまりは場当たり的な相互扶助機能ではなく，社会保険的なシステムが期待されていた。

　地区内の救貧ニーズを組織的に解決していこうとする COS の試みは，社会防衛的な動機づけや選別主義（救済に値する被救護者の選別）に基づいていたとはいえ，地域活動としてのまとまりを持った点で当時としては画期的な展開であったといえよう。

　同時期に起こったセツルメント運動では，教員や学生が都市スラムで困窮する住民とともに居住し，生活環境の改善や生活意識の向上をとおして地域改善運動を行った。住民の自立援助のための社会改良を目指すこの運動は，

のちに大学教育拡張運動や労働者運動にも大きな影響を与え，地域住民主体の活動を形成していくための方法や視点を確立していく契機となった。

こうした活動や運動がのちに社会福祉援助技術としてのケースワークやグループワーク，さらにはコミュニティ・オーガニゼーション(以下COと略す)として結実していったことはよく知られている。特にCOは，前述のCOSの活動が米国に波及し，共同募金活動の前身であるリバプール・プランとして，資金と事業の一元化のもとで地域を組織化していくという先駆的な実践をとおして確立されていったことが銘記されよう。

20世紀に入ると，C.ブースやB.S.ラウントリーなどの社会調査によって，「貧困線」以下の生活をしている市民層の実態が明らかになるにつれて，何らかの救済策つまりはナショナル・ミニマムとしての保障が具体的な課題として見え始めていた。例えば，1929年には，初めて地方自治制度が成立し，いくつかの試行を重ねながら児童・高齢者・障害者等に対する地域性を反映したシステムが展開され始めるのである。

(2) 米国におけるCOの形成

COの技術は，20世紀初頭の米国において本格的に開花するのであるが，もともと明確なコミュニティ意識に裏打ちされた自治コミュニティを特徴とする米国であるがゆえに，地域に共通する生活課題を住民が主体となって協働し，解決していこうとする土壌があった。産業化とともに伝統的なコミュニティの衰退が始まっていた時期でもあり，コミュニティの新たな再編を企図するCOの理念は，むしろそうした状況に呼応するものであった。

その中で特筆すべきは，COSにおけるM.E.リッチモンドによる友愛訪問(制度)の取り組みであろう。彼女は慈善の組織化について4つの集団の力，つまり①家族資源(愛情・訓練・努力・能力)，②個人資源(親戚・友人)，③近隣資源(隣人・組合，図書館・クラブ等)，④公的資源が円環していくという構想を示し，相互協力の在り方について言及している。

いわゆる「改良の小売的方法」(個人を対象とした慈善組織事業)と「卸売的方法」(社会改良)とを峻別しつつ，彼女はケースワーク的方法としての前

者に絶えず立ち返りながら，地域社会の資源を協力して有効に活用していくことを提唱している。まさに「社会診断」としてのソーシャルワークの萌芽がこの概念に示されているということができよう。

(3) 英国におけるコミュニティケアの形成

他方，英国では20世紀前後に概念化されたといわれる「コミュニティケア」への関心が第二次大戦後に急速に高まっていった。その前提には，従来のワークハウス等の施設機能を統合化することで効率化を図るという動機づけがあった。院内救済（施設収容）か院外救済（居宅救護）かという救貧法以来の試みは，この時期にきて，施設機能を社会化していくことで地域福祉への転換を図る方向にシフトしていった。

その契機は，精神障害者に対する保健福祉分野において始まるのであるが，戦後における児童や障害者などの問題に対する取り組みとして，社会サービス機能をコミュニティの中に位置づけること，特に施設をより地域の機能として活用していくことで個人や家庭に対するサービスを充実させようとする試みが強まっていった。

こうしたコミュニティケアの実践は，コミュニティに対するソーシャルワーク技法の確立に向けて大きな前進となったが，他方，20世紀中葉のコミュニティは，インナーシティ問題と呼ばれる都市化していく地域社会の荒廃が生じ始めていた。それゆえに，失業・貧困・人種差別などの社会問題に対する施策として，積極的に社会計画やボランティア活動などを組み入れた援助技法が推進されていった。

(4) 大戦後の地域福祉

第二次世界大戦後の地域福祉は，特に1952年のデンマークにおける障害児の親の会による運動，つまり子どもたちを「施設から地域へ」帰すノーマライゼーション運動に代表されよう。アサイラム（施設）を解体し，地域における「普通の生活」を実現していこうとする試みは，北欧のみならず世界の福祉施策の方向性を具体的に指し示した。

他方，米国においては公民権や福祉権などの権利運動が特筆に値しよう。伝統的に自助の原理に基づく「惰民観」が強く，公的扶助等の抑制が支配的な風土であったが，これに対して公民権運動や消費者運動さらには反戦運動が，「権利としての福祉」例えば障害者の自立生活運動などに大きな影響を与えた。その結果として，脱医療化や脱施設化に象徴されるように，医療・福祉の専門家支配から脱して，地域を拠点としてセルフマネジメントしていく活動が拡大していった。

ノーマライゼーションや自立生活の運動理念は，コミュニティケアとしてはグループホームに繋がり，さらに高齢者や障害者であっても市民的な生活をコミュニティにおいて支援していく「住民参加」型の地域福祉思想として形成されていくのである。

日本においては，1960年代の社会福祉協議会（以下，社協）の基本要項の策定を契機とした本格的な社協体制の整備が注目されよう。福祉活動専門員の設置や社協法人化によって，住民主体の原則に基づく組織化活動としての在り方が模索され始めたといってよい。しかし，1990年代以降の社会福祉の制度改革の中で，あらためて事業や運動，組織をとおして社協の社会的な責任や役割が厳しい評価にさらされていることは銘記しておく必要があろう。

2　コミュニティの形成——個と共同性

(1)　コミュニティへの視座

ラテン語のcommunitusに由来するコミュニティ（community）の概念は，西欧的な伝統からすればコミューン（commune）つまりは①諸個人の自由意思と，②パーソナルな繁がりを基調とする共同体，を語幹として成立している。前近代社会における自生的な統合をイメージするこうした共同体は，あたかも小宇宙的なまとまりとして人と人の繋がりを包摂していたし，それが政治的にも，経済的にも，局地的で自足的な地域性を支えていたともいえ

よう。

　その後，近代化していく社会においては，むしろこうした地域的な特質が壊れて，コミュニティは一層多義的となり，用いられるコンテキストが異なれば〈地域性〉〈共同性〉〈近隣性〉〈社会性〉〈自生性〉〈連帯性〉など多様な意味を帯びるようになる。これはコミュニティがそれほどに曖昧なものであるということの証でもあるが，他面ではそれほどに豊かな相貌を見せる概念であるともいえよう。

　近代化の過程の中でこうしたコミュニティの相貌がどのように整形されていったのかを検証することは，地域福祉研究にとって尽きることのない関心事であるが，コミュニティが政治，経済，社会，文化等の諸契機によって形成されているものであるとすれば，①経済圏や生活圏といった圏域（空間的な拡がり）として捉える視点，②行政区画や自治体などの機能的な範囲として捉える視点，③地域感情や共同規範などに基づく共同意識のまとまりとして捉える視点，④町内会・自治会といった各種の住民組織に象徴される地域組織化の形として捉える視点，そして⑤地形や自然環境などの地域特性として捉える視点，等々，そのポイントを整理していくことが不可欠となる。

　しかし，コミュニティに与えられた溢れんばかりの意味に加えて，その変化に富んだトポグラフィー（立体的な形）は，コミュニティに対する理解を一層輻輳したものにしている。

　例えば，F. テンニースによるゲマインシャフトとゲゼルシャフトの対概念では，前者が共同性を基礎とした個体間のパーソナルで人格的な結びつきを本質とする共同体であるのに対して，後者では利益や規則に対する個人の選択的意思を基調としつつ規範的な外在性として共同体が描かれている。

　テンニースはこれを「ゲマインシャフトからゲゼルシャフトへ」向かう過程として構想したが，少なくとも前者を家族や地域といったパーソナルで実在的な共同体として，後者をインパーソナルで観念的な共同体として描いたことは，近代化の中でコミュニティが体質転換していくポイントを明確に指摘しているといえよう。

　他方，R. M. マッキーバーは，コミュニティとアソシエーションという対概

念において，前者を「一定の地域で営まれる自生的な共同生活（common life）」として定義し，後者を「特定の利害関心を追求するための人為的な組織体」として捉えている。そして，複数のコミュニティに包摂されながら重層的に分化していくアソシエーションにも属していく諸個人の姿を描いている。

　彼は，コミュニティが伝統や慣習，あるいは共属感情などを特徴としつつ，一定の生活圏や地域圏としての「共同体」であることも明らかにしているが，その言説にしたがえば，近代化や都市化の中でそうした実態が壊れていき，コミュニティが統合的な意義を喪失し，それに代わって多様なアソシエーションが顕在化していく中で，あらためて「地域性」や「共同性」の意義が現代において問い直されていることを明示しているといえよう。

(2) コミュニティと近代化

　前近代社会における伝統的なコミュニティは，自然的・自生的に生成していく共同体をイメージしているが，近代社会の形成過程では，市場経済の進展に伴って封建制が解体していく中で，コミュニティにおける「公」と「私」の分離，すなわち共同性と個人性の境界が明確となり，コミュニティは第一の空間としての個（家庭）と第二の空間としての市場（職場）に峻別されていくことになる。

　しかし，二極化した空間の中で，近代化はイコール市場化を意味するほどに，社会的・文化的な領域までも市場化していくことを免れることはできなかった。J. W. ホールは，近代化の特質として①都市集中傾向，②流通経済とサービス機関の発達，③市民の経済・政治問題への参画などを指摘しているが，コミュニティが市場経済の発達とともに大きく変貌していくのは，まさにマーケット（Market）という共同の場にほかならないからである。

　その状況をいま少し詳しく見れば，まず都市化については，生産・流通・交通そして情報の集積をとおして一定地域への人口集中が起こることによって，地域生活機能が拡充・分化していくことである。それによって既成の地域社会が流動化していくのであるが，そのポイントは，①地域住民の成員構

成が変化していくこと，②地域の帰属感や規範性といった意識形態が変化していくこと，③物流や社会諸資源（道路・水道・交通等を含むサービス資源）等の社会的な充足水準が変化していくこと，そして④その結果として地域社会の構造そのものが変化し，コミュニティがさまざまに機能分化していくことにある[注1]。

他方，産業化について見れば，伝統的な農業共同体の衰退，つまりは第一次産業から第二次産業，そして第三次産業へと移行していく経済構造の多元化が顕著となるにつれて，結果的に引き起こされる①家族の変貌（核家族化，ジェンダー意識の変化など），②地域社会の変貌（地方の高齢化，過疎化，都市化など），③社会階層の変貌（新中間層の増大，所得の平準化，大衆化など）等が新たな社会構造を形成していくことになる。

都市化や産業化を契機として変貌していくコミュニティは，近代化の過程としてはマーケットをその特徴とするが，他面で，それは従来までの伝統的なコミュニティに代わる新たな共同の場の再生，つまりは情報や共同感情などが交わる互酬機能を持つ共同の場として模索されていくことに繋がっていくのである。それを第三の空間としてのフェア（Fair）と呼ぶならば，コミュニティ本来の意味つまりコミュニタス（communitus）としての祭りや出会い，連帯の場として再生していくことを意味しているともいえよう。

(3) コミュニティにおける個と共同性

ドイツの哲学者M. ハイデガーは，現代を「住まうことの意味の喪失の時代」と形容した。諸個人にとってコミュニティは排他的な現代社会の関係の中で原子的存在（個人）の集まりの総称でしかなくなっている。〈住まう〉とは耳慣れない言葉であるが，〈住む〉とするよりも，この現代の状況の中でコミュニティを動的に捉えていく，つまりは個人が共同体を評価し，能動的に関わっていく方向性を示している言葉である。（ドイツ語の〈住む wohnen〉の語源は，「快適と感ずる→満足している→しばらく立ち止まる→そこにとどまる→ある場所に在る」という意味からきている。）

わが国で1969年に公表された『コミュニティ——生活の場における人間

性の回復——』（国民生活審議会調査部会コミュニティ問題小委員会）は，コミュニティの概念を「生活の場において，市民としての自主性と責任を自覚した個人及び家庭を構成主体として，地域性と各種の共通目標をもった，開放的でしかも構成員相互に信頼感のある集団」と定義している。換言すれば，コミュニティとは，「自覚した個人」による，多様な住民ニーズを実現していく機能を持った自主的な組織であると規定しているのである。

コミュニティの衰退への危機感が生み出したこの理念型は，責任性と自主性において市民として諸個人が成熟していくことを期待している。前述のように，都市化や産業化の急速な進展によって，地域共同体としてのコミュニティの存在意義は急速に失われた。人々はコミュニティに期待しなくとも，むしろ伝統的で閉鎖的な生活から解放されて，自由で個別化された生活様式や生活意識こそ新しい暮らし方であると考えた。

しかし，こうした生活様式は，当然のごとく育児や介護などを担う家族機能を「核家族」に変容させたし，過疎化・高齢化していく農村においても，過密化して交通事情が悪化していく都市においても，住民が協働して地域問題に取り組むという共同意識を希薄化させていった。

生活の豊かさを醸成してきた高度産業社会が，皮肉にも個人と共同体との関係を乖離させていくという現状に対して，とりわけ都市において人工的に新たな装いを持ったコミュニティを形成しようとする取り組みが始まったのは自然な成り行きであった。というのも，水汚染やゴミ処理の問題，あるいは少子高齢化によってもたらされる保育や介護の課題は，個人や家族のレベルを超えて地域の問題解決能力こそが試されるからである。

その意味で，コミュニティにおける個人と共同性の関係に対する新たな試行がいま始まったといえよう。

3 コミュニティと地域福祉

(1) コミュニティ概念の課題

　現代の社会福祉の鍵概念の一つは，ほかならぬ〈地域性〉もしくは〈コミュニティ〉である。「地域福祉」「地域開発」「地域計画」をはじめとして，「コミュニティ・オーガニゼーション」「コミュニティケア」「コミュニティワーク」「コミュニティ・モデル」など，地域性やコミュニティという概念――もとより，こうした概念においていつでもコミュニティ＝地域性であるという保証はない――によって示される内容は多様である。これに加えて，「ケアマネジメント」「ボランティア」さらには「地域医療」「在宅介護」など，コミュニティを抜きにして語ることのできない方法や実践を考慮すれば，この鍵概念が持つ重要性は論をまたない。

　しかし，コミュニティが内包する意味は，そのコンテキストや用法によって多様ともなり，曖昧にもなる。例えば，ある時はイデオロギー的であり，ある時は存在論的であり，多様な意味付与のなかで役割期待を与えられる概念である。つまり，表現は同じでも，この概念は地域の共同性や相互性の枠組みになることがあれば，個々人を超えて共同性の在り方を了解する根拠を付与されることもある。その折々の状況に応じて意味内容が異なるとすれば，これほどに恣意性に富んだ概念はほかにない。

　英国バークレイ報告において，R. K. ピンカーが少数派意見として次のように語る時，それは地域福祉の〈前提〉としてコミュニティがまことしやかに位置づけられる論理に対する手厳しい批判にほかならない。すなわち，「コミュニティは，社会政策研究において，最終的に――共有された価値の基礎として――すべての政策のジレンマを解決するであろうとされる最も頑固に固執されてきた幻想の一つである」[注2)]という言明である。

　「共有された価値の基礎」とは，個々人の統合化や共同性の枠組みとして，

社会政策的な方向性を指し示す根拠にほかならない。しかし，コミュニティが多義的であるがゆえに，あるいは可塑性に富んでいるがゆえに，政策のジレンマを繕うために最も多用される概念であることをピンカーは鋭く指摘している。

いまコミュニティに何が期待されているのか。コミュニティを喪失した時代であればこそ，その再生の取り組みの方向性が問われているといって過言ではない。現代では，コミュニティは単に地域生活の共同性の総称を意味しない。むしろ住民自治の枠組みであり，あるいは地域の連帯を繋ぐ帰属意識や役割意識の理念であるとすれば，「共有された価値」の内容こそが明確にされなければならない。

(2) コミュニティから地域福祉へ

コミュニティの再生への期待は，単なる地縁・血縁に縛られた伝統的なコミュニティへの回帰を意図しない。地域性 (area) や地方性 (region) が次第に個性を失って平準化されていく傾向の中で，むしろ生活構造の急速な変化によって引き起こされる地域問題，例えば子どもの遊び場，ゴミ処理，交通騒音などの諸問題に対するアソシエーション機能に対する期待にほかならない。

1970年代のシビル・ミニマムへの関心の拡がりは，地方自治体が住民の生活基盤の整備を進めることで，一定の生活水準を保障していくことに積極的な役割と責任を担っていくことにあったが，同時に，それは保健・医療・福祉そして住宅や環境などの身近な生活問題に対する住民の取り組みや参加を促す契機ともなった。

地方自治体とりわけ市町村において充足されていくべきミニマムが見え始めた時，コミュニティは地域住民の問題意識や生活ニーズをとおしてその輪郭を浮き彫りにして，職業や階層，行政単位やエリアを超えて動き始めるのである。

こうした動きこそが，一方では行政の政策課題として，他方では住民の参画方法として，地域の生活問題に対処し得る「地域の組織化」を求めてきた

のである。地域に生じた問題に対する解決能力を回復し，住民相互の信頼関係が醸成されることこそが，コミュニティの再生のイメージであるが，そのための方法論として，コミュニティ・オーガニゼーションやコミュニティケアなどの実践が注目されていくのは極めて妥当なことであろう。特に障害者や高齢者の福祉施策の一環として，「地域の組織化」や「福祉の組織化」が戦略的に重要な意義を持っていることは論をまたない。

4　コミュニティ実践の視点と方法

(1)　コミュニティ実践の視点

　コミュニティに生起する諸問題は，それが個人レベル，家族レベル，あるいは地域レベルであっても，多くの場合何らかの生活構造の歪み，さらには社会変動の所産であるといって過言ではない。住民の生活ニーズは多様であり，価値観もまた職業や階層，年齢層や地域性などにおいて多様であるがゆえに，コミュニティにおける対立や緊張，葛藤を避けることはできない。それだからこそ，こうした問題の解決のために，何らかの危機介入のための方策として，地域住民の連帯行動や共同の組織が求められていくのである。
　こうした地域住民の取り組みには，近代化の中で喪失した①地域問題を解決する力，②地域で協働する力，③地域を計画する力，を再生するイメージがあるといえよう。コミュニティの役割として，こうした膂力(りょりょく)を育むことが求められているとすれば，それこそがコミュニティの再組織化の課題なのである。
　例えば，近代化の過程における米国や英国におけるCOやコミュニティケアによる実践を見れば，まずは①地域住民のソーシャル・アクション，例えば公民権運動や労働運動によって展開され，次いで②「コミュニティの中のコミュニティケア」という志向性を強めながら，援助の拠点づくりあるいはセンターづくりが行われている。その後，「コミュニティによるコミュニティ

ケア」に方向性を変えながら，一方では③地域における包括的なケア体制づくりを目指してケアマネジメント技法の確立を急ぎ，他方では④ソーシャルワークの中にコミュニティワークを位置づけながら，「地域の組織化」や「福祉の組織化」に向かって展開してきたといえる。

　こうした歴史を顧みるまでもなく，コミュニティ実践の視点として，障害者や高齢者などの当事者による運動の視点を欠かすことはできない。住民のコミュニティ内における生活の困難さ（福祉ニーズ）を共有することから，コミュニティづくりの視点や方向性が見えてくる。例えば，〈福祉コミュニティ〉概念が指し示すコミュニティにおける「同一性の感情によって結ばれる下位集団」（岡村重夫）の存在は，問題の所在を明確化し，そこを拠点として運動や組織を構成していく上で，極めて重要な位置づけにあるといえよう。

(2) コミュニティ実践の方法

　コミュニティ実践に対する代表的な見解のいくつかを取り上げてみよう。まずシーボーム報告（1968年『地方自治体と対人福祉サービス』）を挙げるならば，そこでは「コミュニティに立脚した健全な家族志向サービス」のために，高齢者，障害者，児童などに対する福祉サービスを統合していくことを構想している。

　次いで，1982年のバークレイ報告では，コミュニティにおいてフォーマル・ケアとインフォーマル・ケアとのネットワークによる多元的なサービスシステムが提唱された。また，1988年のグリフィス報告においては，自治体の責任においてコミュニティケアを実施し，より効率的で，実効的なサービスとして組織化（マネジメント）することが提唱された。

　その代表的な論説は，コミュニティワークの技法であるインターグループワーク（集団間調整事業）のモデルを提示したレイン報告（1939年）である。「ニーズ資源調整説」ともいわれており，コミュニティにおける多様な生活ニーズと社会諸資源との調整に焦点を当てることによって，つまりは地域における各種集団間の関係調整をとおしてコミュニティの組織化を促進することをねらいとしている。

これに対して，地域住民の自主的な参加や直接的な協働をとおしてコミュニティ内の組織化や協力体制づくりを目標とする CO 論として，M.G. ロスの「統合説」がある。具体的にはコミュニティの課題に対する取り組みをとおして醸成される相互理解やコンセンサスの形成過程に着目した理論として知られており，戦後日本の CO 論の体系化にも大きな影響を残している。
　その後 1960 年代以降，CO 論は公民権運動の高揚，貧困や差別等の地域問題の顕在化をとおして，その実践方法についての検討が重ねられ，いくつかの方向性が示される。すなわち，一つは多様な地域問題によって引き起こされる社会的葛藤（コンフリクト）を解決するための「ソーシャル・アクション」の視点，二つには地域における社会資源のバランスや効率的な政策立案のための「ソーシャル・プランニング（社会計画）」の視点，そして伝統的な手法である地域住民の参画と組織化を図るための「小地域活動」の視点である。こうしたコミュニティに対する実践は，CO をソーシャルワークの専門的技法として向上させていくとともに，政策的関わりを深めていく契機ともなっていった。

(3) コミュニティ実践の課題
　　　――特に「福祉のまちづくり」の場合――

　わが国では周知のように，障害者のまちづくり運動を契機として，1973 年に始まる厚生省の「身体障害者福祉モデル都市制度」を皮切りに，順次名称を変えながら「高齢者や障害者にやさしいまちづくり」推進事業が展開されてきた。この関連事業は建設省・運輸省・郵政省・自治省などでも道路・交通そしてアクセスに対するバリアフリー化への取り組みとして広域化している。
　他方，ボランティア関連では，1985 年からボランティア活動の啓発・斡旋・推進を図るための「福祉ボランティアのまちづくり」（通称ボラントピア）事業が始まり，1990 年の社会福祉事業法の改正に伴う「地域福祉活動計画」策定，そして 1991 年からは地域の特性を活かした相談活動や福祉サービス提供を目指す「ふれあいのまちづくり事業」（地域福祉総合推進事業）が実施され

ている。

　一連の「まちづくり」事業には，市町村社会福祉協議会を中核として，さまざまなコミュニティワークの方法が用いられており，その理念にもノーマライゼーションやインテグレーション，さらにはエンパワメントの思想が息づいている。

　日本におけるこうした諸事業は，福祉コミュニティの視点を手がかりとしながら，コミュニティ計画を行政施策として具体化していくことに力点が置かれていた。それゆえに，費用対効果などの単年度評価に目先を奪われた「計画づくり」に終始している現状を否定できない。

　しかし，コミュニティワークとしては，地域住民の主体的な活動に根ざしていく実践こそが，コミュニティを不断に活性化していくことは間違いない。参加（参画），情報開示（学習），運動（活動）そして住民の自治意識（問題意識）がコミュニティを動かす原理であるとすれば，計画づくりに対する点検・評価をボトムアップしていくシステムが不可欠であろう。

　公（行政）主導から私（民間）主導へと軸足が移行している中で，その中間セクターとしての市町村社会福祉協議会の位置づけ，特に戦後の地域福祉を地道な活動によって先導してきた民間福祉の役割を積極的に評価していくことが期待されよう。

(増田樹郎)

注

1) 森岡清美・塩原勉・本間康平編『新社会学辞典』有斐閣，1993年，1081頁。
2) 英国バークレイ委員会報告，小田兼三訳『ソーシャルワーカー＝役割と任務』全国社会福祉協議会，1984年，322頁。

参考文献

(1) 国民生活審議会調査部会コミュニティ問題小委員会編『コミュニティ——生活の場における人間性の回復——』大蔵省印刷局，1969年。
(2) 日本地域福祉学会編『地域福祉事典』中央法規出版，1997年。
(3) R. M. マッキーバー，中久郎・松本通晴監訳『コミュニティ』ミネルヴァ書房，1975年。

(4) F.テンニース,杉之原寿一訳『ゲマインシャフトとゲゼルシャフト――純粋社会学の基本概念――』(上・下)岩波書店,1957年。
(5) R.J.クーツ,星野政明訳『イギリス社会福祉発達史――福祉国家の形成――』風媒社,1977年。
(6) 北川隆吉監修『現代社会学辞典』有信堂高文社,1984年。

第 3 章

地域福祉と社会福祉基礎構造改革

　日本における社会福祉が根本において変化を遂げる可能性を持とうとしている。これが「社会福祉基礎構造改革」の中に凝縮されているといえる。そうして，この改革の底流に地域福祉への道が堅固に内在されているといえる。ないしは，地域福祉の本源に立って「構造改革」を実現へと導く時に社会福祉の実質が実りを結ぶともいえる。
　このような視点を貫徹しつつ，「構造改革」に盛り込まれた従来の「措置制度」から「契約制度」への道の吟味検討，公的介護保険と地域福祉の動的な関連性の究明，さらには地域福祉前進の中における権利擁護制度の位置と意義など関連する幅広い議論がなされる。

1　社会福祉基礎構造改革における地域福祉の視点

　21世紀を迎えようとしている現在，わが国の社会福祉は，「社会福祉基礎構造改革」が進められ，大きく変貌を遂げようとしている。本章では，わが国の社会福祉における画期的な転換をもたらす「社会福祉基礎構造改革」の内容を把握し，地域福祉の視点に立って今後の社会福祉の在り方を見てみたい。

(1)　「社会福祉八法改正」から社会福祉基礎構造改革へ

　「社会福祉基礎構造改革」は，社会福祉サービス利用を措置制度から利用者主体に立脚し契約制へ移行したという点で，わが国の社会福祉史上で最も画期的な改革である。そこで，本改革の至る経過に簡単に触れ，改革の内容を見てみたい。

　周知のように，わが国の第二次世界大戦前の社会福祉は，「恤救規則」(じゅっきゅうきそく)(明治7年，太政官達)に基づく「人民相互の情誼」(じょうぎ)すなわち国民間の相互扶助がその根幹であった。その後，1929(昭和4)年に「救護法」(1932年施行)が制定されるが，建て前は公的救済をとっていたものの救済の国家責任性の欠如や制限扶助の原則などの欠陥があり，制度としては充分に機能しなかった実情があった。

　わが国が，近代国家としての十分な機能を有した社会福祉制度を整えたのは第二次世界大戦後であるといってよい。敗戦後，わが国でいち早く手がけなければならなかった社会福祉対策は，貧困対策であった。1945(昭和20)年12月には「生活困窮者緊急生活援護要綱」が，翌1946(昭和21)年には「生活保護法」(旧法)が制定され，生活困窮者に対応した。また，次代を担う子ども達への対応も急務の課題であった。1947(昭和22)年には「児童福祉法」が制定され，要保護児童対策が行われた。さらに，1949(昭和24)年には「身体障害者福祉法」が制定され，いわゆる「福祉三法」が整備された。昭和20年代には，これら「福祉三法」に加えて，社会福祉事業の基本法であ

第3章　地域福祉と社会福祉基礎構造改革

る「社会福祉事業法」（昭和26年）が制定され，社会福祉事業を公正かつ円滑に進めるために共通事項が定められた。

　敗戦の傷がやっと癒えかけた昭和30年代には，福祉三法に加えて1960（昭和35）年に「精神薄弱者福祉法（現，知的障害者福祉法）」，1963（昭和38）年には「老人福祉法」，1964（昭和39）年には「母子及び寡婦福祉法」が相次いで制定された。いわゆる「福祉六法」が，この時期に整備されたのである。加えて，1961（昭和36）年には，国民皆年金皆保険が実現し，すべての国民が年金や医療保険の対象となった。そして，1973（昭和48）年には，老人医療の無料化，被用者保険の被扶養者給付率の引き上げ（7割給付）や高額療養費制度の創設や年金制度の充実などが図られ，社会保障の本格的到来として「福祉元年」という言葉が政府見解として叫ばれたのであった。

　しかし，昭和50年代に入ると，石油危機（オイルショック）やそれを誘因とする経済低成長，高齢化や高度成長が促した核家族化の進行，家族や扶養意識の変化などが「福祉元年」を容易なものとはしなかった。医療保険や年金においては，老人福祉法から高齢者の医療を独立させた「老人保健法」（1982年）の制定，次いで1984（昭和59）年には医療保険の本人1割負担，さらに1985（昭和60）年には基礎年金（昭和61年施行）の導入と改革が着手され始めた。一方，社会福祉部門においては，昭和50年代の後半から改革がなされた。1985年（昭和60）年に暫定措置として実施された補助金の引き下げは，翌1986年には「国の補助金等臨時特例等に関する法律」が3年間の暫定措置として継続され，それに併せて社会福祉施設への入所措置などが機関委任事務から団体委任事務へと改められた。

　平成を迎え社会福祉の諸改革は，本格的に進められた。平成2年には，「福祉関連八法改正」がなされた。八法改正とは，「老人福祉法」「社会福祉事業法」「身体障害者福祉法」「児童福祉法」「知的障害者福祉法」「母子及び寡婦福祉法」「老人保健法」「社会福祉・医療事業団法」の八つの社会福祉関連法の改正のことである[注1)]。主な改正点は，①社会福祉事業に対する理念の改正（具体的には社会福祉事業法の基本理念の改正），また②社会福祉事業の範囲の見直しとその拡充（具体的には，在宅福祉サービス推進のための支援体制

の強化並びに同サービスの法的位置づけの明確化），社会福祉事業の実施体制の見直し（具体的には，老人及び障害者福祉分野の福祉行政を市町村へ移行したこと），及び③福祉関係マンパワーの確保及びそれに関連する人的条件整備や福利厚生の充実等であった。加えて，この改正期に市区町村社会福祉協議会が，いわゆる「事業体社協」の関連で社会福祉を目的とする事業の企画にとどまらずその実施を可能にした点を確認しておかなければならない。

　1990年中期になると，1995（平成7）年には「エンゼルプラン」や「新ゴールドプラン」，翌1996（平成8）年には「障害者プラン――ノーマライゼーション7カ年戦略――」が策定されたが，同時期から措置制度の廃止に関する議論も活発になってくる。1994（平成6）年には，高齢社会福祉ビジョン懇談会の「21世紀福祉ビジョン」において，1995（平成7）年には社会保障制度審議会の「社会保障制度の再構築――安心して暮らせる21世紀の社会をめざして――」などによって21世紀型の福祉ビジョン構想が打ち出され，その一環として措置制度の廃止が本格的に議論されたのである。こうした議論を前提に，厚生省（現厚生労働省）は1997（平成9）年に有識者による「社会事業の在り方に関する検討委員会」を発足させ改革に乗り出した。同年11月には中央社会福祉審議会の「社会福祉基礎構造改革分科会」によって審議が開始され，12月には前述の検討委員会による報告書「社会福祉の基礎構造改革について（主要な論点）」が出された。翌1998（平成10）年6月には，社会福祉基礎構造改革分科会によって「社会福祉基礎構造改革について（中間まとめ）」が，さらに12月には同分科会による「社会福祉基礎構造改革を進めるにあたって（追加意見）」が出された。厚生省は，これらの審議内容を受け1999（平成11）年4月に「社会福祉事業法等一部改正法案大綱」を取りまとめ，同年8月には「社会福祉の増進のための関係法律の整備等に関する法律案（仮称）制定要綱」を中央社会福祉審議会に諮問した。そして，2000（平成12）年3月には「社会福祉の増進のための社会福祉事業等の一部を改正する等の法律案」が閣議決定されるに至ったのである。社会福祉基礎構造改革の主旨及び内容は，次の通りである。

　まず，改革の主旨は次の4点にまとめることができる[注2]。

① 国民の福祉要求が増大・多様化する現在，社会福祉六法体制は制度疲労を起こしている。したがって，21世紀に対応できるように社会福祉の共通基盤を見直し，社会福祉事業法等に関連する8法を改正すること。
② 中でも，平成12年4月から実施された介護保険に向けて，その円滑な実施及び成年後見制度の補完が急務な課題であること。
③ 社会福祉の実施に関する地方分権化の推進をすること。
④ 社会福祉法人の不祥事を防止すること。

次に，基礎構造改革に伴う制度改正の内容である。まず，制度改正の対象になった法律は，「社会福祉事業法」「身体障害者福祉法」「知的障害者福祉法」「児童福祉法」「民生委員法」「社会福祉施設職員等退職手当共済法」「生活保護法」「公益質屋法」の8つである。そのうち，「社会福祉事業法」は「社会福祉法」と改名され，「公益質屋法」は廃止された。改正の主な内容は，以下の通りである。

① 利用者の立場に立った社会福祉制度を構築すること。福祉サービスの利用制度化（契約制の導入）を図る。具体的には，身体障害者福祉法，知的障害者福祉法，児童福祉法を改正し，利用者が事業者と対等な関係に基づきサービスを選択する（平成15年4月1日より実施）。また，利用者保護のために，民法の成年後見制度を補完する事業として，地域福祉権利擁護制度（福祉サービス利用援助事業）を実施するとともに社会福祉サービスに対する苦情解決の仕組みを整える。さらに，事業者に対して福祉サービスの利用契約についての説明や書面公布の義務づけを行う。
② サービスの質の向上や利用者がより良いサービスを選択できるために，国や地方公共団体による情報提供体制の整備を図り，事業者に対してサービスの質の自己評価やサービス内容に対する情報提供などを促進し，社会福祉法人に対しては財務諸表や事業所報告書の開示を義務づける。
③ 社会福祉事業を充実・活性化するために，権利擁護のための相談事業や手話通訳事業など9事業（表3-1参照）を追加し，社会福祉法人の設立要件を緩和し運営の弾力化を図る。

表3-1 新たに社会福祉事業として法定される事業（9事業）

事業名	事業の内容	現状
福祉サービス利用援助事業（注1）	痴呆高齢者、知的障害者、精神障害者等に対し、福祉サービス利用の相談・助言、手続き等の支援を行う事業	47都道府県社会福祉協議会（平成11年10月より実施）
身体障害者相談支援事業（注2）	それぞれ身体障害児、知的障害者、障害児に対し、福祉に関する相談・指導、関係機関との連絡調整等の支援を行う事業	全国で2000カ所（平成12年度予算案）
知的障害者相談支援事業（注3）		全国で420カ所（平成12年度予算案）
障害児相談支援事業（注3）		
身体障害者生活訓練等事業（平成13年4月施行）	点字や手話の訓練等、身体障害者が日常生活・社会生活を営むために必要な訓練等の援助を行う事業	「障害者の明るいくらし促進事業」（都道府県事業）及び「市町村障害者社会参加促進事業」（市町村事業）のメニューとして全国で実施。
手話通訳事業	聴覚、言語、音声機能障害者に対し、手話通訳の便宜の供与を行う事業	
盲導犬訓練施設（平成13年4月施行）	盲導犬の訓練を行うとともに、視覚障害者に対し、盲導犬の利用に必要な訓練を行う施設	全国で8カ所 約850頭の盲導犬が稼動
知的障害者デイサービス事業	知的障害者又は介護者に対し、手芸や工作等の創造的活動、社会適応訓練、介護方法の指導等を行う事業	全国で120カ所（平成12年予算案）
知的障害者デイサービスセンター	知的障害者デイサービス事業に係る便宜の供与を目的とする施設	

（注1）現在、「地域福祉権利擁護事業」として実施。
（注2）現在、「市町村障害者生活支援事業」として実施。
（注3）現在、知的障害者と障害児を併せ、「障害児（者）地域療育等支援事業」として実施。

（出典） 平成12年3月3日閣議決定厚生省社会・援護局企画課資料より

第3章　地域福祉と社会福祉基礎構造改革

④　地域福祉を推進するため，市町村地域福祉計画や都道府県地域福祉支援計画の義務づけや，知的障害者福祉に関する事務の市町村への委譲，さらに社会福祉協議会，民生委員・児童委員，共同募金の活性化を図る。

(2) 社会福祉基礎構造改革と地域福祉

　社会福祉基礎構造改革とは，21世紀に向け国民が家庭や地域社会の中で安心して人としての尊厳を持ちつつ個人としてその人らしい生活が保障できるように，戦後50年間続いた社会福祉の仕組みを根本から変革しようとする改革である。その改革の柱は，個人の権利や選択を尊重した福祉制度の確立，利用者支援の仕組みや適正な競争を通じた福祉サービスの拡充，地域での総合的な支援が行われる体制の構築の3点に集約されよう。したがって，この改革は，「いつでも，どこでも，だれでも，気楽に安心して」受けられる福祉サービス体制の確立，すなわち地域福祉の本格的実現と理解することができる。そのため，本改革では地域福祉の本格的な充実策として次の3点を挙げている。

　まず，「地域福祉計画」の策定の義務化である。2000年現在では，地方公共団体に課せられている福祉計画は，児童・障害者・高齢者と対象ごとに定められているが，地域福祉計画は，それらを統合した上位計画として位置づけられ，2003（平成15）年より市町村及び都道府県に策定が義務づけられる。市町村地域福祉計画とは，計画の基本理念を明確にし，福祉サービスの供給体制や支援事業の整備，住民の自主的福祉活動の推進と公的施策との連携，保健・福祉・医療との連携，その他生活関連分野との連携などを盛り込んだ総合的な福祉計画のことである。また，都道府県地域福祉支援計画とは，一定圏域ごとに供給される福祉サービスの目標量の確保及び市町村の共同によるサービス供給体制の整備，人材の確保・養成，高度の専門性を有する窓口の整備や苦情解決及び権利擁護の仕組みなどを内容とした福祉サービスを支える資源の開発・整備や権利擁護に関する支援計画のことである。

　次に，2点目として，福祉事務所の一部見直しを行い，「児童福祉法」及び「知的障害者福祉法」を改正し福祉事務の権限を市町村に委譲したこと，す

なわち地域に密着した福祉行政の推進が挙げられる。

　3点目は，社会福祉協議会を地域福祉の推進役として明確に位置づけ，地域福祉の推進体制を明確にしたことである。市町村社会福祉協議会（社協）は，社会福祉事業及び更生保護事業を経営する者を中心とした事業所団体的な性格を有していたが，それらに加えて地域住民，ボランティア団体，住民参加型民間団体などにより構成される地域の「公益的，自主的団体」として位置づけられたのである。また，新たな事業として権利擁護事業や地域住民の参加による日常生活援助事業などが新たに追加されている。

　以上のように，地域福祉を本格的に推進するための改革がなされたが，基礎構造改革に対する批判も少なくなかった。本改革で最も懸念されたことは，「公的責任性の回避」である。福祉サービスにおける契約制の導入や営利企業の参入などが公的責任性の回避につながるという懸念であるが，これらが真に国民の福祉を損ない不利益をもたらすかどうかについては，今後の展開をまたなければならない。

　地域福祉とは，わが国では「福祉」と同様に実態を表現する言葉ではなく，福祉の目的や理念として使用される場合が多いが，あえて表現すれば「一定の地域で在宅及び施設サービスが充実し，住民や行政が一体となって暮らしを守る努力をし，しかも福祉利用者に対する差別偏見がない温かい地域社会の創造」ということができる。地域福祉の必要条件とは，在宅及び施設サービスが充実していることであり，十分条件とはわが国では福祉利用者に対する差別偏見の除去すなわち住民の理解なのである。こうしてみると，基礎構造改革は，地域福祉を推進するために必要条件を整備したとはいえるが，十分条件を満たしているとはいえない。十分条件を満たすためには，構造改革でも企図された福祉文化の創造を積極的に推進するとともに，住民の「老いや障害」に対する根本的な意識の変革策が必要であろう。否，ある意味でそれは政策として実現できる性質の事柄ではない。なぜなら，生や死，老いや障害への深い理解は，個的な経験や体験を通じてでしか得られない性質があるからである。そうしてみると，福祉に携わるわれわれが質の高い実践を地道に築き上げることが最も大切であり，そのことによって逆に住民の福祉に

第3章　地域福祉と社会福祉基礎構造改革

対する深い理解を誘う契機を醸成することが問われていると考えられる。

2　措置制度から利用制度へ

　前節で見たように，社会福祉基礎構造改革の最も大きな柱は，措置制度から利用制度への転換である。
　福祉サービスの利用制度化（契約制度化）は，児童及び老人福祉の分野ではすでになされており，1997（平成9）年の児童福祉法改正による保育所入所に関する選択制の導入及び「介護保険法」による利用者と居宅介護支援事業者や介護サービス事業者との契約でサービスが受けられる仕組みが確立している。
　では，なぜ措置制度を改正し利用制度化を図らなければならなかったのであろうか。それは，措置制度が成立した時代状況と今日の状況があまりにかけ離れ，社会福祉制度そのものが時代にマッチしなくなっており，いわゆる制度疲労をおこしているからである。第二次世界大戦直後の状況は，いち早く経済を復興し国民の生活を立て直すことが急務の課題とされた。経済復興を目指す一方で，荒廃した国民の生活状況に救いの手をさしのべることも国としての重要な課題であった。先にも述べたが，この時期の福祉は，戦災の爪痕である貧困との戦いといってよい。戦争直後における「ヒロシマ」の厚生行政は，「太田川に流れる死体を処理することから始まった」とある証言者が語るようにまさに悲惨な状況からの復興であった。街にあふれる子ども達や戦争被害による身体障害者に対する福祉の整備は，当時の状況からすれば特に必要な施策であった。それゆえに福祉のキーワードは，今日議論となっているような「選択」や「契約」の概念というよりも，「保護」「育成」「援護」であり，行政庁が保護・育成・援護に合致すると判断する対象に必要とするサービスを提供するシステムすなわち措置制度が誕生したのである。
　しかし，戦後50余年が経過した現在，状況は一変している。国民の教育水準や生活水準等が飛躍的に高まり，福祉サービスへの需要が増大し多様化し，

```
           ┌─市 町 村─┐
          ↗    ↑    ↘
    支援費    支給決定  支援費の支払
    支給申請  支援費支払 （代理受領）
           （代理受領）
            の請求
```

図中のテキスト:
- 市町村
- 支援費支給申請
- 支給決定
- 支援費支払（代理受領）の請求
- 支援費の支払（代理受領）
- 利用者
- 契約
- サービス提供
- 利用者負担の支払い
- 指定事業者・施設

図3-1　福祉サービスの利用化

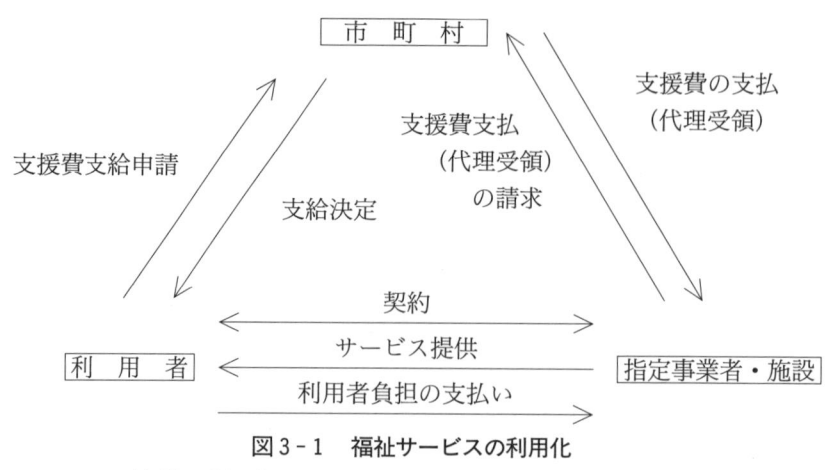

（出所）　平成12年3月3日閣議決定厚生省社会・援護局企画資料より

　サービスの質や差別化が求められる時代になり，措置によらない福祉サービスが，着実に拡大し求められている。しかし，措置制度が必要な対象は，時代に呼応して要援護者は存在しており，現在も不必要であるとはいい難い。例えば，児童養護施設などで保護を要する子どもに対しては，現在も措置制度は有効である。したがって，今後の社会福祉制度は，一部措置制度を残しながらも，利用者が選択し提供者との契約で福祉サービスが受けられる仕組みに転換するように改正されたのである。その仕組みとは，図3-1のように利用者の市町村に対する支援申請とサービス費支給の決定，利用者によるサービス業者の選択・サービス契約，そしてサービスにかかる経費については利用者負担分を除いて市町村がサービス提供者に支払うという方式になっている。このような利用方式と従来の措置制度と比較すると表3-1のようになっている。

　従来の措置制度によるサービスは，公的責任性が比較的明白で要援護者に対するサービスの優先性や均一性では優れているが，措置という行政処分で実施されるため，利用者と提供者の権利義務関係が不明確でややもすれば利用者の「個人の尊厳」が損なわれるおそれがある。また，利用者によるサービスの選択も不可能である。その点，契約による利用制度は，サービス利用

表3-2 契約による利用制度と措置制度の比較

	契約による利用制度	措置制度
市町村の役割	基本的には契約による利用制度の管理者，基盤整備，利用料の助成	措置の実施者
利用の決定	利用者と事業者の合意	市町村の独自決定
費用負担	利用者負担と助成金 助成金は，市町村が利用者ごとに給付額を決定 事業者が代理受給 事業者の助成金の使途制限の緩和 サービス内容に応じた一律単価 利用者負担は所得別定額負担	措置委託費として，定員・規模や供給主体の体制に応じて決定。措置費の使途は制限あり。利用者負担は応能負担。
事業者	指定事業者	委託事業者
不服審査	申請却下決定，助成取消，給付内容に関して可能	措置決定，解除，停止，変更処分に対して可能
サービス提供の長所と短所	長所：利用者と提供者の対等な関係・契約によるサービス選択が可能となる。営利型団体や非営利型の事業者によるサービスメニューの多様化が図れ，事業の効率化にもつながる。 短所：社会福祉事業の公的責任性が不明確になるおそれがある。市町村ごとのサービス格差が生じやすい。サービスの質的向上が，競争により可能かどうか不明。事業者や利用者の倫理の確立が課題。契約制度と国民性の問題。	長所：行政庁の判断で要援護性の高い者に対するサービスを確保でき，財政能力に応じた均一的なサービスの保障が可能。 短所：予算上の制約を受け，サービスが画一的で利用者による選択が不可能。行政による一方的な処分。

(出典) 厚生省「検討状況報告のまとめ」平成10年12月8日及び「社会福祉基礎構造改革について（中間まとめ）」平成10年6月17日資料より一部改定し筆者が作成。厚生省社会・援護局企画課監修『社会福祉基礎構造改革の実現に向けてⅠ』（中央法規出版，平成10年）及び厚生省社会・援護局企画課監修『社会福祉基礎構造改革の実現に向けてⅡ』（中央法規出版，平成11年）を参照。

者を主役にした制度であるから，サービス選択が可能である。しかも，従来の社会福祉法人に加えてNPOや農協・生協及び民間企業の参入により，豊富なサービスメニューが用意され，多様な質の高いサービスが受けられる仕組みとなっている。

　しかし，問題点がないわけではない。措置制度から利用者制度への転換による短所は，今後の社会福祉実践で明らかになろうが，ここでは以下3つ問題点を指摘しておく。

　まず，公的責任性の問題である。措置制度から利用制度への転換が，公的責任性の後退または回避を意図しているのではないかという指摘がある。浅井春男は，措置制度は多くの課題を残しながらも公的責任を担ってきた中心的制度であるとした上で，「基礎構造改革は，公的責任主体としての国家責任の分散化ないしは後退を意図しているということができよう」[注3]と危惧している。その根拠として，自立した個人や社会連帯（わが国では相互扶助）による福祉，福祉サービスの市場化，契約による福祉サービスの利用，措置費から助成金（支援費）への転換などが公的責任性の後退・回避につながると指摘している。

　公的責任性について，厚生省は公的責任性の後退・回避はあってはならないとしている。しかし，今までのような過度な規制による福祉サービスの実施は明らかに時代にそぐわないが，過度な市場への期待は，社会福祉利用者にスティグマ（烙印）を付与したり，立場の弱い人を切り捨てたりする結果につながるおそれがある。社会福祉という公共性の高い事業について，その責任性を担うのは国家である点は明確にし，それにふさわしい働きをしなければならない。それでは，社会福祉における公的責任性とは一体何か。従来のように「国及び地方公共団体」に固有な責任なのか，それに加えてサービス提供者やボランティアや住民までをも含めた者が全体で公的責任を支えるのか，という議論が基礎構造改革にあたってなされたが，この議論は現在も継続しており今後の国民的課題として残されている。

　次に福祉サービスの契約において利用者と事業者との公正な取引ができるのかという問題である。これは，表3-2にも指摘しているように，市町村ご

とのサービスの格差や事業者間の競争によりサービスの質の向上が図れるか，また利用者や事業者の倫理の確立という問題を含んでいる。

　個人の尊厳に基づいてその個人にふさわしい契約による福祉制度に改正しても，それを補償する条件が整っていなければまさに絵に描いた餅である。この点に関して，本城昇は高齢者介護サービスの取引における公正さの確保策として次の4つを挙げている[注4]。

　一つは，取引上弱い立場にある利用者への問題への対応である。取引上利用者の立場が弱くなる要因としては，加齢に伴う高齢者の判断能力の低下及び情報の非対象性が考えられる。そして，判断能力の低下に対する対応策として，成年後見制度を核とした利用者の権利擁護制度を含めた要介護者を支援する総合的な仕組みが必要である。また，情報の非対象性とは，「売手はその提供する商品の内容がどのようなものかわかっているのに対して，買手はその内容がほとんどわかっていないという，売手と買手の間に大きな情報格差が存在する場合」[注5]をいう。したがって，その対応策として，事業者と利用者との情報格差を改善するため，サービス内容や契約書，加えてこれと関連する管理規定などの情報開示あるいは消費者に不利益を与える不当な契約条項が有効に排除される法規制の整備が必要である。加えて，その前提条件と思われる介護サービスの質の確保を図る法規制や事業者同士が質の向上を競争的に向上させるような仕組みが必要である。

　二つ目は，制度の制約による取引上の問題である。例えば，介護保険サービスを例にとれば，介護サービスが労働集約性の高いサービスであることを勘案すれば，介護給付の対象範囲や介護報酬の設定はサービスの質や量を決定する主要因となる。したがって，制度の枠組みやその運用は，利用者に不利益をもたらす主要な要因となるので，慎重な決定を要する。

　三つ目は，「市場において競争が正常に機能していなければ，質の良い商品やサービスが廉価で供給されず，取引において公正さが確保されず，利用者の利益が侵害される」[注6]という問題である。こうした競争上の問題として，「参入の制限」と「顧客の囲い込み」が挙げられる。事業者団体や事業者による意図的な事業への参入制限，またケアマネージャーの所属する事業体に

有利なようにケアプランを作成するといった顧客の囲い込みは，競争を通じたサービスの向上を著しく制限し利用者の不利益を導くため，独占禁止法の理解や保険者による適正なチェックが必要となる。

　四つ目は，行政の在り方の問題である。行政は，サービスの量的確保を優先するあまり事業者の立場に立つ危険性が指摘されるが，そうではなく，あくまでも利用者の利益を確保する姿勢を貫くことが求められる。そのために，保険対象サービスのみならず対象外サービスにおいても，利用者に対する利益侵害行為を防止する積極的な規制やサービスに対する苦情や意見に的確に対応する体制の整備が必要である。また，それを実現する方途として，地域住民組織や生協やNPOなど利用者の利益に立った団体や組織の積極的活用が必要である。

　このように，福祉サービスの利用制度化は，契約制を前提としている限り，本城が指摘しているように取引の公正さがネックとなる。基礎構造改革では，成年後見制度を中核とした利用者の権利擁護制度が創設されたが，これに加えて利用者と事業者の対等な関係を演出するための仕掛けや規制が必要となるであろう。

　最後に，契約制とわが国の国民性の問題に触れておく。高度情報化社会を迎えた今，福祉以外の領域における契約の観念は，わが国の国民に定着してきた感がある。しかし，福祉の実情を垣間見るに，多くの国民に福祉はお上の施しと受けとめる傾向がいまだ多く見られる。介護保険を例にとっても，福祉サービスが保険によってまかなわれ，契約によって成立するという観念を持ちにくい実情がある。そもそも欧米のようにキリスト教文化によって形成された個人主義が基底にある国民にとっては，契約の観念は受け入れやすい。しかし，アジア的農耕文化を基底にし国家に家父長的関係を付与してきたわが国に，果たして契約制がどの程度受け入れられるであろうか。

　2000年4月より社会福祉の基礎構造改革の幕が開かれた。その意味では，後戻りは難しい。今後，契約制に転換することを起点に，長い歴史的経験を経てわが国にふさわしい社会福祉を築いていかなければならない。

3 公的介護保険と地域福祉の課題

先にも述べたように，社会福祉基礎構造改革は，措置制度から利用制度への転換を基軸に戦後の社会福祉制度を変革し，21世紀に向けて新しい福祉制度を創造することであった。言い換えれば，超高齢社会の問題に対応する新しい制度の創設が基礎構造改革の意図であるということができる。また，基礎構造改革は，直接的には1997年12月に制定され2000年4月から実施された介護保険制度に呼応した形でなされ，それを柱に障害者福祉や児童福祉まで含めた総合的な改革として実施されたと解釈してよい。では，基礎構造改革に先立って創設された介護保険とはどのような制度なのであろうか。本節では，介護保険制度の概要と介護保険時代における地域福祉の課題を見てみたい。

(1) 介護保険制度の概要

介護保険法によると，この法律は「加齢に伴って生ずる心身の変化に起因する疾病等により要介護状態となり，入浴，排せつ，食事等の介護，機能訓練並びに看護及び療養上の管理その他の医療を要する者等について，これらの者がその有する能力に応じ自立した日常生活を営むことができるよう，必要な保健医療サービス及び福祉サービスに係る給付を行うため，国民の共同連帯の理念に基づき介護保険制度を設け，その行う保険給付等に関して必要な事項を定め，もって国民の保健医療の向上及び福祉の増進を図る」(介護保険法第1条)ことを目的につくられた。介護保険は，法の第1条や2条に規定されているように次の7つの特色を有した制度である。

介護保険制度の7つの特色
① 自立生活の保障＝個人の有する能力に応じた自立生活の保障を目的としていること（第1条）。
② 国民連帯による公的介護保険制度＝国民の共同連帯の理念に基づく制

度（第1条）。
③　保険給付の対象の限定＝内容原則要介護状態または要介護状態となるおそれのある状態（要支援状態という）にある者に関して必要な給付を行う制度（第2条第1項）。
④　保険給付の目的＝保険給付は，要介護状態の悪化の防止または予防に資するように行われ，医療との連携に配慮して実施される（第2条第2項）。
⑤　サービスの利用＝利用制度（契約による利用）で被保険者の選択に基づくこと（第2条第3項）。
⑥　サービスの総合的提供＝心身の状況またその置かれている環境に応じて，適切な保健・医療・福祉サービスが，多様な事業者や施設から総合的かつ効率的に提供されるよう配慮し行われること（第2条第3項）。
⑦　保険給付の内容及び水準＝可能な限り居宅においてその人の能力に応じ自立した日常生活を営むことができるよう配慮して行う（第2条第4項）。

　そして，保険事業は，高齢者福祉サービスの決定権限を有している市町村が保険者となり，国や都道府県，医療保険者，年金保険者による重層的な支え合いにより，具体的な推進が図られる。被保険者は，65歳以上の第1号被保険者と40歳から65歳未満の第2号被保険者とで構成され，この制度が民間企業の任意の保険ではなく公的制度である以上，40歳以上の国民はすべてが強制加入することになっている。財源は，概ね保険料を主とするドイツとは違い，公費が50％（税金等，内訳は国25％，県12.5％，市町村12.5％），2号被保険者が33％，残る17％を1号被保険者が負担する。保険料は，2号保険者の場合は各健康保険組合が徴収し，1号保険者の場合は年金から徴収する。

　事業の実施にあたっては，これを円滑に実施するため国は介護保険事業に係る「基本指針」を定め，都道府県は「都道府県介護保険事業支援計画」，市町村は「介護保険事業計画」の策定が義務づけられる。

　また，サービスの利用及び提供方法は，欧米のケアマネジメント方式を採

第3章　地域福祉と社会福祉基礎構造改革

用しており，アセスメント，またケアプランの作成，モニタリングなどが随所に活かされている。まず，制度の利用は，利用者の申請（居宅介護支援事業者並びに介護保健施設の代理申請でも可能）から始まる。申請を受けた市町村は，必要な調査を実施した上で介護認定審査会にはかり30日以内に認定結果を本人に通知しなければならない。介護認定は，要支援状態及び要介護状態か否かを判定する利用者にとっては重要な判定であり，正確で公正でなければならない。なぜなら，これらの状態以外の自立と認められた場合，制度の適用除外となるからである。保険給付は，要支援及び要介護状態区分（5段階区分）によって行われる。したがって，利用者の状態に応じて，介護プランが立てられる。申請からケアプラン（居宅サービスプランや施設サービスプラン）の作成及び事業所との契約までのプロセスのキーパーソンは，介護支援専門員（ケアマネージャー）である。ケアマネージャーとは，要介護者が心身の状況に応じて適切なサービスが受けられるよう相談に応じ，各サービス機関との連絡調整を図りケアプランを作成する専門家である（第79条第2項）。

　保険給付の内容は，介護給付と予防給付及び市町村が条例で定める特別給付に分かれている（第18条）。サービスの種類は，これまでのサービスと同様に概ね在宅福祉三本柱を中心とした12種類の在宅サービスと3種類の施設サービスとに分類される。これらの他に福祉用具の購入，住宅改修費，ケアプランの作成等がサービス給付として定められている。原則的に法律に規定されたサービスが給付されるが，市町村の実情に応じ独自に定められるサービスもある。給食サービスや移動サービスなどがそれにあたる。市町村が保険給付に関して独自に条例で取り決めるサービスは，法律の上では3種類あり，いわゆる「横だしサービス」といわれている市町村特別給付（第62条），「上乗せサービス」といわれているサービス給付の引き上げ（第43条），それに加えて市町村独自の「保健福祉事業」（第175条）である。

　サービスに係る費用は，1割を自己負担し，残りの9割は保険から支払われるが，要介護状態区分に応じて限度額が定められている（第40条，第43条，第48条）。サービスに対する支払方法は，法律上はサービス費の支給と

なっており償還払いが建て前となっているが，緊急の場合や自分でケアプランを作成する場合を除きケアマネージャーにケアプランを作成した上でサービスを受けると実質上は現物給付の形がとられる。また，健康保険制度等の高額療養費にならって過度の自己負担をさけるために家計の実情を考慮し，制令が定める一定程度の額を超える場合は，超えた額を払い戻す制度が設けられている（高額介護サービス費の支給，第51条）。また，介護認定審査の不服やサービスの苦情については，前者は都道府県の介護保険審査会（第183条）に対して，また，後者については，都道府県の国民健康保険団体連合会（第176条）へ申し立てができる。

(2) **公的介護保険と地域福祉の課題**

公的介護保険は，利用制度に基づく契約制を採用していることや在宅介護を重点に置いていることなど，従来の高齢者の介護制度に比べて斬新な制度となっている。しかし，問題点も多い。もともと介護保険制度は，要介護者の社会的入院による医療費の圧迫という問題を契機に，創設された制度だけに，公的責任性の後退や国民の介護負担の増大などが懸念される。また，措置という従来の福祉の根幹を変革した契約制で実施するだけに，混乱をきたしている。介護保険のスタートが2000年4月に切られたが，同年の3月末においてさえも，いまだに多くの要介護者のケアプランが立案されていない現状があった。多くの市町村ではやっと介護保険計画や新老人保健福祉計画の作成が終了したものの，いまだに社会福祉資源の整備など多くの問題を抱え，社会福祉施設をはじめとする福祉現場においても，新しい運営方式を目前にして契約書の整備等に追われ，数々の不安を残しながらスタートした。

高齢者の介護が円滑に機能するためには，介護保険制度の一層の充実が期待されるが，その基本的要件として地域福祉の拡充が求められる。介護保険は，多くの実践的課題を提起しているが，そのうち最も重要な課題は「地域社会の復権」であろう。われわれがコミュニティという場合，それは「生活や労働を共有し，一定の行動様式を共有する場」を意味するが，その意味での「障害や老いや子育てを共有する場」としての地域社会の復権・創造であ

ると理解できよう。

　介護保険は，サービス供給体として従来の市町村及び社会福祉法人，医療法人，生協，農協，NPO法人などに加え，株式会社などの営利型の事業体の参入も可能にした。地域によっては，これらのすべてが揃っていない場合もあるが，それぞれ地域の実情に応じて地域課題を明確にし，総合的な介護サービスが提供されるよう工夫しなければならない。その際にサービス提供事業者の果たす役割は重要であるが，地域住民の果たす役割も大きい。住民にとって福祉問題は，他山の石ではなく，自己の課題として取り組む姿勢が望まれる。住民には，時にボランタリーなサービス提供者として，また時には行政や事業者の監視役として，さらには問題の当事者としての問題解決主体としての役割が期待される。

　そうした地域福祉づくりを進めるために，社会福祉協議会の果たす役割は重要である。社会福祉協議会の詳細については他の章を参照されたいが，これからの社会福祉協議会は，専門性を確立し地域住民に信頼されるような組織づくりを行い，地域福祉の推進役として十分な力を身につけなければならない。

4　利用者の権利擁護とその課題

(1)　成年後見制度と地域福祉権利擁護制度

　利用者と事業者との契約に基づいてサービスを利用する介護保険制度を円滑に進めるためには，民法の成年後見制度の改正を必要とした。なぜなら，自由契約を旨とした制度を活用するためには，利用者がその制度を充分に理解した上，本人の意思で契約の可否（サービスの選択）を判断することが前提になっているからである。しかし，社会福祉制度を活用する人の中には，障害や老いが原因でその判断能力を十分に持っていない人々が存在する。このような人々の権利を保障するためには，何らかの権利擁護（利益保護）を

行うシステムが必要である。ましてや，社会福祉制度の根幹が措置制度から利用制度へと転換された実情を鑑みると，なおさらのことである。

民法の成年後見制度の改正が叫ばれ始めたのは，1990年頃である。ノーマライゼーションや個人の尊厳に基づく自己決定権の尊重，残存能力の活用などの福祉理念の浸透により，痴呆や知的障害，精神障害などいかなる障害をもっていようとも，個人の尊厳に基づく福祉の実現が強く叫ばれ始めたのである。しかし，旧来の成年後見制度では制度の不備に加え「禁治産者及び準禁治産者」に対する偏見や差別的イメージが強く，このような要求に応えることが不可能であった。そこで，法務省は1995年より法制審議会民法部会で4年間審議検討し，1999年に新しい成年後見制度を発足することとした。

新しい成年後見制度は，図3-2の通り法定後見制度と任意後見制度で構成されている。法定後見制度とは，従来の民法の後見制度を改正した新しい後見制度を指す。また，任意後見制度とは，1999年に制定された「任意後見契約に関する法律」による後見制度を指す。

民法の改正は，高齢社会への対応及び障害者福祉の充実の観点から提案され，自己決定の尊重を基本理念に行われた。その概要は次の通りである[注7]。

改正の概要

① 「禁治産」「準禁治産」という用語を廃止し，「後見」「保佐」とし「補助」を新たに加え3類型にしたこと。この3類型は，本人の「事理を弁識する能力」（判断能力）の程度によって区分されている。

② 成年後見人，保佐人，補助人の選任に関する改正をしたこと。これに伴い，配偶者が当然に後見人になる条項（840条）の削除，複数の後見人の選任（ただし，未成年後見人は1人），法人成年後見人の明文化，家庭裁判所の考慮すべき事情について明文化がなされた。つまり，後見人や保佐人，補助人は，複数でも法人でも可能となり，これらの選任にあたっては家庭裁判所が後見を受ける人（被成年後見人等）との利害関係や本人の意見を考慮しなければならない，とされた。

③ 本人の意思の尊重及び身上監護の一般的義務を新設したこと。後見人，保佐人，補助人の職務を遂行するにあたり，本人の意思を尊重し，その

```
                ┌─ A   法定後見制度     ┬─ ①補助類型(新設)
                │  本人,配偶者・4親    │  【原則として鑑定不要】
                │  等内の親族等の請求  ├─ ②保佐類型(←準禁治産者制度を改正)
                │  により,家裁が決定。 │  【原則として鑑定不要】
  成             │  家裁は職権で成年後  └─ ③後見類型(←禁治産者制度を改正)
  年             │  見人を選択する。      【原則として鑑定不要】
  後             │
  見             ├─ B   任意後見制度
  制             │  ・公的機関の監督を伴う任意代理制度。
  度             │  ・本人が任意で任意後見人と代理委任契約し,その後家裁が任意
                │    後見監督人を選任することで発効する。任意後見監督人は任意
                │    後見人を監督。
                │  ・法定後見制度に優先する。
                │  ・法定後見に移行した場合は,法定後見の開始決定とともに契約
                │    終了(法定後見と任意後見制度は併存しない)。
```

<背景>
A　法定後見の「補助」←ドイツ「成年者世話法」(1992—)がベースとなっている。
B　任意後見制度←イギリス「持続的代理権授与法」(1986—)がベースとなっている。

図3-2　成年後見制度の概要

(出典)　小室明子・長谷憲明『介護保険を活かす経営』ブックマン社,1999年,184頁。

身上に配慮する義務規定が設けられた(858条)。つまり,医療や住居の確保,施設の入退所や処遇の監視・異議申立等,介護・生活維持に関する事項,教育・リハビリに関する事項の契約の締結,契約の履行状況の監視,契約の解除などの行為を行う際に本人の身上(心身の状態や生活の状況)に配慮しなければならないということが,明文化された。

④　監督体制を整備したこと。成年後見監督人として法人も可能となり,新たに,保佐監督人,補助監督人制度が設けられた。

⑤　その他,公正証書遺言等,戸籍届出制度の改正やマイナスイメージを与える差別的表現の変更や欠格条項を見直し削除した。

一方,任意後見制度とは「本人が判断能力があるうちに,判断能力が低下

した後の身上監護や財産管理等に関する事務を，自己の信頼する任意代理人に委託し，その任意代理人が公的機関の監督を受けながらその事務を遂行する」[注8]という制度である。この制度の特徴は，本人の意思の尊重という観点からすればより多く意思を反映でき，高齢社会の実情にマッチした制度であるということができる。その意味で，今後の成年後見制度に不可欠な制度である。

　さて，このように心身に障害があり判断能力が低下した痴呆性老人や心身障害者の権利を確保するために，本人に代わって法律行為の代理や取消，同意を行うという成年後見制度が2000年4月1日からスタートすることとなったが，利用者のトータルな権利擁護はこれだけでは不十分である。なぜなら，後見制度の範囲は法律行為に限られており，福祉制度の情報提供や介護に対する不満，細々とした契約手続きや日常の金銭管理などについては，別の援助システムを構築する必要がある。そこで，「地域福祉権利擁護制度(福祉サービス利用援助事業)」と「苦情解決の仕組み」が社会福祉法に位置づけられたのである（図3－3・4参照）。

　地域福祉権利擁護制度は，すでに1999年10月より成年後見制度を補完する制度として都道府県社会福祉協議会（地域福祉権利擁護センターとなる）により実施されている。本事業の目的は，福祉サービスの利用援助，日常的金銭管理，書類などの預かりサービスを行い，在宅での日常生活の支援を行うことにあるとされている。具体的サービスは，基幹的な市区町村社協の生活支援員が行い，本事業の監視役の第三者的機関として運営適正化委員会が設けられている。

　また，苦情解決については，福祉サービスに対する利用者の意見や苦情を幅広く汲み上げ，サービスの改善を図るため社会福祉事業経営者の苦情解決の責務を明確化し，社会福祉施設内においては第三者が加わった苦情解決の仕組みの整備を図った。さらに，解決困難な事例については，図3－4のように都道府県社会福祉協議会に運営適正化委員会を設置し，都道府県との連携で解決を図る仕組みをつくった。

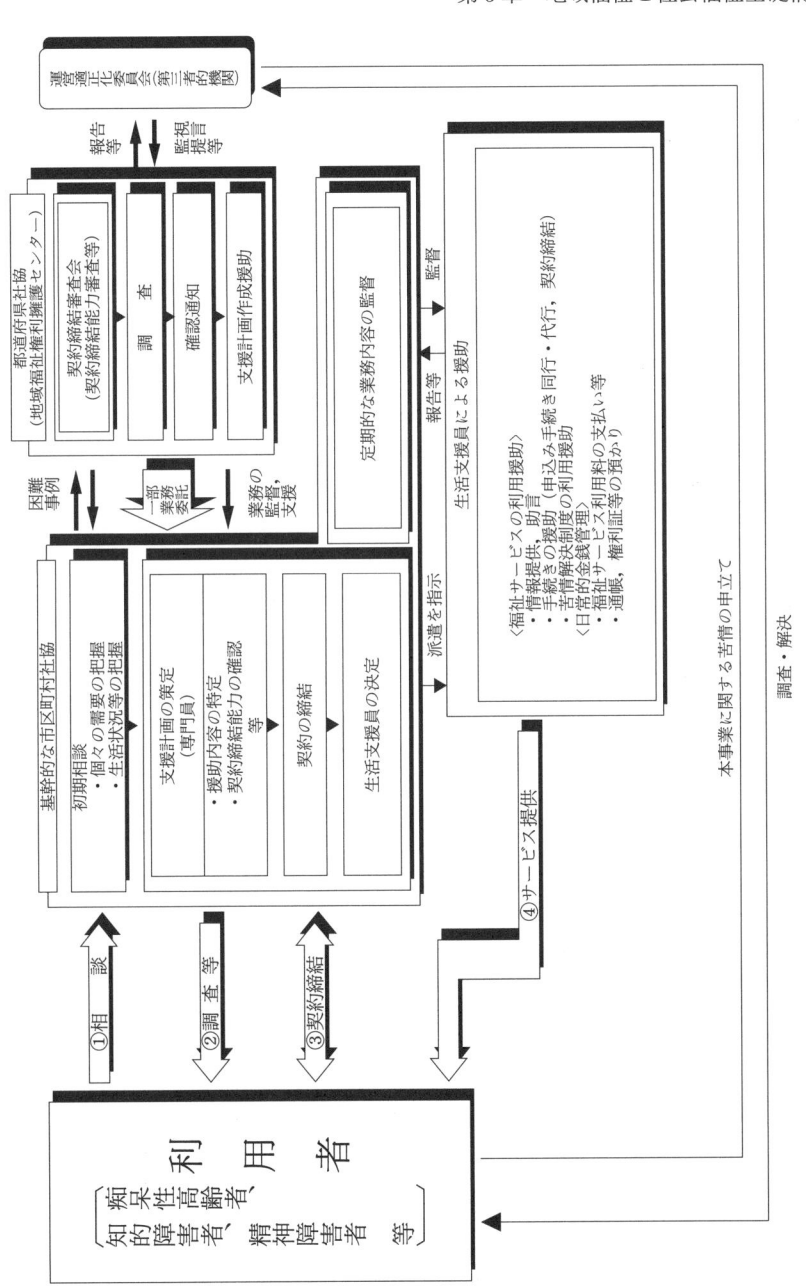

第3章 地域福祉と社会福祉基礎構造改革

図3-3 地域福祉権利擁護制度の概要

(出典) 平成12年3月3日閣議決定厚生省社会・援護局企画課資料より、一部修正

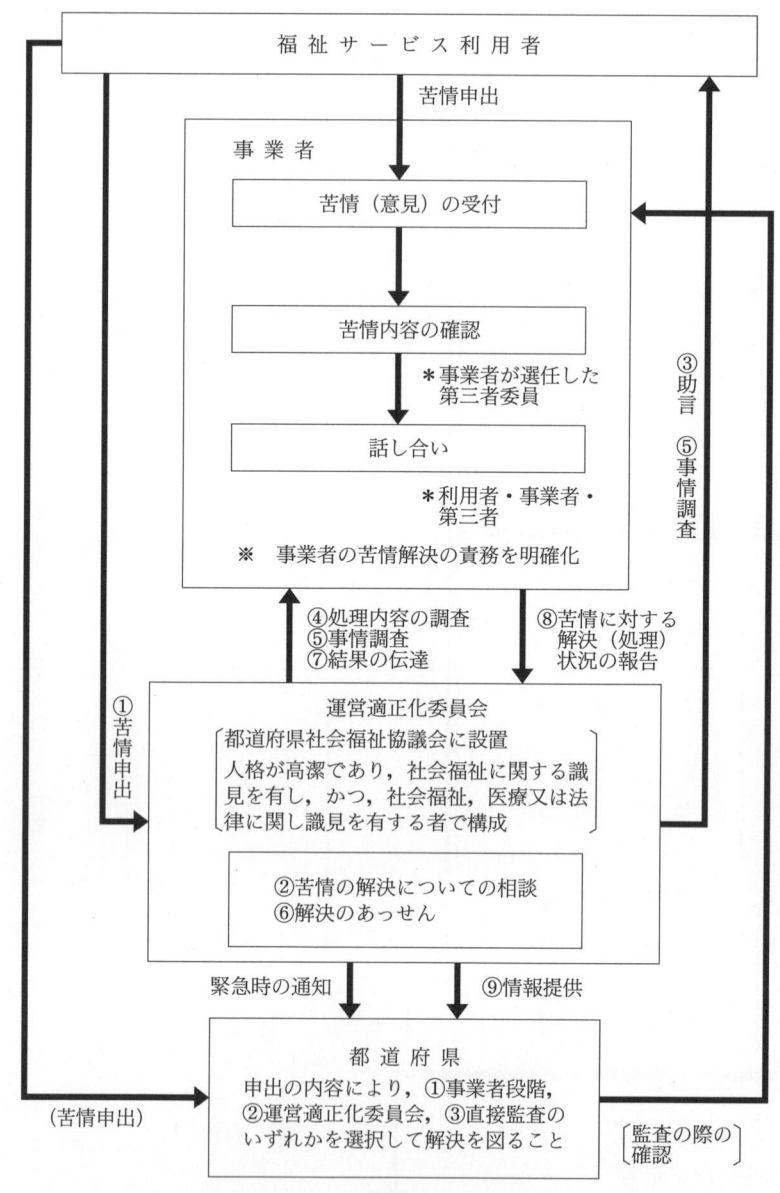

```
                    福祉サービス利用者
                          │
                       苦情申出
┌─────────────────────────▼──────────────────────┐
│ 事業者                                          │
│     ┌──────────────────────┐                   │
│     │   苦情（意見）の受付   │                   │
│     └──────────┬───────────┘                   │
│                ▼                                │
│     ┌──────────────────────┐                   │
│     │   苦情内容の確認       │                   │
│     └──────────┬───────────┘                   │
│                │      ＊事業者が選任した          │
│                │        第三者委員              │
│                ▼                                │
│     ┌──────────────────────┐                   │
│     │     話し合い          │                   │
│     └──────────────────────┘                   │
│              ＊利用者・事業者・                  │
│                第三者                           │
│     ※ 事業者の苦情解決の責務を明確化            │
└────────┬──────────────────────┬────────────────┘
    ④処理内容の調査         ⑧苦情に対する
    ⑤事情調査               解決（処理）
    ⑦結果の伝達             状況の報告
         ▲                      │
         │                      ▼
┌────────┴──────────────────────────────────────┐
│ 運営適正化委員会                                │
│ ［都道府県社会福祉協議会に設置                  │
│   人格が高潔であり，社会福祉に関する識         │
│   見を有し，かつ，社会福祉，医療又は法         │
│   律に関し識見を有する者で構成］                │
│                                                │
│   ②苦情の解決についての相談                    │
│   ⑥解決のあっせん                              │
└────────┬──────────────────────┬────────────────┘
    緊急時の通知              ⑨情報提供
         ▼                      ▼
┌────────────────────────────────────────────────┐
│ 都道府県                                        │
│ 申出の内容により，①事業者段階，                │
│ ②運営適正化委員会，③直接監査の                │
│ いずれかを選択して解決を図ること                │
└────────────────────────────────────────────────┘

①苦情申出 (利用者→都道府県)
③助言 ⑤事情調査 (都道府県→事業者)
（苦情申出） ［監査の際の確認］
```

図3-4　苦情解決の仕組み

（出典）　平成12年3月3日閣議決定厚生省援護局企画課資料より

第3章　地域福祉と社会福祉基礎構造改革

(2) 利用者の権利擁護と課題

　ある障害者の親が，「私の願いは，二つあります。一つは，千円にも満たない授産の工賃で子どもと一緒にジュースを飲むことです。もう一つは，私が死んだあと私のように子どもを親身に面倒見てくれる場があることです」とつぶやいた。われわれは，こういった親のつぶやきに出会うたびに絶句し，福祉利用者に対する権利擁護の必要性を痛感させられる。

　福祉は措置制度から契約制度へ移行する。確かに，契約制度は個人の尊厳，自己決定の観点で見ると，措置制度よりも優れている。しかし，この制度の履行は，いかなる人においても個人として認められ，対等な関係にあるという認識とそれを実行する仕組みが具備されていなければならない。この点で，新しい成年後見制度や地域福祉権利擁護事業並びに苦情申し立ての仕組みは大いに評価される。

　しかし，課題がないわけではない。成年後見制度については，制度の周知や手続きの簡素化(費用の軽減や期間の短縮化)，成年後見人の確保などが今後の重要な課題となろう[注9]。また，介護保険については，対象外サービスの私的契約に係る適正化に関する法の整備が今後重要になってこよう。さらに，これら法的整備の問題に加えて人的資質の向上が今後最も重要な課題となるであろう。福祉サービスは，人を媒介に行われるがゆえに，利用者の権利保障もまた人を媒介に行われるのである。したがって，今まで以上に福祉を担う人の質的向上を図っていかなければならない。

　　　　　　　　　　　　　　　　　　　　　　　　　　　　(佐藤克繁)

注

1) この法律改正の直接的背景には，1989 (平成1) 年の福祉関係三審議会合同企画分科会(中央社会福祉審議会，身体障害者福祉審議会，中央児童福祉審議会)による「今後の社会福祉のあり方」や「ゴールドプラン」(高齢者保健福祉10カ年計画)及び「地域における民間福祉活動の推進について」(中央社会福祉審議会・地域福祉専門分科会，1990年)などがある。

2) 前述の閣議決定によると「本改革は，昭和26年の社会福祉事業法制定以来

大きな改正の行われていない社会福祉事業，社会福祉法人，措置制度など社会福祉の共通基盤について，今後増大・多様化が見込まれる国民の福祉への要求に対応するため，見直しを行うものである。」及び「この見直しは，平成12年4月から施行される介護保険制度の円滑な実施や成年後見制度の補完,地方分権の推進，社会福祉法人による不祥事の防止などに資するものである，早急に実施する必要がある。」とされている。

3) 浅井春夫『社会福祉基礎構造改革でどうなる日本の福祉』日本評論社，1999年，44頁。
4) 本城昇「福祉サービスの取引における『公正』の確保――高齢者介護サービスの取引における利益の確保を巡って――」(三浦文夫・橋本正明・小笠原浩一編『社会福祉の新次元』中央法規出版，1999年，84-92頁) 参照し，記述にあたっては筆者が要約した。
5) 同上書，70頁。
6) 同上書，75頁。
7) 横地利博・赤沼康宏『改正成年後見制度のすべて』日本法令，1999年，27-35頁参照。
8) 同上書，111頁。
9) 同上書，159-162頁参照。

参考文献

(1) 浅井春夫『社会福祉基礎構造改革でどうなる日本の福祉』日本評論社，1999年。
(2) 相野谷安孝・小川政亮・垣内国光・河合克義・真田是編『2000年日本の福祉――論点と課題』大月書店，1999年。
(3) 厚生省社会・援護局企画課監修『社会福祉基礎構造改革の実現に向けてⅠ』中央法規出版，1998年。
(4) 厚生省社会・援護局企画課監修『社会福祉基礎構造改革の実現に向けてⅡ』中央法規出版，1999年。
(5) 小室明子・長谷憲明『介護保険を活かす経営』ブックマン社，1999年。
(6) 古川孝順『社会福祉基礎構造改革――その課題と展望』誠信書房，1998年。
(7) 三浦文夫・橋本正明・小笠原浩一編『社会福祉の新次元』中央法規出版，1999年。
(8) 横地利博・赤沼康宏『改正成年後見制度のすべて』日本法令，1999年。

第 4 章

地域福祉の方法と実践

　地域福祉の方法論と援助技術としての具体的展開に触れる。まず地域住民の担う役割の明確化により地域福祉の主人公を確認する。続く方法論の議論においては，地域福祉実践における計画性の重要視，それゆえの地域福祉計画の方法論上の考察が詳しくなされる。
　さらに地域福祉の援助技術としてのコミュニティワークが地域組織化，福祉組織化の議論を交えてなされる。こうした基本の議論とともに，本章では，近年実践領域において数多の議論が錯綜しているケアマネジメントとの関わり，NPOを含むボランタリーな活動との関わり，さらにオンブズパーソンの意義・役割にも言及している。

1　地域福祉を担うヒューマンパワー

　地域福祉は，一人ひとりの地域住民や地域住民組織，社会福祉などの専門機関・施設，またさまざまな地域社会の団体・組織などが総合的に実践の役割を担うことによって実現されるものである。
　それを，地域福祉に関わる人材資源として捉えるならば，地域住民などの個人のレベル，地域社会に存在する組織，またはその組織に属している個人や集団のレベル，また社会制度的に規定された機関・施設・組織，またそこに属している専門職を中心とした職業者個人や集団のレベルに分けて考えることができる。
　まず，地域福祉実践を展開していく上では，地域住民の役割の重要さを充分に認識していくことが必要である。地域住民の中には，福祉ニーズを抱え，援助を求めている当事者として課題を訴えている人がいたり，近隣住民として潜在化している課題を明らかにする人がいたり，また問題解決にあたって，その過程に参加したり，また主体的に解決に取り組む人がいる。
　また，地域社会には，地域福祉に関連する活動を目的に設立されたものではないが，密接な関連を持っているさまざまな組織がある。協同組合の理念に基づいた多くの組織には，組合員相互の福祉向上を目指すものであり，新たに福祉的活動に取り組もうとするものもある。これらの組合員が一人の地域住民として，また属している組織の一員として地域福祉活動に関わることになる。この他，ボランティア組織や住民参加型在宅福祉サービス団体など主体的に地域福祉活動を担う地域住民の組織がある。
　最後に，地域福祉に関わる専門的機関・施設・団体などである。これらは，福祉行政機関，在宅福祉等サービスの提供機関・施設，社会福祉協議会などを含んでいる。これらの機関などに属する専門職は，それぞれの機関の機能を果たすと同時に，これらの専門機関の相互連携と地域社会のさまざまな福祉活動に関わる人材との協働活動に充分に配慮する必要がある。

このように，地域福祉を担う人材は，相互に連携を深めて，地域福祉の推進を総合的に進めることが求められている。

2 地域福祉計画立案の視点と方法

(1) 地域福祉計画策定の意義

地域福祉計画とは，一般的には行政区分に従った都道府県や市区町村を単位にして，その地域社会の社会福祉全般の推進に関わる計画のことである。1990年代に入り，当核地域の実情に合わせた地域福祉の実施・推進に関する計画づくりと計画的実施の重要性が明確にされてきている。

本来，地域福祉実践は，社会的ニーズに対応する実践であり，予測可能なものばかりではない。その意味では，あらかじめ準備されているものだけでは不充分であり，現実的にその場において対応を迫られることも多い。しかし，このような実践も，問題の発生から発見，問題の把握と分析，それに対応する解決方法の検討と援助の計画化，援助活動の実施，評価という一連の過程を持ったものである。計画的な視点を導入することは，問題の発生を未然に防ぎ，またそれを予測した対応を準備することにつながるのである。また，地域福祉実践の充実は，さまざまな対応の連続的・総合的な積み重ねによって実現可能なものである。その過程を綿密に検討することによって，効果的・効率的な実践が図られるものである。

地域福祉計画が目指すところは，生活の場としての地域社会をより充実させていくための地域組織活動の強化を図ることと，地域社会における生活を保障し，豊かなものに改善していくためのさまざまなサービス供給体制の整備と体系化を進めること，並びにこれらを総合的に実現できるようなビジョンを明らかにすることである。これらは行政による公的社会福祉施策にとどまらず，民間団体による社会福祉事業・活動と地域住民による自主的・主体的な福祉活動が含み，地域社会の総合的な地域福祉推進計画であることが望

まれる。

(2) 地域福祉計画の構造と特質

　地域福祉計画について，東京都は次のような三層構造を持った計画として位置づけている。つまり，東京都が都全域を圏域とする「地域福祉推進計画」，区市町村が策定する「区市町村地域福祉計画」，社会福祉協議会などを通じて地域住民が主体的に策定する「地域福祉活動計画」の3つの計画が，相互に関連した機能・内容を持つものとして考えられている。これらは，広域圏行政単位と地域住民に最も近い市区町村単位の地域福祉の総合的計画と捉えられる。また同時に，行政の立案する計画に対して地域住民が主体的に立案する計画が一体となり，またそれらが公私協働によって実現することを示していると考えられる。

　ここで重要なことは，地域福祉計画は，行政から地域住民へ向けた一方的な計画ではなく，地域住民が計画づくりに積極的・主体的に参加し，その中で大きな役割を果たすところに特質が見出される。その意味では，社会福祉協議会が主体となって策定する地域福祉活動計画の策定が，地域福祉推進の鍵を握っていると考えられるのである。

(3) 地域福祉活動計画の内容と構成

　地域福祉活動計画の性格として次の点が挙げられる。まず，地域住民を主体とした民間による活動計画としての独自性を持ったものである。また，具体的な活動を提起し押し進めるための行動計画であり，地域社会におけるさまざまな運動を呼び起こすことのできる運動計画でもある。それは，行政計画を民間の立場から検討し，発展させるとともに内実を与えるものとならなければならない。

　また，地域福祉活動計画は，地域住民が主体的に策定すること，公私協働の策定を重視すること，計画策定の過程を重視すること，地域社会の実態とニーズに基づいた計画であること，実施見通しを持った計画であること，地域福祉活動を包括した計画であることなどが望まれる。

これらの計画づくりには，住民主体の活動原則を持ち，地域住民組織体としての側面を持つ市区町村社会福祉協議会が，中核的存在として役割を果たしていくことが重要なことである。

次に，地域福祉活動計画の構成として次の3つが挙げられる。

第一には，社会福祉の基本的視点とまちづくりの基本視点を踏まえた総合的構想としての「基本構想」がある。それに基づき，10年間ほどを見通した，基本目標や到達目標を持つ「基本計画」が次にくる。最後に，5年間で具体的に展開する実行内容を掲げた「実施計画」である。理念・目標にとどまらず，具体的に実施することを掲げて，計画実施の過程が目に見えるような計画が必要である。

(4) 地域福祉活動計画の過程と展開方法

地域福祉活動計画を一つの例として，計画策定の過程を述べることとする。

① 組織づくり

計画策定の最初の段階は，策定を担うメンバーを決定して，策定委員会を組織することである。地域住民の主体的参加，公私協働，広範囲・領域にわたる計画であることなどを配慮しながら，人選を進めていくことが重要である。またその委員会の中には，具体的な作業や細部にわたる検討を行うための小委員会または作業委員会を設けることも必要な場合がある。

② 地域社会の現状と福祉ニーズ・課題の把握

次の段階は，策定委員会が検討を進めるための基本的資料として，地域社会の現状と福祉ニーズ・課題の把握を行うことである。既存資料の活用，地域住民へ向けた調査活動，住民懇談会などによる地域住民の意見の把握，サービス利用者への聞き取り調査，サービス提供機関や関連領域機関などの関係機関からの情報収集などを通じて，現状でどのような福祉ニーズ・課題が生じているかを明らかにすることである。

③ 社会資源・福祉活動の取り組みの把握・評価

さらに，地域社会において，サービス提供の現状やそれを担う社会資源の状況を把握し，福祉ニーズ・課題に対して充分な対応がなされているのか，

サービスの内容や質・量は整っているかなどについての評価分析を行うことが次の段階となる。

④　課題の整理と重点課題，取り組むべき課題の検討整理

次には，前述の②・③を踏まえて，策定委員会において，地域社会の課題を整理し，今後取り組むべき課題を，優先順位をつけながら検討・整理する段階となる。この場合，地域社会の状況に合わせて課題を検討することが重要であり，他の地域との横並び思想や勢力関係が優先することがあってはならない。

⑤　地域福祉活動計画の策定

前述の②〜④の検討を踏まえて，計画策定の段階となる。ここでは基本理念や方向性を示す基本構想の検討と明文化，次に，到達目標を分野・領域別に具体的に示す基本計画を策定することである。そして，目標達成のために実際にどのようなことを実施しているかについて，具体的に検討し，隔年ごとに実施計画を策定する。

また，これらの計画案を策定委員会で検討すると同時に，地域住民や関係者に示して，意見を把握して，より内容を深めていくことも必要である。策定委員会は，地域福祉活動計画を確定して，その実施を促すことになる。

⑥　計画の実施

策定された地域福祉活動計画が，単なる計画に終わることのないように，策定後は，速やかに実施に移ることが重要である。計画を推進するためには，実施の中核となる市区町村社会福祉協議会の事業・活動計画への反映や予算措置を検討することも必要となってくる。

また，策定された計画がスムーズに，また計画に沿って実施されるように，その実施状況を点検評価する組織も必要となってくる。策定委員会がその役割を担うか，もしくは実施委員会，点検評価委員会などの新たな組織をつくり，その実施を促進する体制を整えることも必要である。

⑦　評価と計画の見直し

策定された計画に基づいた実践・活動が，計画通りに進められているか，またその結果が目標を達成するものとなっているか，さらに地域社会がその

計画策定から実施に至る過程の中で，どのように変化しているかなどについて点検・評価を行い，不充分なものがあれば，再度検討して，計画を見直していく段階である。

また，当初の計画が終わる年次には，総合的な点検・評価をして，第二次地域福祉活動計画の策定に結びつけていくことも必要である。

これらを繰り返しながら，地域社会における社会福祉実践・全体を包括的に推進していくことが地域福祉活動計画策定の目指すところである。

3　コミュニティワークの方法と過程

(1)　コミュニティワークの意味

コミュニティワークとは，一般的には，アメリカにおいて議論されてきたコミュニティ・オーガニゼーションの概念を継承し，ソーシャルワークの一領域として発展した概念として捉えられる。

1950年代までのアメリカにおけるコミュニティ・オーガニゼーションの議論の中には，地域社会に生じる福祉課題に対して，社会資源を調整し，開発する機能を重視した「ニーズ・資源調整説」，地域社会のさまざまな集団・組織間または集団・組織と地域社会間の相互作用を援助し，調整していく機能を重視した「インター・グループワーク説」，地域住民による，福祉課題の発見から主体的問題解決への過程を強調する「組織化説」などがある。

その後，社会問題の具体的解決を目指す社会計画やソーシャルアクション，また，発展途上の地域社会の経済的，社会的，文化的状況の改善を図るコミュニティ・デベロップメントなどの多様な概念を包括する統合的概念としてコミュニティワークという言葉で表現されるようになってきている。

(2)　コミュニティワーク実践の技術・技法

コミュニティワーク実践における技術・技法は，未成熟な部分を多く残し

ているといえるが，ここでは，コミュニティワーカーが実践する際の基本的技術・技法として，以下の3つを挙げることができる。

① 調査・地域診断の技法

まず，地域社会の実態を明らかにし，課題を抽出・分析するための技法である。それには，まず既存の文献や資料・データなどを収集し，分析することである。その中には，大量観察による統計的分析を必要とするものもあれば，事例の分析を必要とするものもある。また，地域住民や専門家の参加する会議・懇談会・座談会などを開催し，その中で直接に意見を収集するための技法も重要である。この場合，意見を出しやすい状況設定や雰囲気作りに心がけるべきである。また，地域社会の実態を把握するために，さまざまな社会調査法を用いる技術も必要である。目的に合わせて，調査方法や対象者を適切に選択して調査を実施し，妥当性と客観性のある調査を実施することが重要である。

② 集団討議・組織運営活動の技法

次に，集団・組織に関わるために必要な技術として，集団討議や会議運営，組織運営の方法についての技法・技術が求められる。集団討議や会議の目的や参加者の状況を考慮に入れながら，その形式や進め方を選び取ることが重要である。また，委員会などの会議が目的の達成を目指して継続的に運営するためには，会議の実施とともに，その前後の準備過程や記録，メンバーへの情報伝達などがスムーズに，迅速に行われる必要がある。

③ 広報・情報活動の技法

次に，地域社会の状況を地域住民に知らせること，また地域社会のさまざまな集団・組織の活動状況や課題を，地域社会全体のものとすること，また地域住民の意見が広く，地域社会全体のものとなることなどには，広報活動は欠かせないものである。最近は情報機器の発展によって，情報を伝達する手段はとても多様化している。さまざまな手段を利用し，必要な情報を必要な人々に伝達する知識と技術が求められている。

これらは，コミュニティワークを展開するためには欠かせない技術・技法ということができる。

(3) 地域組織化活動の意義と方法

次に，地域社会への組織的援助の方法として，日本における地域組織化活動の議論について触れる。

日本においては，高度経済成長期に，産業構造の変化とともに地域社会にも大きな変化があった。周辺部では伝統的地域社会の崩壊が進み，一方都市部は人口が増加し人々の居住地域が拡大していった。このような地域社会の状況の中で1970年代初頭から，「コミュニティ」に関する議論が高まってきた。このような背景をもとに，地域組織化理論が登場することとなる。

1971年の中央社会福祉審議会答申「コミュニティ形成と社会福祉」では，コミュニティの概念を「生活の場において，市民としての自主性と責任を自覚した個人および家庭を構成主体として，地域性と各種の共通目標を持った，開放的でしかも構成員相互に信頼感のある集団を，コミュニティと呼ぶこととしよう」としている。つまり，地域社会のあるべき姿として「コミュニティ」という理想型を示しているのである。

ここでは，地域組織化活動について，コミュニティ・オーガニゼーション理論をもとに，独自理論を構築した岡村重夫氏の考え方に基づいて述べる。

岡村氏によれば，地域組織化活動とは，地域福祉にとって望ましい地域社会構造や社会関係を創り出す活動として捉えられる。そして，地域組織活動を，一般的地域組織化活動と福祉組織化活動に分けて論じている[注1]。

① 一般的地域組織化活動

岡村氏は，地域組織化活動を論じるにあたって，社会学者の奥田道大氏の地域社会モデルを前提としている。つまり意識体系と行動体系を軸に，ムラ的・伝統的な「地域共同体」モデル，伝統的地域無関心層による「伝統的アノミー」モデル，伝統的な地元意識に反発する個我の自覚に基づく権利要求型の「個我」モデル，そして「コミュニティ」の4つを挙げている[注2]。そして，現実の地域社会を，地域主体的態度と普遍主義的権利意識に特色づけられる理念型としての「コミュニティ」型地域社会への変容を促すことによって，社会福祉サービスの利用者を自らの仲間として受け入れ，社会的役割を

提供して，共に生活するものとしての満足感を満たすことができるとしている。そして，このコミュニティ型地域社会を実現する方法を一般的地域組織化活動と名付けている。

これらのモデルは，現実の地域社会がそのまま当てはまることはあり得ないが，それぞれの地域社会モデルを「コミュニティ」モデルに近づけていくために必要なさまざまなアプローチを明確にしている。

例えば，地域住民の意識体系を地域社会の特殊な価値観ではなく，普遍的な価値観へ変化を促すためには，個人的利害の多様性や他人の立場を理解するように促したり，人権意識を高めるための学習活動を充実することや，地域の生活問題や普遍的な権利問題の解決策についての討議を進めるなどの方法がある。また，地域社会の行動体系として，主体的に行動ができるように促すためには，地域住民の共通利害に関わる物質的要求を実現するための手続きを援助することや，小地域レベルに到達できるような地域通信手段を作り出して，地域生活に関連する情報を住民に提供し，通信手段に地域住民が自主的・主体的に参加や運営すること，機会を作り出すこと，また地域組織の代表者を通じて組織間をつなぐインター・グループを形成し運営することなどが考えられる。

② 福祉組織化活動

さらに，一般的地域組織化活動によって形成されるコミュニティ型地域社会は，コミュニティの構成員の間に望ましい社会関係を促すものであるが，現代社会の専門分化した制度の中で，社会福祉サービスの利用者が生活者としての立場と権利を主張し獲得していくためには，協同連帯の運動が求められる。岡村氏は，これらを組織化し，実現する主体としてのコミュニティを「福祉コミュニティ」として，その形成を図る方法論を福祉組織化活動と名付けている。

福祉コミュニティを構成するのは，まず，現実的または可能的なサービス受給者ないし利用者，次に，当事者と同じ立場に立つ同調者や利害を代弁する者，さらに各種のサービスを提供する機関・団体・施設などである。これらが会議などを通じて，協議の場を持ち，関連諸制度の改善を求めたり，公

的機関が実施していない新しいサービスを開発して一時的に実施をしたり，三者が共通理解を深めながら，社会全体へ働きかけていく協働活動を成立させていくものである。

　このような福祉コミュニティを，地域コミュニティの下位コミュニティとして形成し，これらが密接に協力関係を結ぶことを通じて，地域福祉の前進を図ることができるとしている。

　また福祉コミュニティの機能として，社会福祉政策に対しての地域住民や当事者の参加を図ること，情報活動を通じて福祉コミュニティ内外への情報を提供し，他のコミュニティとコミュニケーションを図ること，地域福祉推進のための計画を策定すること，社会福祉サービスを新設・運営することなどが挙げられている。

　このように一般的地域組織化活動と福祉組織化活動とは，地域社会の中で，縦糸と横糸の関係のように相互に密接に関係し合い，地域住民の組織化と組織活動を支援する方法論として論じられている。

　また，地域組織化活動を地域の組織化と福祉の組織化という2つから捉える考え方もある。この考え方においては，地域の組織化とは，地域住民や社会福祉サービスの利用者や生活に支障のある当事者などを組織化し，地域社会における福祉課題の解決を主体的に取り組むことを促すための方法として位置づけられている。一方，福祉の組織化とは，地域社会にある社会福祉施設や関連機関・団体などの公的制度・サービスを中心とした組織化及びネットワーク化を意味している。また福祉サービス全体を効果的・効率的に発展させるための計画的組織活動や運営管理方法の組織的対応などを含むものとして考えられている。

4 ケアマネジメントの方法と過程
―― ソーシャル・サポート・システムを目指して ――

(1) ケアマネジメントの意味と必要性

　ケアマネジメントという言葉は，介護保険導入の議論の中で定着したものであるが，それ以前から，概念としては，「ケースマネジメント」という言葉で，北アメリカを中心に概念化され，日本にもその理念と実践方法が紹介されてきた。1990年に全国社会福祉協議会は，ケースマネジメントを次のように仮定義した。「ケースマネジメントとは，虚弱・障害老人など複数のニーズを持ち，かつ精神的もしくは身体的ハンディキャップのため，現代社会の高度に専門分化した各種のサービスや，民間団体，友人，隣人などの支援を，自分自身で適切に活用できない人を対象として，そのような人が，常にニーズに合致したサービスを受け，また民間団体，友人，隣人などから，可能な限りの支援を受けているようにするために行われる，一連の援助の措置，もしくはサービスのネットワーク内で行われる相互協力活動のことを意味する」[注3]。ここでは，主に在宅で保健・福祉・医療などのフォーマル・ケアサービスの利用とインフォーマルな支援を受けながら生活をする人々に対して，サービスの利用や支援体制全体を総合的・長期的に援助することの内容や過程について述べている。

　一方，2000年4月より導入された介護保険制度において，ケアマネジメントは，要介護認定を受けた要介護者に対して，そのニーズに応じ，主にサービス利用の限度額の中で，各々の地域において利用できる医療・保健・福祉サービスの利用に関する「居宅サービス計画」を立案し，またそれを実情に合わせて見直して，継続的に援助することとして捉えられている。その意味では，介護保険におけるケアマネジメントという言葉は，従来のケースマネジメントという広義の概念から見ると，介護保険制度の範囲の中で限定的に使われているといえる。

ここでは，地域福祉実践の方法論として，広義の概念としてのケースマネジメントをケアマネジメントと言い換えて述べていくこととする。

ケアマネジメントの必要性の理由については，次のように考えられる。第一に，在宅で生活上に困難が生じることによって，要介護者や家族の問題解決能力が衰えると同時に，社会関係が希薄になる傾向があることである。第二には，社会が複雑になり，専門分化することによって，保健・福祉などのサービスの供給体制，その利用の過程が，要介護者本人や家族などだけで行うのは困難になる傾向にあることである。第三には，在宅ケアに関わる個々の保健福祉などのサービスは，生活を断片的に支えるにすぎず，単独のサービスの利用にとどまらない傾向にあるからである。

これらのことから，①援助を必要とする人々を発見し，サービスと結びつけていく機能，②総合的な相談窓口とそこにおける専門的相談援助体制，③要介護者の個別のニーズや状況に合わせた援助の内容と体制づくりをすること，④その際には家族や親戚・近隣の支援の在り方を充分に視野に入れること，⑤生活をトータルに援助するためには単一のサービスの供給では限界があり，複数のサービスを組み合わせて利用するための調整機能，⑥継続的なケア体制の見守りと，状況の変化に応じた柔軟な素早い対応をする機能などが必要となってくる。これらを満たすための方法がケアマネジメントといえる。

在宅における要介護者の生活が豊かになるためには，だれかが，どこかで，責任を持って相談を受け，各々の生活を継続的・全体的に支えていくための援助全体の体制づくりを支援するとともに，それを見守り，必要に応じて介入し，それとともに地域社会におけるサービスの量や質に関するマネジメントをすることが求められている。

(2) ケアマネジメントの方法と過程

ケアマネジメントは，次のような過程を通じて行われる。
① ケースの発見とスクリーニング
ケアマネジメントを行わなければならない要介護者を発見し，優先順位を

検討して選ぶ過程である。ケースの未発見を防ぐための全体的把握や各種の相談機関と実施機関の連携が重要になってくる。

② ニーズの総合的アセスメント

関連の専門分野の専門職がチームを組み，協働実践による，ニーズの総合的アセスメントを実施する過程である。専門職間の連携とコンセンサスが重要であると同時に，生活を全体的・包括的に捉えることが求められる。

③ ケア計画の立案

要介護者とその家族の意思を充分に尊重しながら，サービス利用とケアに関する計画の立案をする過程である。関係諸機関の担当者の集まったケースカンファレンスなどにより，ケア方針や計画を検討し，関係者のコンセンサスを得ることが重要である。また，当事者などの参加を得て，その意向を反映することが必要なこともある。

④ 計画の実施

関係機関の協働・連携により，ケースとサービス提供者，ニーズと資源を結びつける役割を果たし，ケアサービスの提供を援助する過程である。サービス利用によって生じるさまざまな問題やトラブルなどに的確に，迅速に対応することが求められる。また，当事者とサービス提供者の間を調整し，要介護者を代弁する（アドボカシー）機能も重要である。

⑤ モニタリングと評価

要介護者の状況は，常に変化を伴うものであり，その状況を把握し，ケア計画の評価を行う過程である。状況変化などに対し，ニーズに合わせて対応するために定期的な連絡や訪問，またサービス提供機関との連携などによって状況把握することが求められる。

⑥ 再アセスメント

要介護者や家族の状況の変化によっては，アセスメントをやり直して，計画をつくりかえていく必要がある場合がある。必要に応じて，また定期的にアセスメントの段階に戻り，それ以降の過程が繰り返して実施される。

第4章 地域福祉の方法と実践

(3) ソーシャル・サポート・システムとケアマネジメント

　ソーシャルサポートの概念は，コミュニティ心理学の領域において人々が受ける社会的支援と健康との関連性に注目するところから議論が始まっている。カプランは，「援助組織（サポートシステム）という言葉で，時を越えて個人の心理的・身体的統合を維持していく上で重要な役割を演じる，継続的あるいは断続的な結びつきという，いつまでも存在する形式を示そうとした」と述べている[注4]。人々は，専門的な援助サービスだけではなく，家族，地域組織，ボランティア組織，相互扶助組織，宗教集団などからの援助によって，生活や健康の維持が可能になることを示した。つまり，ソーシャルサポートは，ストレスに対する対処する機能としての役割を持ち，人生における危機に対してその人を取り巻く家族や友人の支援的関係が，その人を支えるのに極めて重要であることを強調している。

　また，ハウス（House, J. S.）は，支援行動を情緒的支援（emotional support），道具的支援（instrumental support），情報的支援（informational support），評価的支援（appraisal support）の4つに区分し，その内容を明らかにした。

　これらの概念は，要介護者の在宅生活を支えるシステムを検討する際に重要なものである。すなわち，非専門職による人々の支援の重要さを明らかにすると同時に，専門職による支援（フォーマル・サポート）と非専門職による支援（インフォーマル・サポート）との協働，統合的な実践を意味している。ケアマネジメントの実践は，まさしく，要介護者のソーシャルサポートの全体像を捉えて，体系的に整理，統合しながら，生活を支援していくこと，ソーシャル・サポート・システムの構築を目指すものである。

(4) ケアマネジメントを支える対人援助の技法

　ケアマネジメントの過程で必要とされる援助技法を，ソーシャルワークとの関連で検討してみる。

　ケースの発見とスクリーニングの段階においては，相談窓口の設置や訪問

活動などによる情報の収集・把握のための技法，また，地域組織との関係を密にするためのネットワーク活動を進める技法などが求められる。ニーズの総合的アセスメント及び計画立案の過程には，個別面接に関する技法，集団討議を援助する技法，関連機関・施設などとの連絡・調整のための技法などが求められる。計画の実施及びモニタリング・評価の過程においては，連絡・調整のための技法とともに，社会資源の開発やそれにつながるソーシャル・アクションの技法などが求められてくる。

このような意味では，ケアマネジメント，広範囲にわたるソーシャル・ワーク方法論を活用するジェネリック・ソーシャルワークとして実践されていくことが必要となってくると考えられる。

介護保険制度においては，介護支援専門員という資格によって，要介護認定の決定した被保険者に対してのケアマネジメントが実施されることになる。介護支援専門員の資質を高め，ケアマネジメント実践の力量を高めていく努力をすることによって，介護保険制度が，介護を必要とする高齢者などにとってより充実したものとなってくるのである。

5 ボランティア活動とその展開

(1) ボランティア活動の社会的意義と性格

現代社会において，ボランティア活動はさまざまな領域・分野に広がっている。ここでは，まず，地域福祉実践とボランティア活動の関わりを中心に述べる。

すべての人々が，どのような時代・状況においても安心して暮らすことのできる地域社会を創造することを目指している地域福祉実践において，ボランティア活動は大きな役割を担っている。すなわち，ボランティア活動は，①地域住民にとって，自主的に自らの意思で発言したり，行動したり，自己実現を図るきっかけとなること，②地域住民相互の人間関係が発展して，協

力し合いながら物事に取り組んでいくことを体験する機会となること，また③地域住民の生活上のさまざまな問題を明らかにして，その解決へ向けた主体的な活動に関わりを持つことなどの意味がある。これらを通じて，地域住民は，主体性・自主性を持って地域社会の問題に対して関心を深め，解決への協働活動を展開していくことを経験をすることができる。これが，豊かな地域社会を創造することにつながるのである。

ボランティア活動の原則として，以下のことを挙げることができる。第一には，ボランティア活動は自主性・自発性に基づくものであるということである。次にはボランティア活動は，個人的な関心や問題にとどまるのではなく，社会性を持ったものであり，その活動の方向性は，人々の幸せな生活を実現するという福祉性を持ったものであるといえる。また，活動は，報酬や名誉などを求めるものではなく，無償性・無給性の原則を持って行われるものである。

また，現代社会では，国家・政府によらない民間団体・組織（Non Government Organization）による自主的活動が国際的な視野を持って広がってきている。情報・通信の発達などによりグローバル化した国際社会への関心の高まりと，社会貢献の一つの形態として，地域社会に今後定着していくことが望まれる。

(2) 阪神・淡路大震災時のボランティア活動から学ぶもの

阪神・淡路大震災の際には，全国から130万人を越すボランティアが被災地で活動したといわれている。これらのさまざまなボランティア活動の展開は，現代社会におけるボランティア活動の推進について，多くのことを示唆していると考えられる。

一つは，地域住民の中には，なんらかの社会的活動に関心を持ち，参加してみたいという希望を持つ人々も多くいるが，なかなかそのきっかけや機会を得ることが困難な状況にある。地域住民に情報を提供し，活動に関わるきっかけ，機会を作ることはボランティア活動を推進する際に重要である。また，多くの人々が参加した活動の中には，ボランティア自身が中心となって

活動を進めたために，被災した人々の主体性を疎かにしてしまうこともあった。このことから，ボランティア活動を展関するには，一人ひとりの思いを大切にしながらも，その準備や活動展開の過程で学習・研修の機会を確保したり，地域社会において，ボランティア活動を総合的に調整・運営していくことも必要であることが確認された。また，ボランティア自身が，自らの活動を全体状況の中で評価・分析しながら推進することができるように支援することの重要さも指摘された。

(3) ボランティア活動展開の方法

ここでは，ボランティア活動を地域社会において推進し，展開していくための方法について述べる。

① ボランティア活動のきっかけづくり

まずは，地域住民がボランティア活動に関心を持ち，参加するきっかけを作ることが重要である。そのためには，まず情報活動であり，広報，行事などを通じて情報の提供，また情報を地域住民にいつでも提供できるような資料の整理と閲覧できる環境を作ることが大切である。また，地域住民へのボランティア活動に対する関心を高めるために，チラシ・パンフレット・ポスターなどの配布やボランティア活動に関する普及月間・週間なども効果的である。また，ボランティア活動は実際に体験することによって理解が深まるものである。ボランティア活動の体験や学習に関する機会を提供するためには，さまざまな人々が参加できる条件づくりをすることも必要である。

② 環境・条件づくり

次には，ボランティアにとって参加しやすく，また活動の輪を広げることができるように，環境・条件を整えることである。福祉ニーズやボランティア活動へのニーズを把握して，地域住民やボランティア・グループが，①活動の目標を明確化したり，具体的な計画が立てられるように支援すること，②だれでも気軽に集まることのできる活動拠点（ボランティア・センターなど）を整備すること，③ボランティア保険への加入を促進して，安心して活動に取り組むことができるように支援することなどが含まれる。

③ 仕組みづくり

次には，ボランティア・グループの組織化を支援したり，地域社会のボランティアの連携・ネットワークを形成することなど，地域社会におけるボランティア活動推進の仕組みづくりを行うことである。ボランティア活動は個人で行うこともできるが，集団・組織として活動することによってその輪が広がっていくところに大きな意味がある。ボランティア活動に関心があったり，個人的活動をしている地域住民を組織化していくことが求められる。また，地域社会におけるボランティア活動をネットワーク化し，連携を深めて，ボランティア活動の総合的な推進を図ることが必要である。また，専門機関とボランティア・グループ，組織との連携を深めて，活動を推進する体制づくりを進めることが必要である。

④ 人づくりと資金づくり

また，ボランティア活動を推進していくためには，ボランティア活動者の中から，リーダーを発掘し，育てていくという人づくりも重要である。ボランティア活動の推進機関の専門職だけでなく，身近なところでボランティア活動に関する相談役・アドバイザーなどを育てていくことである。また，施設・学校・企業などの組織ごとに，ボランティア活動推進の役割を担う人材を養成して，推進機関と連携を深めていくことも必要である。

また，ボランティア活動を生み出し，地域社会に定着させ，より幅広い展開をするためは，活動に関する資金を助成することや，活動資金獲得のための活動を支援することも必要である。

(4) NPO（民間非営利組織）とボランティア活動

1998年に「特定非営利活動促進法」が成立した。これは，一般に，民間非営利組織 (Non Profit Organization) の活動を促進していくことを目指したものである。法律においては，1990年代に入って，徐々に盛んになってきた地域住民や，その組織による自主的活動を社会的に位置づけ，活動を定着，発展させるために，特定非営利活動を定義し，それを主たる目的とする組織に対して，特定非営利活動法人を与えることを定めている。

民間非営利組織（NPO）とは，ボランタリズムに基づくという意味で，ボランティア活動を行っているグループは当然のことながら，それにとどまらず，住民参加型在宅福祉サービス団体，社会福祉協議会や協同組合なども含めて考えることもできる。
　それらの活動は，今までに，個別的ニーズに即応した多様な活動として，また先駆的・開拓的役割を果たし，地域社会を変革し，地域福祉の推進に大きな役割を果たしてきた。今後は，より明確な形で，地域社会の中に定着し，市民権を得て活動を進めていくことができると期待されている。

6　福祉オンブズパーソンの意義と役割

(1)　オンブズパーソン制度の意味

　オンブズパーソン制度とは，行政や議会などの社会的権力を持つ組織を外部から監視・監察するために代弁者（オンブズパーソン）を設置し，組織の不正や汚職などから一般市民の権利を保障するためのものである。1809年にスウェーデンに「国会・正義のためのオンブズマン」が設立されたのが始まりといわれている。その後，北欧，イギリス，ニュージーランドなどで，行政監察専門員制度として設置されている。一般に，オンブズパーソン制度は，議会に設置される議会型，行政部に設置される行政型，その中間型などがあるが，政治的に独立した機関として設置され，その委員には，人格高潔で行政に見識を持ち，政治的に中立である人物が求められている。
　日本においては，総務庁行政監察局のような行政内部の自己監察制度が主となっているが，地方自治体においては，先駆けてオンブズパーソン制度の設置を進めているところもある。また，情報公開条例の設置などによって，行政への監視を進めていく動きも高まっている。国においても，制度としてのオンブズパーソン制度検討も始まっている。
　また，一方では，市民の立場から，自主的・主体的に，政治や行政団体が，

公正・公平に，また合理的・効率的に運営されているかを監視し，要望や提言を通じて改革を求めていく市民運動としてのオンブズパーソン活動が広がっており，各地の地域住民によるオンブズパーソン活動のネットワーク化も進んできている。

(2) 福祉オンブズパーソンの意義と役割

　このオンブズパーソン制度を福祉領域において実施しようとすることが，一般的に福祉オンブズパーソンと考えられる。

　つまり，福祉行政と行政責任で実施されている福祉サービスが，地域住民のニーズに基づいて，適正に，公正に実施されているか，またその実施に関する財政支出が適正になされているかを監視し，改善を求めていくことが，福祉オンブズパーソンの役割である。

　現行の措置制度においては，福祉サービス利用に関して，当事者が直接に不服を申し立てる第三者機関はなく，最終的には裁判等による解決を図る方法がとられている。また，現状では，社会福祉施設・機関の運営やサービス提供の方法や内容に関して，入所者やサービス利用者に不満があったり，何らかの不利益を被るようなことがあっても，社会福祉施設や福祉サービス運営者との直接的な交渉や協議などによって改善を求めることが多い。利用者がなかなか自らの立場を主張することが困難な場合もある。このような状況の中で，福祉オンブズパーソン制度が確立していると，このような問題に対しての解決の一つの方法となる。

　現在，地方自治体の中には，福祉に関するオンブズパーソン制度を独自に実施したり，検討をしているところもある。また，市民活動としてのオンブズパーソン活動の中に，福祉分野についての活動を積極的に取り入れているところもある。また，社会福祉施設が単独でオンブズパーソンを組織したり，近接する複数の社会福祉施設が，共同して第三者組織をつくり，より地域に密着した形での福祉オンブズパーソン制度を確立しようとしているところもある。

　また，2000年4月に導入された介護保険制度においては，要介護認定に関

する不服申し立てのための介護保険審査会の設置が法律で定められている。またサービス内容に関する第三者機関による評価のための福祉オンブズパーソン制度を都道府県単位で設置する方向で検討がなされている。

(3) 福祉オンブズパーソンの展開の方法

　日本における福祉オンブズパーソンの展開には，まず，行政がその責任を果たすためにも，オンブズパーソン制度を積極的に導入していこうとする姿勢を持つことが重要である。これは，行政組織が積極的に取り組むことが求められるものであるが，それを押し進めるためにも，地域住民レベルでの活動がより重要となってくる。つまり，地域住民や社会福祉サービス利用者が，主体的に，サービス利用者の状況を改善しようとしたり，社会福祉サービスの質や量に関して改善を求め，地域社会として社会福祉サービスを高めていくという姿勢を持ち，その活動に参加していくことが必要となってくる。

　さらに，このような地域住民の高い意識に支えられて，法律や行政に関する専門家とが協働活動を展開することによって，オンブズパーソン制度を展開していくことができる。　　　　　　　　　　　　　　　（澤　宣夫）

注
1) 岡村重夫『地域福祉論』光生館，1974年，65-101頁。
2) 同上書，12-15頁。
3) ケースマネージメント研究委員会編『ケースマネージメント　ニーズとサービスを結ぶ新しい支援システム』全国社会福祉協議会，1990年，20頁。
4) G・カプラン，近藤喬一他訳『地域ぐるみの精神衛生』星和書店，1979年，18-19頁。

参考文献
(1) 岡村重夫『地域福祉論』光生館，1974年。
(2) 永田幹夫『地域福祉論』全国社会福祉協議会，1988年。
(3) ケースマネージメント研究委員会編『ケースマネージメント　ニーズとサービスを結ぶ新しい支援システム』全国社会福祉協議会，1990年。

(4) 白澤政和『ケースマネージメントの理論と実際――生活を支える援助システム――』中央法規出版，1992年。
(5) 長崎県社会福祉協議会 地域福祉活動計画指針策定委員会編「市町村社会福祉協議会における『地域福祉活動計画』策定指針」1992年。
(6) 奥田道大編著『福祉コミュニティ論』学文社，1993年。
(7) 長崎県福祉保健部 長崎県ボランティア活動推進指針策定委員会編「長崎県ボランティア活動推進指針」1996年。
(8) 相澤讓治・井村圭壯編『地域福祉を学ぶ』学文社，1999年。

第 5 章

地域福祉とエンパワメント

　かつて社会福祉の〈利用者〉は〈対象者〉と呼ばれて，サービスの〈客体〉であった。彼らは援助を受ける側であり，それゆえに「無力な人（弱者）」でなければならなかった。しかし，1960年代以降の公民権運動を契機として，多くのマイノリティによって提起されたコンセプトは「エンパワメント」であった。サービスを利用する〈主体〉として，個人・集団・地域に備わっている本来的な力を再生し，獲得し，実践していく視点が提示された。とりわけ地域福祉においては，利用者はメンバーであり，パートナーであるとすれば，権利擁護，自己決定，説明責任など，エンパワメントを保障する視点から地域福祉の理念や実践が検証されなければならない。

1 地域福祉における権利擁護の課題

(1) 「社会福祉法」制定の社会的背景

　福祉先進諸国におけるノーマライゼーションの普及や少子高齢社会の進展により，地域社会の福祉を取り巻く環境も大きく変化した。人々の福祉ニーズが多様化する中で，子どもから高齢者に至るすべての人々が，可能な限り住み慣れた地域社会や居宅において自立した生活が送れるような社会的支援の仕組みが求められている。住民一人ひとりのライフステージ上に噴出する生活問題等に応じて，各種のサービスを普遍的に利用できる福祉社会の構築である。社会福祉制度の枠を越えて，住宅・雇用・教育保障などを含めた社会サービスによって生活全体を総合的に保障する時代になった。

　こうした社会や時代に暮らす人々の要請に応えるため，国は社会福祉基礎構造改革を踏まえて社会福祉事業法等を半世紀ぶりに全面改正した。同法は廃止され，平成12年6月7日に「社会福祉法」が成立し，具体的な仕組みづくりの段階に入った。社会福祉事業法は，生活困窮者対策を前提とした救貧的な措置制度であったため，改正の柱となった視点は，まず個人の尊厳の保持を基本とした社会福祉制度として，職権主義に基づく措置から選択を経た契約へと制度が大きく転換した。言い換えれば，利用者は個人の自己決定に基づいて得られた結果に責任を持つ(自己責任)ことになった。次に社会福祉事業の充実・活性化とともに質の高いサービスを提供できるようにしたこと。そして地域住民をはじめ市区町村社会福祉協議会の福祉従事者などは，地域福祉の推進役として明確に位置付けている。しかし今回の法改正は,制度による「器」を創っただけであり，その中身はこれから実践しなければならない課題として山積している。とりわけこれまで社会的弱者と呼ばれてきた子ども，女性，高齢者，障害者等の生活支援と人権問題等に対して，対人援助を行う専門的なソーシャルワークの在り方や仕組み等が重要課題となっている。

第5章　地域福祉とエンパワメント

(2) 権利擁護の課題

　社会福祉サービスの普遍化は，地域社会に暮らす一人ひとりの個人の人権を尊重し，その人らしい生き方を支援していくことである。今日では高齢者福祉サービスに市場（競争）原理が導入され，サービスの事業者と利用者との間において「契約」関係が成立している。各種のサービス利用者と提供者は「対等」な社会関係にあるものの，判断能力が不十分な利用者（痴呆性老人，知的障害者，精神障害者等）の自己責任による選択，決定，契約において，不利益にならないための日常的な支援が必要である。1999（平成11）年10月1日より開始された地域福祉権利擁護事業は，医療・保健・福祉の関係者だけでなく，地域社会における福祉事業の一環として成年後見制度を「補完」するために創設されている。そして利用者の法律行為にあたる契約に対しては，自己決定の支援のために任意後見契約に関する法律（平成12年4月1日施行）が用意された。特にソーシャルワークにおける利用者への権利擁護（アドボカシー）の基本は，社会的弱者に対する自己決定権への代弁的支援であり，生活の主体者として自覚と責任を持って暮らせるようにいかに支援するかにある。

　こうした権利擁護システムの確立は，国の制度的な達成課題でもあり，地域福祉現場の実践的課題としても重要である。これらの課題は，以下のように3つに整理される。

① 地域福祉権利擁護事業が順調に展開されるには，この事業がどのような内容か一般住民を含め地域社会へ幅広く周知されることが必須である。
② 実践現場を担う専門職（社会福祉協議会の専門員や生活支援員等）の人材教育・養成と確保が急務である。
③ 利用者（消費者）には，介護保険等の福祉サービス（商品）に対する苦情の解決法，サービスの質量の向上，情報公開の義務付け，誇大広告の禁止，契約書式の統一，第三者の評価等を体系的に整備する必要がある。

　いずれにせよ，地域福祉権利擁護の在り方や仕組みは，全国の市区町村において，福祉従事者や利用者など地域社会が一体となって独自に考えながら

中身を創っていくことが求められている。

2 エンパワメントの意味

(1) エンパワメントの台頭と歴史的展開

　エンパワメントという言葉は，アメリカ社会において1950年から60年代の公民権運動や少数民族運動に象徴される「黒人革命時代」を背景に誕生した。こうした運動のねらいは，無力さからの脱出である。社会的・文化的・法的・経済的・政治的に力のない者やマイノリティ・グループなどが運動の力を自らの中に見出し獲得することであった。その後，ソーシャルワークの世界においてエンパワメントを造語として先駆的に取り上げたのは，ソロモン（B. Solomon）の『黒人のエンパワメント——抑圧されている地域社会におけるソーシャルワーク』(1976年)である。エンパワメントをソーシャルワーク実践の目的概念に組み入れて，貧困や偏見などの抑圧の状況から利用者の経済的・政治的な地位や社会的な影響力を高めるための基本的な目的と位置付けている。そこには，当時のソーシャルワークがクライエントの社会問題に介入することを嫌っていたこと，ワーカー—クライエント間に主従関係が存在していたこと等に対する批判が含まれている。1980年代以降，ソーシャルワーク理論や実践において最も注目されるようになった。

　わが国では，1980年代に入ってからアメリカやイギリスのソーシャルワークの論文や翻訳書においてエンパワメントが紹介され始め，その後心理学，社会学，政治学などの分野にも研究が及んでいる。とりわけエンパワメントが一般にも知られるようになったのは，北京で開催された第4回国連女性会議（1995年）において「女性のエンパワメント」が主要な議題となってからである。1990年後半から福祉現場では諸外国の事例を参考に，障害者施設等における利用者権利の宣言やガイドラインづくり等が独自に展開されている。また自治体によるオンブズパーソン制度の導入や地域福祉権利擁護事業を通

した社会福祉協議会の実践活動が開始されている。

(2) エンパワメントとは

エンパワメントの用語は，他の専門分野でも使用され，その意味が多義である。ソーシャルワーク固有の用語として位置付けることは困難である。むしろ学問領域を越えた共通のキーワードと捉えた方が適切である。

① 訳語としてのエンパワメント

英和辞典等を整理してみると，エンパワメント（empowerment）の訳語は，「権限（権能）付与」または「能力（資格）付与」とある。この反対概念は，パターナリズム（paternalism）であり，「弱者保護，父権保護的温情主義，父親気質」などと記載されている。これまでの措置制度をパターナリズム（弱者保護）に置き換えて捉えてみると，エンパワメントは利用者主体や自己決定が可能な概念と推測できるが，これだけで意味を理解するには曖昧で不明確である。

② フリードマンのエンパワメント

エンパワメント概念の基礎を提示した経済学者のフリードマン（J. Friedmann）は，エンパワメントを社会的，政治的，心理的エンパワメントの形態として，「力（power）をつけること，力を獲得すること」と「力」を強調している。発展途上国や貧困者は，経済的要因だけで生活の向上を得られず，意志決定における自律性の獲得が重要である。基本的には政治的過程と捉えている。

③ ソロモンのエンパワメント

ソロモンによると，「エンパワメントは，スティグマ化（被差別的烙印）されている集団の構成メンバーであることに基づいて加えられた否定的な評価によって引き起こされたパワーの欠如状態を減らすことを目指して，クライエントもしくはクライエント・システムに対応する一連の諸活動にソーシャルワーカーがかかわっていく過程である」と定義づけている。

ここでは，地域福祉のエンパワメントは，潜在的に眠っている利用者や地域住民の力に対して，住民の利益や権利を主張する意欲や力を喚起させる方

法であり，「セルフ・アドボカシー (self-advocacy)」の向上を目指す過程と位置付ける。

3 エンパワメント実践の視点

(1) アメリカ社会のエンパワメント・アプローチ

アメリカ社会のソーシャルワーク実践においては，「パワー」を基礎とするエンパワメント・アプローチの統合化が図られている。利用者とソーシャルワーカーとのパートナーシップを実践の基軸にしながら，「生態学的視点 (ecological perspective)」による観察・分析と援助方法が確立されている。さまざまな社会的な圧力のもとで，人間としての生きる権利を十分に保障されていなかった児童，女性，貧困者，心身障害者，高齢者，HIV，同性愛者，アルコール・薬物依存症の患者等に「力」をつけて「自己決定」と「自己実現」が可能となるように，また多様な人的・物的な社会資源を検討し，生活環境条件等の整備や支援ができるように，個人・集団・地域社会に対応する具体的なアプローチが展開されている。

エンパワメントは，ソロモンが抑圧された集団に対するエンパワメント実践を掲げて以来，ソーシャルワークの問題意識，目的，過程が，エンパワメント・アプローチとして登場した。サレーベイ (Saleebey, D.) が利用者の病理や弱さの面からアプローチするソーシャルワークから利用者の健康や「強さ志向の視点 (strengths perspective)」に目を向ける一方で，ジャーメイン (Germain, B.) は利用者のエンパワメント (セルフヘルプ等) が地域社会や問題を抱えている家族にあると捉えている。

そして，今日のアメリカのエンパワメント実践は，個人よりむしろ集団志向が主流となりつつある。いずれにせよ，こうした問題解決の個人的側面と環境的側面の双方に焦点をあてることは，既にリッチモンド (Richmond, M.) 以来の伝統的なソーシャルワークの視点である。例えば，ケアマネジメント

の過程においては，利用者の個人的な心身状況や近隣の社会環境等の問題に即して，適切なサービスを提供することによって利用者の自立（自律）生活を促進させるエンパワメント・アプローチがある。

(2) わが国の福祉改革による地域福祉実践の変容

地域福祉実践は，社会福祉関係八法改正（1990年6月29日公布）から社会福祉基礎構造改革を経て社会福祉法制定（2000年6月7日公布）に至る福祉制度の抜本的改革により，大きな変化を遂げている。施策の在り方は，施設福祉型から在宅福祉型のサービス形態へ転換されると，そのサービス実践は居宅を中心とした地域自立生活支援に視点が置かれるようになる。つまり，措置制度の集団的・画一的サービスでカバーできない，個別ニーズも含めた生活全体を支援する方法が重要となる。そうした利用者を援助する過程において，利用者の心身状況や生活ニーズ等を理解する際に利用者の家族環境や人間関係，住民の福祉意識等が大切な解決要因となる。さらに，直接・間接的に関わるワーカー，ボランティアの人的環境やさまざまな社会資源を含む地域環境等の条件が異なることから，生態学的視点は不可欠である。地域福祉実践の役割やその機能は，明らかに変化せざるを得ない状況となっている。

これからの地域福祉は，個人と社会の双方への統合的な実践活動となる。社会の制度的・構造的な不備や欠陥等に政策的なアプローチを試みるとともに，地域住民が主体となり得る潜在的な「力」を喚起させて，その地域固有の創造力や自治力，連帯力等を獲得できるように実践することである。このことは，国（大きな政府）は国民の福祉サービスに直接かかわることはせず，市区町村（小さな政府）並びに地域住民が自己決定・自己責任の原則に基づきあらゆる「力」を地域住民と獲得しながら，さまざまな社会ニーズを持つ利用者に即応するために，住民や福祉専門職とともに援助していくことを意味する。例えば，多様な社会ニーズを持つ「力」のない住民，地域に暮らす人々のエンパワメントを中心に権利擁護や成年後見制度など法的・文化的・経済的・福祉的な人的・物的社会資源を活用して，力を身につけていくことが必要とされている。言い換えれば，地域社会におけるエンパワメントには，

住民のセルフ・アドボカシーとともに地域文化や知恵，社会資源等の統合した「地域福祉力」のような用語が考えられる。新たな時代と福祉制度の転換期を迎えて，「住民の，住民による，住民のための福祉社会」の構築が求められている。

(3) 新たな時代の地域福祉実践

ソーシャルワークは，個別・集団・地域社会に対してそれぞれ固有の援助技術を持っている。社会的弱者と呼ばれる児童や高齢者等の生活や心身障害等の諸問題に対し，公的扶助や障害者福祉等の公・私的サービスで救済（保護）する仕事がある。またバリアフリーの住・移動環境の整備や教育・職業リハビリを通じて，自立生活が送れるように社会的支援を必要とさせないような予防的な働きがある。そして失敗しても再び自立した生活が可能となるように，または社会に出ていけるように力（エンパワメント）をつけることも重要なアプローチである。しかしながら，これまでの地域福祉における実践の方法では，主に利用者を支援する近隣や地域ボランティアなどの組織化づくりに視点が置かれていた一方，利用者自らが公私の支援や活動の援助過程に関わる力を高めるような方法はほとんど用いられることはなかった。

近年，児童・女性・知的障害者・身体障害者・精神障害者・高齢者などが福祉施設や在宅において暴力・虐待などの人権侵害や金銭トラブルが社会問題として取り上げられている。社会福祉実践は，弱者への救済や保護事業として処遇するのではなく，むしろこうした人権擁護を視点に捉えて諸問題に対応できる具体的なサービスを提供できるよう働きかけながら，一人ひとりの生きる権利として自立生活を保障する時代となっている。

福祉先進諸国では，利用者の権利を保障したシステムや実践は一般化されている。これからのわが国の社会福祉実践は，自主的・主体的に普遍的なサービスを選択できない人々，つまりエンパワメントを必要とする利用者やその家族，さらに地域住民全員への権利擁護体制や援助方法の確立が求められている。

4　エンパワメント実践の方法

本節では，地域福祉権利擁護事業や介護保険事業等の地域福祉実践を展開するために，利用者個人への対人的アプローチと利用者の近隣関係や社会環境等を含む対社会的アプローチの二次元から援助の在り方やその技法を取り上げている。それらは特別な方法ではなく，従来のソーシャルワークで実践されていた方法や技術を踏まえた地域福祉実践へのアプローチである。

(1) 対人的アプローチ

地域福祉権利擁護事業の利用者は，対人関係に障害を持っている場合が多い。在宅福祉にせよ施設福祉にせよ，地域福祉のエンパワメント実践は，まず地域住民との信頼関係によって成立していることが前提条件にある。現場のソーシャルワーカーや地域の支援者等は，まず利用者との相性など人間関係を円滑に保つための「パートナーシップの確立」が必要である。

この事業の利用者である痴呆性高齢者や精神障害者等を支援する際，日常の症状が変化に富んでおり，利用者の判断能力を捉えることが困難である。こうした利用者は，自発的に援助を求める意思表示や自己表現が十分にできないだけでなく，サービスの選択や評価が不十分であり，「訴える力」がないケースが目立つ。しかしワーカーは生活自立支援に必要なサービスや援助方法等を利用者に伝え，利用者の理解・納得・同意により自立支援に向けて一緒に参加するための「インフォームド・コンセント（informed consent）」も不可欠である。

そして，一緒に問題解決を目指す利用者が自らの力を信じて回復させるための初期段階は，バイステック（Biestek, F. P.）の7原則（個別化・意図的な感情表出・統御された情緒的関与・受容・非審判的態度・クライエントの自己決定・プライバシー保護）とともに，「アウトリーチ（outreach）」を用いながら，消極的な利用者に対して積極的にニーズのサインを読み取れるように働きかける契機をつくる。またワーカーは，利用者だけでなく，家族や

近隣住民との関係においても人間関係の調整を図りつつ，人間相互の「信頼（ラポール）関係の確立」を目指す必要がある。そして展開過程では，利用者の権利を保障するためのアプローチとして「アドボカシー」を用いる。利用者へ権利擁護の制度を使い，具体的なサービス等の提言や権利の主張ができない利用者に代わって，利用者の自己決定に基づき訴えながら，さらに利用者の力を呼び起こし，主体的な生活力を促進させる効果的な「セルフ・アドボカシー」に向けたアプローチを試みる。

(2) エンパワメントへの対社会的アプローチ

対社会的アプローチは，介護保険等のサービスの充実や社会資源等の整備に対して側面的に即応するだけでなく，福祉問題の噴出を最小限にとどめる予防的役割もある。それには，利用者のエンパワメントを，地域社会全体に効果的な福祉への意識改革を通じて間接的に強化する必要がある。

① 福祉意識の変革

現在，実践活動の最も大きなバリア（障壁）となるのが，住民の心のバリアである。利用者やその家族が，福祉制度や事業，社会活動等の存在を知ってはいても，利用することや参加することに抵抗を感じている。これは利用者や福祉サービスに対する偏見や差別が根強く残っていることを意味する。福祉社会の基盤は，ハード面（施設や道路等）のバリアフリー化とともに，住民が福祉という言葉上の理解を越えて，住民自身の中に福祉の意識化を図ることによって形成される。具体的には，福祉教育による権利者意識や福祉の心の醸成を図ること，社会福祉調査による福祉意識やニーズ状況を把握し，地域福祉計画に基づく施策で具体化させること等が挙げられる。

② 利用者中心のシステムづくり

利用者中心のシステムづくりとは，利用者による普遍的なサービスの選択性であり，社会資源の柱となる福祉施設・相談機関等の質が選ばれることを意味する。それは利用者がワーカーへの依存的関係を脱却し，主体的利用者・住民となる。介護保険のケア計画では，初期段階から利用者やその家族が作成に関わり積極的に意見や要望を受け入れ，利用者のニーズに即応したサー

ビスを24時間提供できるような社会的な仕組みをつくる。言い換えれば，利用者中心のシステムづくりは，権利主体としての利用者参加（user-involvement）が原則の社会システムを指す。また社会資源の整備化では，地理的環境や障害者などのニーズが多様であり，実現化に向けた地域福祉計画の作成は，利用者や住民が参加しニーズを反映できるシステムが不可欠である。

③　情報の公開

地域社会には，利用者や住民に必要な情報がある。国民の「知る権利」に基づいて，福祉制度や社会資源等の情報提供による住民の合意づくりが必要である。利用者が各種の福祉サービスを利用する際，提供するサービス内容や方法等は，地域社会に情報を公開（ディスクロージャー）した上で，福祉ニーズ等を求める利用者に対して理解できる言動で納得できるように十分説明する義務と責任（アカウンタビリティ）がある。具体的には，ワーカーの実践活動や広報活動・メディア等を通じて，情報を幅広く知らせる必要がある。

④　サービスの質の向上

痴呆性高齢者等に対するターミナル・ケアのようなケアを含む人的・物的な社会資源の整備と開発等を社会的に推進することである。具体的な福祉サービスの質の評価とともに，利用者からの苦情処理・解決できる機関が必要である。先駆的な試みとして，「湘南ふくしネットワーク」のオンブズパーソン制度，東京都社会福祉協議会の「すてっぷ」の権利擁護の取り組み等がある。

⑤　ネットワークによる支援体制づくり

地域福祉実践は，公的なサービスの提供だけではなく，私的なサービスのネットワークづくりによる社会的支援も必要である。利用者やその家族員が抱える悩み等の問題にも目を向け，他の団体（NPO・家族会等）との連携やセルフヘルプ・グループへの橋渡しを試みる。こうしたセルフヘルプ活動への側面的援助は，場所や資金等の調整により利用者の自立促進に役立ち，行政への圧力団体としてのエンパワメントを発揮しているケースもある。

最後に，福祉実践の担い手となるソーシャルワーカーは，さまざまな利用

者の無理な要求に対する不安・怒り，職場上の不満，関係機関等との緊張や軋轢に出合う。ワーカーのストレス等の心の問題を解消させるための支援体制や専門性の確立が必要である。

5　福祉専門職とエンパワメント

(1)　福祉専門職の課題

　現在の福祉専門職が活躍する現場は，公的な相談機関・施設や社会福祉法人，さらに民間非営利団体・企業等へ拡大された。社会福祉の新時代に伴い，福祉専門職は介護保険・権利擁護・地域福祉計画等の関連事業や他の専門との協働とともに，利用者や地域住民へ統合的に支援しなければならない。

　わが国の社会福祉従事者は，約108万人（1999年度）に及ぶ。その8割が施設職員である。しかし業務形態は，児童・障害者・高齢者等と分野は多岐にわたっている。窓口・管理業務や兼務を含む間接・直接に支援する職員の業務内容は，介護や相談，発達援助と多様な福祉職像がある。

　一方，福祉現場を見ると，社協の専門員等は，利用者の金銭的または財産管理上の民事的問題などに解決する手段を十分に獲得していない。また施設職員には，要介護者等に自らが指導者として依存させているケースが目立つ。そして入所措置権が市区町村に移譲されている今日，行政に福祉専門職として援助ができる職員がどれだけいるのだろうか。日々の業務に追われ，業務の中で孤立している者や自らのスキルアップに余裕がない職員もいる。福祉職は，1980年代まで専門性とは措置制度を熟知し，それを基盤に救護や処遇等，国の仕事を代行することであった。しかし80年代後半から自立支援が福祉分野で使用され，その専門的技術や知識が問われるようになった。

　ここで，福祉専門職の共通基盤としてあるべき姿を挙げれば，中央社会福祉審議会が基礎構造改革の中で掲げた福祉人材養成の目標がある。それは，①「専門的な知識や技術の取得」，②「権利擁護に関する高い意識」，③「豊

かな感性を備えて人の心を理解し，意思疎通がうまくいく，相手から信頼される人の育成」である。利用者中心の制度を実現化するには，福祉職にある者全員が，この3つの目標に少しでも近づけることが不可欠である。

(2) 福祉職における専門性の獲得

　福祉専門職が，利用者の相談，制度の案内や運用，身体介護も含めた多様なニーズを社会サービスと結びつけ，どのように利用者のニーズと社会的資源を取り入れ，いかに利用者の立場になって代弁し，その権利の擁護に努めるか。それはワーカーが地域住民（利用者）の力（エンパワメント）を住民とともにいかに獲得するかである。これはまた，そうした支援できる力がソーシャルワーカー自身にも一層求められていることを意味する。とりわけ，地域福祉実践では，地域住民の積極的なボランティア活動等へ参加する意欲・能力やサービス利用者の自立する意欲を引き出すためのエンパワメントを図る「コミュニティ・ソーシャルワーカー」が不可欠である。久保美紀は，こうしたソーシャルワークをはじめエンパワメントのアプローチ法を活用する各種の対人サービス専門職をエンパワリング・プロフェッション（empowering profession）と捉えている。

　では，ワーカー自らが福祉職としての専門性を発揮できる力をどのようにして獲得するかである。専門職としての専門性の向上と力の獲得には，まず地域社会においてエンパワメントが実践できるように，縦割構造の社会福祉の仕組みとソーシャルワーカーの役割を見直すことが重要である。そして権利擁護事業等を円滑に展開するには，事業の前段階において職員の選任，開始後の教育・研修等が実施され，さらに現場では自己の力量を冷静に分析できるように，随時適切なアドバイスや指摘をしてくれるスーパーバイザーがいることが必要である。そして資格保有者に対する専門性の向上である。

　社会福祉士をはじめとする福祉専門職の資格取得は，専門職としてのゴールではなく，むしろスタートである。現在は「名称独占」の資格とはいえ，肩書きだけの資格や専門性の低いソーシャルワーカーは，利用者や地域社会にとって無用の存在である。福祉の専門資格には，感性・倫理性といった豊

かな人間性を基盤とする福祉職の資質や知識・技術の専門性とともに，思考力，創造力，行動力等が含まれている。ソーシャルワーカーは，今まで以上に専門性を獲得するため，高度な技術・知識が実践できる研修や大学院などのリカレント教育を通じて，資質の向上と確保を追求しなければならない。

（松山博光）

参考文献

(1) J. フリードマン，斎藤千宏・雨森孝悦監訳『市民・政府・NGO ――「力の剥奪」からエンパワーメントへ』新評論，1995 年。
(2) 村松安子・村松泰子編『エンパワーメントの女性学』有斐閣，1995 年。
(3) 小松源助「ソーシャルワーク実践におけるエンパワーメント・アプローチの動向と課題」『ソーシャルワーク研究』Vol. 21, No. 2 SUMMER，相川書房，1995 年。
(4) 久保美紀「ソーシャルワークにおける Empowerment 概念の検討――power との関連を中心に――」『ソーシャルワーク研究』Vol. 21, No. 2, SUMMER，相川書房，1995 年。
(5) 中村佐織「ソーシャルワークにおけるエンパワーメントの意味――アセスメントとのかかわりから――」『ソーシャルワーク研究』Vol. 21 No. 2 SUMMER，相川書房，1995 年。
(6) 日本地域福祉学会編『地域福祉事典』中央法規出版，1997 年。
(7) E. O. コックス，R. J. パーソンズ，小松源助監訳『高齢者エンパワーメントの基礎――ソーシャルワーク実践の発展を目指して――』相川書房，1997 年。
(8) 谷口政隆「社会福祉実践におけるエンパワーメント」『社会福祉研究第 75 号』鉄道弘済会，1999 年，49 頁〜56 頁。
(9) 小田兼三・杉本敏夫・久田則夫編『エンパワーメント　実践の理論と技法――これからの福祉サービスの具体的指針――』中央法規出版，1999 年。
(10) 庄司洋子・木下康仁・武川正吾・藤村正之編『福祉社会事典』弘文堂，1999 年。
(11) Janet Seden, "Counselling skills IN SOCIAL WORK PRACTICE", The Cromwell Press, UK, 1999.
(12) Robert L. Barker, "The Social Work Dictionary" 4th Edition, NASW Press, US, 1999.

(13) Paula Aellen-Meares & Charles Garvin, "The Handbook of SOCIAL WORK DIRECT PRACTICE", Sage, US, 2000.

第 6 章

地域ケアサービスの視点と方法

　「地域によるケア」を地域ケアと位置づけて議論が展開され，利用者が主体となる地域ケアサービスへの道が探られる。それは，ケアサービスを利用する人々が人間らしく生活できるシステム形成の道程でもある。人権保障を主軸とした地域ケアの考え方の整理の後，議論はケアサービスの方法へと展開していく。その方法が駆使される場は，いうまでもなく利用者主体の生活援助の展開の中にある。その生活援助の視点としては「ライフモデル」が，実践場面においてはケアマネジメントの意義が重視される。

　そのモデルに立脚した利用者主体の「施設ケア」及び「在宅ケア」の議論の後，利用者のための情報・相談サービスの在り方が具体的に究明される。

1　地域ケアサービスの視点と方法

(1)　地域ケアサービスとは

　本章では，利用者主体の原則を貫きながら地域ケアサービスを進めていくための視点や方法を提案する。ここでいう地域ケアサービスとは，何らかの生活上の困難を抱え社会福祉サービスを必要とする人たちに対して，地域を基盤とし，地域の力を活用した社会的な援助（地域ケア）を提供していく努力や取り組みを広く指すことにする。

　地域ケアという場合，いわゆる「在宅ケア」を意味することが多い。その場合，「地域」という語は，ケアが行われる"援助の場"を示すものとして用いられる。すなわち「地域ケア」イコール「地域におけるケア (care on the area)」という使われ方である。それは「施設におけるケア (care in the institution)」と対をなし，在宅でのケアを意味している。

　本章では，地域ケアという場合の「地域」という語を"援助の仕方"を示すものとして用いる。すなわち，ここでは「地域によるケア (care by the community)」を「地域ケア」と呼ぶことにする。したがって，入所施設でのケアであっても「地域ケア」の一環として捉える。

(2)　地域ケアサービスの視点

　それでは「地域によるケア」とはどのようなものであろう。それは一言でいうなら「地域のケア資源の開発，発見，改良」及び「地域のケア資源の動員と連携」によって，ケアを利用する人が人間らしく生活する権利を守るシステムである。また，そこでの取り組みである。

　人間らしく生活する，ということは「人間としての欲求を充足するための主体的な活動」である。それを自力で営むことが困難な場合に，その営みの全部もしくは一部を他者が手助けすることがケアである。したがってケアの

第6章 地域ケアサービスの視点と方法

視点とは以下の2点に集約できる。
　i 「人間としての欲求充足」を目指すこと[注1)]。
　ii その過程は可能な限り利用者の「主体的な活動」であること。
　ケアによって「人間としての欲求充足」や「主体的な活動」が阻害されるとするならば，それは真のケアとはいえないのである。

(3) 地域ケアサービスの方法

　では，地域ケアサービスはどのように進めていくのか。まずは地域ケアサービスとはどのようなものによって構成されているのかを整理した上で，その方法を示す。
　第一に，地域の公的なケアサービス資源がある。高齢者や障害者，児童などケアを必要とする人々に直接的にケアを提供することを目的とした施設やサービスである。また，それらの利用を促進するための情報提供・相談サービスも含む。
　第二に，ケアサービス利用者の生活環境を改善するための有形・無形の資源や取り組みを挙げることができる。例えば，上記のような直接的な公的ケアサービス資源以外の医療・保健・所得保障等の生活関連制度，あるいはバリアフリーの道路や交通機関，建築物といった物理的環境，あるいは人々がケアを必要とする人を理解し受け入れることができるような心のバリアの払拭といった心理的環境の改善活動などを含む。
　第三に，ケアを必要とする人を取り巻くさまざまな機関や団体や人の協力関係を挙げておく。例えば「複数のケアサービス提供者が連携して利用者を支える」「福祉関係者が日頃から情報交換する」「同じ問題を抱える人々でグループをつくり，悩みや知恵を出し合う」「地域の一般の人たちが集いボランティア活動に取り組む」など多様な協力関係の構築が可能である。地域ではケアの専門家，ボランティア，ケアの利用者，一般市民など，さまざまな協力関係を築くこと（組織化）が可能であり，組織化によって個々の取り組みを向上させたり，限界を乗り越えたりすることが可能なのである。
　この第一から第三が地域ケアサービスの構成要素と考えられる。ならば，

地域ケアサービスの方法とは第一の「公的な制度としてのサービス提供方法」だけを指すのではない。それ以外にも医療や保健，年金等の関連制度を適切に活用する方法，制度的・物理的・心理的な環境の改善や活用の方法，地域の機関や団体や人の組織化の方法なども含め，地域ケアサービスの活動領域の広がりに対応して，その方法もまた多様に広がっているといえよう。

地域ケアサービスの実践にあたっては，上記の第一から第三のような構成要素と活動領域全体に視野を広げながら，それぞれの開発，改良，動員，活用，組織化に取り組まなければならない。

2　利用者主体の生活援助とは

社会福祉援助に関する考え方の変遷をごく大まかに捉えると，その動向は以下のような表現で整理できる。

(1)　救済から人権保障へ

他者の手助けを必要とする人を「蔑み」や「哀れみ」の対象とし，放置すると社会秩序が乱れたり良心が咎めたりするので，助けたり施しをする。これが有史以前から今世紀半ばまで続いた貧困者等への救済活動の基本的な動機である。救済する側は優者で，される側は劣者である。したがって援助は劣等処遇が原則であった。劣等処遇とは，援助を受ける者は一般人と同等もしくはそれ以上の生活をすることは許されないという思想である。

しかし，今日では世界的に見てもわが国でも，人は人らしく生きる権利を持っていると考えられるようになっている。そのため社会福祉援助は国民の「健康で文化的な最低限度の生活を営む権利（＝生存権）」を保障するといった理念（日本国憲法第25条）やノーマライゼーションの思想のもとに取り組まれるべきであるとされている。

第6章 地域ケアサービスの視点と方法

(2) 医学モデルからライフモデルへ

　従来の社会福祉援助は，援助者が利用者自身もしくは利用者の抱えている問題そのものに働きかけ，利用者を良い方向に変化させたり，問題を取り除いたりすることが中心であった。こうした援助視点は，患者に向き合い患者自身や患者の抱える傷病巣に働きかけてそれを治すという医学の方法に類似しているので「医学モデル」と呼ばれている。

　それに対して，利用者自身にだけ働きかけるのではなく，利用者に寄り添いながら利用者と同じ方向を見つめ，同行者として共に歩む，という援助視点が今日重視されている。利用者自身の主体的な歩みを大切にしながら，時には支え，時にはアドバイスし，時には利用者とその環境との齟齬を調整したり環境の改善を図ったりする，というような目線である。利用者の「ライフ＝生命，生活，人生」に寄り添い，その自然な流れをできるだけ損ねないように利用者を支えるのである。こうした援助視点を「ライフモデル」と呼ぶ。

　医学モデルにおいては援助者が主体で利用者は客体として描かれる。一方，ライフモデルにおいては利用者が主体で，援助者はその同行者として描かれるのである。

(3) 問題別・個別的援助からケアマネジメントへ

　今日，社会福祉援助を目的としたさまざまな援助主体（公・民の機関，施設，団体，企業，職種など）が地域で活躍している。このこと自体は望ましいことである。各援助主体は，利用者から申し込みがあれば自分の持っている援助機能を発揮して，その役割を果たす。

　一方，地域に暮らす一般の人々（とりわけ高齢者のみの世帯など）にとって，何か問題が発生したからといって，多様な援助主体や社会資源・サービスを自分で探し，自分で見つけ，自分の問題に合わせて取捨選択し，調達・動員し，必要な利用手続きをし，それぞれの機能を過不足なく引き出しながら適切に利用するなどということは至難の業である。

では援助主体の方から，問題を抱える利用者を自ら見つけ出したり，その問題の全体像を把握・整理したり，それをもとに他の援助主体を探したり，いろいろな社会資源を調達・動員したり，利用者を中心にして各援助主体をメンバーとした援助チームを組織・運営する，などということまでやってきたかというと，通常はやってこなかった。利用者からの申し込みがあってから，自らの機能の範囲で援助を提供していたのである。
　そのために，地域に援助主体が増加してきたにもかかわらず，問題を抱える人が必要な援助を見つけられない，援助を適切に利用できないという問題が生じてきている。
　そこで，援助者の側から問題を抱える人を発見し，その人の要望を出発点にして，援助の枠組み作りや，サービスの動員や調整を行い，さらに関係者のチームを組織して利用者を取り巻く援助体制を作り，援助を計画的・組織的に進めていく，いわばオーケストラの指揮者の役割を担う専門的な援助実践が求められるようになった。そうした実践を進めていくための技術がケアマネジメントと呼ばれるものである。
　以上のような「人権保障」「ライフモデル」「ケアマネジメント」の視点で援助を展開する場合，すべてに共通し最も重視される原則が利用者主体の原則なのである。
　利用者は人権の主体者であり，ライフ（＝生命，生活，人生）の主体者であり，多様なサービスの中心に位置づく利用の主体者なのである。
　利用者主体の生活援助とは単なる理念やスローガンやきれいごとではなく，今日の社会福祉援助の存在意義を左右するものであるといって差し支えない。そこを骨抜きにしてしまったら，社会福祉援助の存在意義は消失する。利用者が客体として「生かされる」のか主体として「活きる」のか，そこにかかっているのである。

第6章 地域ケアサービスの視点と方法

3 利用者主体の施設ケアとは

　先にも述べたように，本章では地域ケアサービスというものを「地域におけるケア」ではなく「地域によるケア」のサービスと捉えている。したがって，いわゆる施設サービスにも地域ケアサービスの視点を盛り込むことは可能であるし，盛り込まなければならない。本節では地域ケアサービスの一方法としての施設ケアを考察する。なお，ここでいう施設とは入所型の社会福祉施設を指す。

　利用者主体の施設ケアという場合「施設の在宅化」及び「施設の地域化」が一つのターゲットになってくる。

(1) 施設の在宅化

　施設ケアはしばしば在宅ケアと比較され，否定的に評価される。すなわち「住み慣れた自分の家を離れ」「自分の家具を持つことも認められず」「日課と規則に縛られ」「画一的な生活やケアを強いられ」「プライバシーもなく窮屈で不自由な思いをし」「白いカベと天井を見つめる暮らし」などといった評価である。

　たしかに在宅生活と比較すると不十分な点があることは否めない。しかしどの施設も利用者が在宅で生活することが何らかの理由で困難であるから利用されているのである。施設でのケアの問題以前に，在宅生活が困難な利用者の現実問題があり，施設はその問題の回避の場として存在意義を持っている。自宅より施設のほうがよほど安心で気楽であるという利用者もけっして少なくないのも事実である。安易に「自宅に勝るものはない」「自宅と比べて施設は良くない」という「ない物ねだり」的な評価をするのではなく，施設ケアのより積極的な展開を模索すべきであろう。

　しかしいずれにせよ，やはり在宅生活のプラス面を施設にどのように導入するかということが施設ケアの重要な視点であることはまちがいない。在宅

生活のプラス面とはいうまでもなく「自由気まま」にある。施設の限られた空間，設備，人材，時間，予算の中で合理的なケアを提供しようとすれば，どうしても「自由気まま」とは相反する「管理」や「画一化」を避けて通れない。

　その矛盾の抜け道として，ここでは「情報提供」と「参加」と「自己決定」による施設ケアを提案したい。まず施設の限られた空間，設備，人材，時間，予算といったケアのための条件をできる限り利用者に知らせるのである。そしてそれに基づくケアの内容やプログラムをできる限り利用者の参加によって決めていくことにする。

　施設を利用する必要のない人たちは在宅で「自由気まま」に生活しているといっても無限の自由を与えられているわけではない。やはり自分の家であっても限られた空間，設備，家族，時間，収入などの生活条件を前提に暮らしているのである。生活条件という面から見ると施設であっても在宅であっても必ず一定の「枠」に束縛されている。しかし在宅は，それらの生活条件を自分ですべて知り，自分の裁量と判断で，その生活条件をもとに自分の生活を組み立てている。その限りにおいては「自由」なのである。

　施設の利用者にも，施設での生活条件・ケア条件を丹念に知らせ，それをもとに考えうる生活やケアの内容を利用者から提案できるようにすることが必要である。選択の幅は在宅よりはずっと狭いかもしれないが，限られた幅であってもそこから判断・選択する「自由」が保障されることは，生活の主体者としての責任と誇りを保障することになるのである。

　施設の在宅化とは，慣れ親しんだ家具や生活習慣を施設に持ち込めば可能になるという単純なことではなく，生活の自己責任・自己決定がどれだけ保障されるかという要素のほうがむしろ重要であると考えられる。

(2) 施設の地域化

　在宅生活では日常的であった地域とのつながりが，施設に入所することによって断ち切られることがあってはならない。そこで施設利用者が地域と接触する機会を持つことのできる実践が重視されている。単純には「施設から

外へ出かける実践」と「施設へ外から来てもらう実践」に分けられる。前者は，利用者の生活範囲を地域まで広げ，散歩，買い物，食事，時には観劇，行楽，旅行などへ出かけるものである。また，地域の老人会や障害者団体の行事などに施設利用者が一住民として参加するといった取り組みが代表的であろう。また，後者ではボランティア・グループや福祉協力校・福祉実践校の生徒たちの受け入れ，あるいは物品の受け入れ，施設内での訪問販売や理美容業者等の仮営業の受け入れ，施設行事への地域住民の参加などが代表的である。

「出かける」にしても「受け入れる」にしても，施設利用者の要望と自主性を尊重する必要があることはいうまでもない。また，こうした「出入り」の機会や条件を広げるための「地域開拓」の取り組みも施設ケアの一環として重要である。例えば，施設利用者を受け入れてもらえる地域の商店や飲食店を広く開拓しておくこと，ボランティア団体や学校等と日常的に連携を取り的確な協力をしてもらえるような協力関係を築いておくことなどである。そのような「地域開拓」の取り組みに際しても施設利用者の参加や意見を求めることが望ましい。

さらに「一般」の地域住民との日常的交流も「施設の地域化」の一視点である。施設利用者も一住民なのであるから，地域の人々が参加している町内会活動や行事などに可能な限り参加することが大切である。また，施設の一部の機能（例えば会議室を使ったり，売店を利用してもらうなど）を地域住民が利用できるようにしたり，地域住民と施設利用者のちょっとした会話などの交流が可能なスペースを設けるなどの工夫も可能であろう。

利用者のプライバシーや安静の確保の問題，あるいは経費や人手がかかるといった理由などから，地域住民との行き来がなかなか積極的に進めにくい事情を持つ施設が多いであろうが，施設における地域ケアサービスの一環としてそうした取り組みを広げていくことが求められよう。

4　利用者主体の在宅ケアとは

　前節で述べたような施設ケアの弱点（住み慣れた環境がない，日課と規則に縛られる，画一的な生活やケアを強いられる，プライバシーがない，など）は在宅ケアの場合だと概ね克服される。しかし逆に在宅ケアの側には施設ケアにはない弱点がある。施設ケアは必要な最小限のケアが多様な職種によって24時間365日安定的にパッケージングされ供給される。しかし在宅では，家族だけで隙のないケア体制を確保することが困難である。また，一般的には在宅の場合，ケアの質や量も不十分である。

　このことから，施設ケアは在宅ケアの長所を取り入れることが求められ，在宅ケアは施設ケアの長所から学ぶ点があるといえよう。本節ではそうした観点で，寝たきり高齢者の在宅ケアを例にその在り方と課題を探っていく。

(1)　在宅生活に必要な多様な機能の調達と調整及びケア計画作成

　寝たきり高齢者の在宅ケアは，現在のところ家族による介護が主となっており，何らかのケアサービスや他者からの有形無形の援助によって部分的に支えられているのが一般的である。そうしたケースの場合，寝たきり高齢者本人とその介護者の双方を在宅ケアの援助対象として視野に入れる必要がある。

　具体的に，どのようなケアが必要となるかといえば，高齢者本人の日常生活（食事，保清，排泄，着脱衣，移動など）や健康管理，精神的安定，いきがい支援，安全確保，緊急時の対応，介護者の負担軽減，介護者の健康管理，介護者のいきがいや就労の支援，近隣や地域との交流の確保などさまざまなものをピックアップできる。これらのケアを具体的に担う地域の諸サービスを調達・調整し有効に活用できるようにしていく援助，すなわちケアマネジメントと呼ばれる援助方法が今日注目されているところである（本書第4章第4節参照）。

第6章　地域ケアサービスの視点と方法

　ケアマネジメントにおいては，利用者本人と家族の現状，抱えている問題，要望などを的確に把握し，何が援助すべき問題であって，その問題を解決するためには何が課題となるのかを明らかにした上で援助の目標を設定し，それに合わせて援助計画を作成・実行していくことになる。寝たきり高齢者についていえば，この役割は介護保険を利用する際に介護支援専門員によって担われることになっている。

　ここでのケアの視点は，たとえ在宅であっても24時間365日隙のない援助の体制（ケアネットワーク，ケアパッケージ）をいかに利用者・家族の要望に沿い，利用者・家族主体で構築するかである。その体制とはけっして24時間居宅介護サービスを提供し続けるという意味ではなく，24時間いつ何があっても対応でき，それによって利用者・家族が安心と安定を得られ，長期の在宅ケアを無理なく継続できる体制ということである。

　そうした体制は，介護保険によって給付される居宅介護サービスのみならず，ボランティアや近隣・地域のインフォーマルなサービスや協力なども動員し，二重三重に利用者・家族を取り巻く援助のネットワークを築くことによって強化される。

(2) 利用者を取り巻く環境への働きかけ

　そうした個々の援助ネットワークの構築と並行して，在宅ケアを支える地域の環境整備も重要である。地域には直接在宅ケアを担うのではないけれど，在宅ケアの協力者となってもらえる機関，団体，企業，個人などが存在している。例えば，新聞や乳酸菌飲料の配達員，小売店の「御用聞き」などが定期的に寝たきり高齢者世帯の状態を見守る体制を作った例，地域住民に呼びかけて徘徊する痴呆症高齢者の発見・通報の体制を作った例，宗教団体の週一回の小さな集まりを寝たきり高齢者の家で開くようにして，その世帯の孤独と孤立を予防している例，単身の障害者の家で飼っている犬の世話を，学校の行き帰りの子どもたちに頼み，子どもたちがその犬の世話に立ち寄ることで障害者の孤立を防いでいる例，社会福祉協議会主催の「福祉大会」で地域の在宅サービス利用者の分布状況や生活実態を掲示し，住民に理解と協力

を呼びかけた例などがそれにあたる。

　在宅ケアのフォーマル，インフォーマルのサービスとは別に，このように多様な環境改善にも援助の視野を広げていくことが大切である。

(3) 組織化

　上記(1)のような資源の開発・調達，あるいは(2)で述べた環境改善を進める上での重要な視点として組織化が今日のキーワードとなっている。組織化とは文字通り，利用者や利用者を支えるための機関，団体，施設，個人などのグループをつくり集団的・組織的に援助活動を展開していくことである。

　そこで組織される対象は概ね以下のように整理できる。

① 在宅ケアサービス供給主体の組織化

　(1)のようなケアマネジメントにおいて動員されたフォーマル，インフォーマルの多様な援助主体が個々バラバラに自分の判断で援助を進めては円滑な在宅ケアが展開できなくなるおそれがある。そのため関与する援助主体を組織化し，必要に応じて会合などを行うとともに連携のルールや方法を取り決めてそれぞれの役割分担を果たしていくのがサービス供給主体の組織化である。

　施設ケアは施設内各部署・各職種の連携によって取り組まれているが，地域ケアにおいても施設ケア同様，関係者の連携が必要なのである。

② 利用者の組織化

　地域で同じような問題を抱えながら生活している人々の組織化を図ることにより，悩みや問題の分かち合いや共有ができる。また，情報交換や知識の交流も行うことができる。それ以上に，困っているのは自分だけではない，自分は孤立しているのではないという安堵感や勇気を生み出すこともできる。さらに自分たちの立場を行政や社会に対して訴えたり，権利主張していく契機にもなる。

③ 地域住民の組織化

　地域の多くの住民は，地域ケアサービスを提供する立場でも利用する立場でもないが，同じ地域で暮らし，いつ社会福祉サービスを利用することにな

第6章　地域ケアサービスの視点と方法

るかわからないという点では共通している。そうした人々も日頃から地域ケアサービスに関心を持ったり現状を知ったり，時には何らかの関わりを持ったりすることができるよう，地域での広報やイベントへの参加などの機会をつくることが重要である。多くの住民が地域ケアサービスの理解者・協力者となってこそ，日頃の地域ケアサービス活動の厚みが増すことになるのである。

5　利用者のための福祉情報・相談サービスの在り方

　地域ケアサービスは，多様な福祉問題や福祉ニーズに対応するため，その量や種類を増やしてきている。しかし依然としてサービスを必要とする人がサービスを利用していなかったり，利用を求めないケースが後を絶たない。その原因はさまざまであるが，一つの原因として地域ケアサービスの存在を知らない，知っていても知識が曖昧で利用に結びつかない，あるいは利用したいのだけれど利用の仕方や申し込み先を知らない，さらには利用したいのに役所へ申し込むことに抵抗がある，というようなサービスへの知識や情報不足が挙げられる[注2]。

　極端な場合には，サービスへのアクセスがないまま悲劇を迎えるケースも起こっている[注3]。サービスそのものがなかったり不足しているのならともかく，あるのに利用しない，まして知識や情報の不足のために利用できないということがあってはならない。

　利用者とサービスの接点を広げるためには，①利用しよう，利用したいという利用意志の喚起，②サービスの内容や利用要件等に関する情報提供，③利用の手続きを円滑にするためのシステムや配慮，④利用にあたっての心理的障壁の除去，などが必要な視点になってくる。

　その一環として，地域ケアサービスにおける情報提供や相談サービスが重視されているのである。

(1) 情報提供の視点

　地域ケアサービスの提供にあたっては，サービス事業者や行政機関・団体などから個々のサービス情報やサービスの総合的な紹介のために情報提供を積極的に行い，利用を促進することが必要となる。テレビやラジオ，あるいはパンフレット，ちらし，新聞・雑誌，人的手段など，さまざまな媒体が使われるが，いずれの方法においても前に掲げた「利用者とサービスの接点を広げるための視点」を念頭においてその内容や表現を工夫することが大切である。以前筆者はゼミナールの学生と共に愛知県内約60市町村から高齢者向け在宅福祉サービスのパンフレットを取り寄せ，その内容を検討した[注4]。内容の誤記などは僅かであったが，曖昧・難解な表現，見にくい文字やレイアウト，堅苦しい表現，などが多く目についた。特に高齢者世帯は情報の収集，理解，処理が苦手である。情報の受け手に思いを馳せて内容や表現を検討する必要があろう。特にサービスの"メニュー"だけ羅列してその利用の制約を具体的に記さないようなパンフレットは，いざサービスを利用しようという時に困ってしまう場合がある。例えばパンフレットで特別養護老人ホームの紹介を見て，「いざという時ここに入ろう」と思っていたが実際に利用しようとしたら数年の待機を必要とすることを知ったとか，補助器具の交付を受けられると書いてあったので申し込みに行ったら所得制限で利用できなかった，などという例はよく聞くことである。

　また，用いる情報媒体に合わせて情報の密度を設定することも必要である。すなわち，テレビやラジオ，看板など不特定多数を対象にし，しかも再現性に乏しい媒体を用いる時は，サービスの存在や初歩的な紹介，そして問い合わせ先というような必要最小限の情報を深く印象づけてもらうものにする。逆に，サービスの利用意向を持つ人を対象としたパンフレット等はできるだけ具体的な内容としたり利用者の声やQ＆Aを載せるなど，よりサービスの使い勝手がわかる内容とする。サービスの利用予定はないけれど関心があるのでアウトラインを知りたい，というような人にはその中間くらいの情報密度にする，といった細やかな配慮が必要であろう。

第6章 地域ケアサービスの視点と方法

　最近では，コンピュータ・ディスプレイやインターネットなどを操作する情報提供・検索のシステムも出現しているが，高齢者サービスについていえば新しいメディアより，当分は印刷物媒体のほうが扱われやすいであろう。
　あくまでも情報提供は，受け手の置かれている環境や特性を考慮し受け手の目線に立って，その内容や方法を工夫すべきである。

(2) 相談サービスの視点

　地域ケアサービスにおける相談サービスは，一般の人や初歩的な知識を必要とする人，あるいはサービス利用のスタートラインに立つ人などが利用するプライマリな相談機関と，個別具体的なサービス利用相談に専門的に対応する相談機関の双方が必要である。特に前者は地域の人に広く知られ，だれでも気軽に行ける距離に配置され，電話相談にも応じられることが望ましい。現在，福祉事務所，児童相談所，身体・知的障害者更生相談所，婦人相談所などが公的相談機関として設置されているがその数は限られている上，存在や機能が地域に十分知られていない。高齢者介護の相談に応じる在宅介護支援センターは中学校区に一か所程度の配置が目指されているが入所施設併設型がほとんどであるため地域住民にとっては敷居が高く，なおかつその機能などが知られていないという現状がある。市町村の役所の福祉担当窓口にしても制度利用の事務手続きに付随する相談はできるが，制度の利用に当座は結びつかない障害者の人生設計の相談とか，老後のグランドデザインの相談などはできない。ゆっくり座って話をするスペースすらないところが多い。
　例えば「警察は110番，火事救急は119番」というように「福祉相談はここ」というように広く地域の人たちに知られ，初歩的な福祉相談や，適切なサービスへ結びつけるようなよろず相談機関や相談員を地域に設ける，あるいは現在「相談所」を名乗っている機関や団体がそうした方向で機能を強化させていくことが望まれる。
　また，相談所を名乗る以上ひとたび相談を受け入れたら，通り一遍の情報提供にとどめず，必要に応じて利用者と二人三脚で問題解決に取り組むような相談援助機能と能力を持つことが求められる[注5]。地域ケアサービスを利

用し、さまざまな生活困難に立ち向かう利用者のパートナーになる頼もしい相談所・相談員は、直接的なケアサービスの充実と合わせて必要となっている。　　　　　　　　　　　　　　　　　　　　　　　　　（西村正広）

注
1) 福祉士養成講座編集委員会編『社会福祉援助技術総論』（三訂社会福祉士養成講座 8）中央法規出版，1999 年，32 頁。
2) 拙稿「高齢者を支える相談事業のあり方を考える」大友信勝・高齢者保健医療福祉推進市民会議編著『続・あんきに暮らしてける街にしよまい』KTC 中央出版，1993 年，102-105 頁。
3) 公人の友社編『池袋母子餓死日記』公人の友社，1996 年。
4) 日本福祉大学西村ゼミナール編『身近で使いやすい地域福祉サービスを考える』（1995 年度西村ゼミナール報告集），1996 年，155-238 頁。
5) 介護保険制度化で介護相談や個別介護計画策定を担う介護支援専門員（ケアマネージャー）の課題については下記論文にて詳述している。
拙稿「介護保険体制下での『社会福祉援助原則』」愛知江南短期大学『研究紀要』vol.29, 1999 年。

参考文献
(1) 大友信勝・高齢者保健医療福祉推進市民会議編著『あんきに暮らしてける街にしよまい』KTC 中央出版，1992 年。
(2) 大友信勝・高齢者保健医療福祉推進市民会議編著『続・あんきに暮らしてける街にしよまい』KTC 中央出版，1993 年。
(3) 喜多祐荘・前田敏雄他編著『社会福祉援助技術総論』黎明書房，1997 年。
(4) 日本福祉大学社会福祉学会編『真の公的介護保障めざして』あけび書房，1998 年。
(5) 福祉士養成講座編集委員会編『地域福祉論』（三訂社会福祉士養成講座 7）中央法規出版，1999 年。

第 7 章

地域福祉と
社会福祉協議会

　社会福祉協議会の事業活動や財源など概説的理解がなされ，さらに，社会福祉基礎構造改革以降に社会福祉協議会がたどる道が検証されるとともに地方分権法成立以降の地方という場における社会福祉協議会の位置づけが問われる。次に都道府県社会福祉協議会の役割また市町村社会福祉協議会とは異なる社会福祉上の存在意義が明確にされる。続いて市町村社会福祉協議会についての言及が，その組織，役割，実践原則・方法など現実を踏まえ詳細になされている。

　総じて福祉制度上の変容の中で，壁に直面しながらも地域の生活問題に真向かい，真に住民の立場に立ち，その主体性を増強しつつ歩む社会福祉協議会の姿が浮きぼりにされていく。社会福祉の進展を，福祉化，民主化，人権尊重，ノーマライゼーションで推し量る時に，社会福祉協議会はその主要な担い手としてその役割を期待される。

1 社会福祉協議会とは何か

(1) 概要

　社会福祉協議会（以下，社協と略記する。また特別の断りがない限り，市区町村社協を指すものとする）は，社会福祉法に規定されている社会福祉法人（法人化率99％）で，全国社会福祉協議会1か所，都道府県社会福祉協議会（政令指定都市を含む）59か所，市区町村社会福祉協議会3370か所が設置されている。各都道府県や市区町村に1か所ずつで，2つはない。社協は統一された全国組織のように見えるが，それぞれは独立した法人であり，全国社協→都道府県社協→市区町村社協といった一元的な命令系統下にあるわけではない。市区町村社協が上部社協から命令・指揮されることはない。雇用もそれぞれの社協で独自に行われる。したがって，ある市区町村の社協職員が，同じ県や他の県の他の市区町村の社協に人事異動で移ることはない。社協職員の給与はほとんど税金で賄われており，年金は厚生年金，健康保険は政府管掌健康保険がほとんどである。独立した社会福祉センターなどに入っている社協もあるが，役場（所）の中や保健福祉センター，あるいは老人福祉センターなどの一角に居を据えている社協も少なくない。公共性が高く，役場から種々の便宜を図ってもらってもいる。役場（所）からの委託事業を引き受けているところも多い。社協ヘルパーが高齢者家庭や障害者（児）家庭を訪問する時，どうかすると「役場（所）から来ました」などという。住民にはそれがわかりやすいし，信用もされやすいからである。それで役場（所）や役場（所）の一部課のように間違えられたりもする。こうした性格を持つため，「半官半民」などといわれることもある。住民には香典返しを持ってくるところとして知られる面もある。赤い羽根共同募金のお願いや，各家庭に役場（所）の広報紙と一緒に入ってくる社協広報紙「社協だより」——その福祉記事はともかく，物故者の一覧はよく読まれている——の発行や，街の

ところどころに見られる福祉のスローガンを書きつけた看板を立てるだけが社協の仕事ではない。

　では社協はどういうところなのか。○○社会福祉協議会を名乗り，民間の会長をいただき（自治体の長が兼務しているところが今もある），事務局（社協職員で構成）や理事会・評議員会（その地域の福祉諸団体や福祉施設の代表者や学識経験者などで構成）組織を持つ点では共通していても，社協ごとにその事業活動のスタイルや手法，重点の置き方，住民との共同の在り方も違っている。地域実状の違い，社協幹部の認識の違い，あるいは社協職員の力量の差などから，社協間の格差も大きい。総じて高齢者福祉には熱心だが，障害者福祉や貧困者や福祉法がない分野の生活に困っている人については弱い。若者が寄りつきにくく，障害者の雇用や職員研修・人材養成に組織的に熱心なところも多くはない。各社協の違いは各役場（所）以上に大きい。

(2) 財源

　まず社協の財源から見てみる。①寄付金。住民からの香典返しや使途を限定した指定寄付やその他の寄付などで，②赤い羽根共同募金と並んで社協事業活動の重要財源である。歳末助け合い募金は，している社協もあればしていない社協もあるが，要援護住民や当事者団体や施設やボランティア団体などへ全額還元配布される。③役場（所）からの補助金・受託金。人件費や委託費，社協の事業活動費補助などである。そのような関係があるため，役場からの出向職員や天下りの事務局長を抱え込むことにもなる。また，そうしたことを大方の社協は拒否できないでいる。④会費。社協は住民組織であり，建て前としてその範域（市区町村に同じ）の全住民を会員としているので，会費をもらっている。あるいは，もらえていないで，「賛助会費」などでお茶を濁している社協もある。⑤その他。収益事業をしている社協は，その収益が入る。社協は困った人，障害者などの自立支援のため，生活福祉資金（旧世帯更生資金）という名の貸付事業をしている。国や県がその財源を出していて社協に入る。こうした市区町村社協の財政規模は平均して，9625万円（決算），内，市区町村補助金22.7％，同受託金46.1％合わせて68.8％に上り

注1)，自主財源の貧弱さ，行政依存体質が抜き難いものとなっている。

(3) 事業活動

こうした財源をもとに社協が展開する事業活動の主要なものは，①調査事業活動。地域に生活困難性を抱えた住民がどこにどのくらいあり，どのような状況にあるかの調査（ニーズ調査）や，住民がどのような福祉意識，どの程度の福祉活動への参加意欲を持っているのかの調査，あるいは社協への要望やその他の調査などを，当事者団体（生活困難性を抱えた人々のニーズごとの団体）や，ボランティア団体・ボランティア連絡協議会，民生委員・児童委員協議会，町内会・自治会や地区社協（小学校区ごとにつくられた住民の福祉自治組織），あるいは福祉推進委員（ある地域範囲ごとに社協や地区社協が委嘱してなってもらった，住民の福祉協力員）などの協力や，社協職員自身が地域を回って行う。②相談事業活動。あらゆる福祉に関する住民からの相談に，役場（所）と一味違った民間の立場（社協は民間組織である）から相談に応じる。また心配ごと相談所を設置して住民からの主として民法上のもめ事や悩み事の相談，在宅介護支援センターの委託を受けて，介護問題の相談を受ける。③福祉事業活動の総合的企画。これは地域福祉活動計画などを策定して，民間の立場から生活困難性を抱えた当事者組織化やその支援者の組織化などの自立支援の事業活動，住民参加の福祉事業活動，あるいは福祉諸法に基づく法定事業の補完となるような事業活動などの企画立案を行う。④広報事業活動。全戸配布の社協だよりやチラシ等を通して，住民に社協活動の現況報告，福祉情報の提供，人権意識の高揚や福祉啓発，あるいは福祉課題の提起などを行う。⑤地域組織化活動。オーガニゼーション（組織化活動）とコーディネーション（連絡調整を通じた個人と社会資源，組織と組織の結びつけ活動）が中心である。生活困難性を抱えた住民のニーズの顕在化とその組織づくり（当事者グループやセルフヘルプ・グループの組織化），それら住民のソーシャル・アクションの組織化，ボランティア養成講座の開催とその組織づくりや需給調整，一般住民の福祉講座や座談会の設定・開催を通した福祉の町づくり，各福祉諸団体や機関や施設の福祉ネットワー

クづくり，あるいは小地域福祉活動，いきいきサロン実施（小地域仲間づくり活動），住民参加型福祉サービス団体の育成・支援あるいは地区社協づくりなどを通した相互扶助の再構築など，地域福祉推進の中核としての事業活動を行う。⑥在宅福祉サービスの提供。ホームヘルプ・サービスなどを行政から事業委託されて実施している社協も少なくない。⑦その他，権利擁護事業，人材の育成など。社協の事業は，住民の福祉ニーズの多様化，高度化に伴う要求充足に応えるため，極めて広範な活動となっている。

(4) まとめ

上記以外も含め社協を三つのレベルでまとめれば，①都道府県社協により構成される全国社協は，都道府県社協の指導と連絡，各種社会福祉施設協議会の運営，全国民生委員・児童委員連合会の運営，全国ボランティア活動振興センターの運営，社会福祉研修センターの運営，調査・研究事業の実施，および福祉関係図書の出版などを行っている。②社会福祉法第108条に規定され，市区町村社協や社会福祉関係団体，社会福祉施設，学識経験者などより成る都道府県社協は，市区町村社協の指導と連絡，社会福祉施設連絡協議会の運営，都道府県・指定都市ボランティア・センターの運営，福祉教育協力校の指定・補助，生活福祉資金制度の運営，心配ごと相談事業の推進，共同募金への協力などを行っている。③同じく社会福祉法第107条に規定される市区町村社協は，市区町村ボランティア・センターの企画・実施，在宅福祉サービスの企画実施なども行っているが，その本質的な役割は，一定の地域を中心に住民の参加，支持，そして協働のもとに，社会福祉関連機関・団体・施設と連携しながら，住民自ら主体となって地域の福祉力を引き出し高め，地域福祉の推進や福祉コミュニティづくりの実現を図る社会福祉事業活動の企画や実践を，支援し，組織化し，調整する民間の住民組織である[注2]というところにある。

2　社会福祉基礎構造改革と社会福祉協議会

(1)　社会福祉基礎構造改革の本質

　社会福祉基礎構造改革[注3]とは何かがまず問題になる。それは公的介護保険制度の導入と無関係ではない。これは介護をはじめ増大する福祉需要と社会福祉への要求に対して，社会連帯と利用者選択という理念のもと，社会福祉サービスを，主として供給サイドの視点に立って，市場原理を導入して福祉ミックス化（供給の多元化）と社会福祉事業の経営・運営の効率化を図りつつ供給する社会構成を創出しようとするもので，この介護保険と他の社会福祉関連の諸制度（その根拠をなす福祉諸法）や諸施策との整合性を，〈措置から契約へ〉の方針のもとで再編成しようというのが，社会福祉基礎構造改革の本質である。

(2)　社協への影響

　介護保険制度導入を先駆，先導とする社会福祉基礎構造改革は，社協にとっては容易ならざる事態でもある[注4]。要介護高齢者にとって，自立と認定されれば公的な介護保険制度からはじき出されることを意味し，そうした高齢者に対して社協としても対処せざるを得ず，それは公的介護保険制度に依存するホームヘルパーを抱える大方の社協にとって，自己のホームヘルパーが使えないことを意味し，ジレンマに陥る。また，制度下のフォーマル・ケアの代替として，住民のインフォーマル・ケアを組織化し，コーディネイトするにしても，本来，住民主体の自主的なものであるべきインフォーマル・ケアを，社協が公的介護保険制度の補完として手段的に利用・誘導するのは，本来的ではなく，ここでもジレンマに陥る。

　利用者選択は社協が抱えるホームヘルパーにも向けられる。これまで（あるいは今でも）ホームヘルプを勤務時間内にとどめていて，サービス供給側

の論理が優先している。こうした社協サービスでは利用者は選択してくれそうにない。社協が委託を受けている他の福祉サービスにも利用者選択は貫かれているので，社協が福祉サービスの提供組織であること自体の是非も含め，その福祉サービス提供の在り方に対する再検討が迫られよう。

社会福祉基礎構造改革中間まとめでは，社協は利用者によるサービスの選択を援助するための情報提供，権利擁護，苦情処理などの役割も期待されている。しかし，これら利用者の矛先が社協に向けられれば，社協はますます窮地に立たされることにもなりかねない。また，事務局長等管理者の経営感覚の醸成も期待されているが，こうした管理者が主として行政からの天下りや斡旋で社協にすわれば，経営ベースに乗りにくい地域組織化活動などは，福祉ミックスに役立つものを除けば疎んじられ，社協職員は介護保険下の社協財政の黒字化に寄与するために，社協が抱え込んだ福祉サービスの販売促進員・営業マンとして夜も日も明けず，地域組織化活動どころではなくなる。

また，協働，依存，あるいはソーシャル・アクションの目標にしろ，社協は主として市区町村行政を相手としてきた。〈措置から契約へ〉とシフトされる時，福祉ミックスの一翼を社協が担えば自らも業者となり，シルバービジネスも含め他の業者は，つまりは同業者というわけである。そうなった時，社協は当事者のサイドに立ち，協働して，そうした同業者を組織的な福祉活動・運動の相手（例えば，抗議や要求先）とすることができよう。社協は本来何をするところかが，改めて住民から問われることになる。

3　地方分権から見た社会福祉協議会の意義
　　――地方分権法の流れ[注5]を踏まえて――

(1) 公共とは何かが問われる

民主化の徹底は分権と参加を内実とする自治に行き着く。地方分権ではなく地方主権であろう。それは国から地方公共団体への権限委譲ということにとどまらない。地方自治からすれば，住民自治こそ基本であり，団体自治も

その翼下に置かれるべきものである。団体自治の内部ですら分権が必要である。地方分権とは行政機関内部の権限の取り合いではなく，権限行使における行政と民間，行政と住民の綱引きである。それは公共とは何かを提起せざるを得ない。

　これまでは公共あるいは公は，官や行政の独占であった。これを民の側に引き戻し，新しい公共の概念と内実の構築こそ，地方分権に課せられた課題というべきであろう。西尾勝は「今日ボランタリズムが強調される一つの原因は，この管理社会への危惧に発していると思う。(中略) すべて政治化し，行政化することを拒否するというところにある。公共的な営みのすべてを政府 (自治体も含めて) に委ねるのではなくて，常に公共的な営為の一部を市民社会の側に留保しておこうとするものである」[注6]といっている。

(2) 社協の意義

　社協が民間の自主組織であるという立場は十分に発揮されなければならない。社協事業活動の重要な柱にボランティア(活動)と小地域住民福祉活動の育成・支援がある。これはボランティアや住民主体，つまり市民を育て，社会福祉の立場から地域社会を市民社会へと変えようとする事業活動である。住民主体・当事者中核が徹底すれば，地域福祉における住民自治も進展し，地域福祉サービスにおける利用者本位も実現する。社会福祉の進展は地域社会の福祉化はむろんのこと，民主化と人権尊重とノーマル化(ノーマライゼーション)によって図られる。つまり，民主化や人権尊重や社会や生活のノーマル化が進まないところに，社会福祉の進展もあり得ないということである。こうしたことに取り組む社協事業活動も優れた公共性を持つ。

　福祉関係八法改正 (1990年) は在宅福祉サービスを法定化したが，社会福祉の市町村主義ともいわれるように，社会福祉における市区町村の主体化を求めるものであった。地方分権推進法 (1995年) はこれに裏打ちするものとも見えた。しかし，市区町村は多様であり，社会福祉のシステム・デザイナーとしての意欲や能力に格差があり，デザイン (された社会福祉) としての地域福祉にも質量の地域格差が懸念される。介護保険の導入 (2000年4月)

はこの格差をますます拡大させかねない。

そこで問われるのは，各市区町村の住民の意欲と役割と責任である。一人行政主体だけではなく，他にワーカーなど専門職からなる社会福祉援助主体及び住民主体も，社会福祉のシステム・デザイナーなのである。地域福祉は行政主体だけで成立するものではなく，他の二主体の役割と責任も大きい。中でも市区町村社協は，社会福祉援助主体として当事者住民を援助するとともに，当事者を含む住民の住民主体としての育成を援助する役割も負っている。社会福祉援助主体と住民主体（当事者主体も含む）が共に地域福祉政策決定過程にも参加してその力量を発揮する時，地域福祉は充実したものとなり，住民の生活の質（QOL）の回復・維持・向上も図れるであろう。

このように地方分権から見た社協（特に市区町村社協）は，行政の下請けではなく，行政との緊張感あるパートナーシップを確立して，住民主体と共に地域福祉を民間の側から地方自治として推進する実践組織という，大きな役割を果たす可能性のある存在として，その意義はますます大きくなろう。

4　都道府県社会福祉協議会の位置づけ

(1)　都道府県社協

都道府県社協はサンドイッチの具のような位置にある。上からは全国社協に，下からは市区町村社協にはさまれ，「どちらを向いて仕事をしているのか，よくわからない」と，市区町村社協から揶揄されたりもする。厚生省や都道府県，全国社協の意向や資料・情報を整理加工して市区町村社協に流すこともすれば，逆に市区町村社協の意向や要望を汲み取って，都道府県や全国社協や政府に持ち上げたりと，企業の中間管理職のような役割をする。そうかと思うと市区町村社協の悩みに耳を傾けながら，プランや助言を提供し，共に歩む役割もある。市区町村社協のように直接的な活動対象・足場となる地域（社会）を持たないことが弱みであり，中央や全国の動向，そして市区

町村社協のやっていることがよく見えることなどが強みである。

(2) 市区町村社協からする都道府県社協の位置づけ

　市区町村社協にとって都道府県社協とは，①情報センター・情報提供者である。厚生省や全国社協などの"中央"や，自分の県（あるいは他都道府県）の市区町村社協の福祉動向をいち早く把握し解説した書類，提出書類，参考書類などを市区町村社協に流す。これは市区町村社協の及ばないところであり，都道府県社協とは書類を回すところと心得られている。②コンサルタントである。市区町村社協の相談に乗り，個別の社協診断・助言などをする。必要な時にだけ診断や助言を求められる結構頼りにされる存在であるが，介護保険にどう対応するかなどの難題については，態度がはっきりせず，市区町村社協で決めてくださいと頼りないところもある。③企画者である。市区町村社協の共通課題の解決や活性化を図るために，社協会長・事務局長の会議や研修会，あるいは担当者会などさまざまな会議や研修会を開催し，また社会福祉主事やホームヘルパーの資格取得の養成講座などを企画・開催している。こうした会議や研修会や講習会は，各市区町村社協が独自に企画開催するのは困難なものが多く，その点では都道府県社協の力が頼られる。④指導者，講師である。先駆的な事業活動メニューを設定して，マンネリ化した事業活動に安住し，住民のニーズはあるのにその充足を目的とする新規事業活動に手を出したがらない市区町村社協を指導して，自宅での入浴や会食型の食事サービス，障害児の通園事業活動や障害者の小規模授産共同作業所事業活動，あるいは痴呆性老人の家族の会づくりをはじめとする在宅福祉の先駆的事業活動展開を促したり，市区町村社協が開くさまざまな研修会やシンポジウムなどに講師を派遣したり斡旋したりしている。自主的にどんどん福祉のまちづくりを進められる力のある市区町村は少数であり，多数派の，活動が停滞した社協にとっては，煙たくもあるし頼もしくもある兄貴分である。⑤連絡調整者である。都道府県社協自身が企画する市区町村社協に関わるさまざまな事業活動の連絡調整や市区町村が合同して県単位で取り結ぶ組織の会議やスケジュールの連絡調整など，全県的な視野やスケールの伴った事業

活動における都道府県社協の連絡調整の役割は絶大であり，市区町村社協にとって必須のものである。⑥福祉人材センターである。都道府県社協が自ら養成した人材も含めて，求職者，求人者双方の人材情報を都道府県社協で登録し，その連絡調整と斡旋をしている。市区町村社協は適当な人材についての情報を，この都道府県社協の福祉人材センターから得ることもあるし，また都道府県社協も求職者の就職について市区町村社協に積極的に情報提供もする。⑦その他。都道府県社協の情報収集力を生かした諸資料は，製本されて，さまざまな研修会，会議等で配布される。この種の資料は書店等ではむろん得られぬ貴重なものであり，都道府県社協の面目躍如たるものがある。近年では都道府県社協と各市町村社協とを結ぶパソコン・ネットワークも整備が進んでいる。福祉図書の収集も充実したものがあり，都道府県社協のセンターに図書閲覧室を設けて便宜に供しているところも少なくない。このように，都道府県社協は市区町村社協にとって欠かせない存在である。

5　市区町村社会福祉協議会の役割像

(1) 理念から見た役割

市区町村社協の事業活動実践の理念は人権とノーマライゼーションである。市区町村社協は，住民が生活困難性という重荷を負っても，排除・隔離や人権侵害・差別を許さない文化風土の地域を，地域組織化・福祉組織化活動やボランティア活動などの育成・援助を通して，人権感覚や連帯意識の高揚を図る中で，地域住民の生活の場として定着させるのがその役割である。

(2) 実践目標から見た役割

市区町村社協の事業活動実践の目標は，地域福祉の実現と増進であり，それは福祉コミュニティづくりを通して推進される，地域福祉の両輪を構成する。一方の社会福祉の地域化とは，全体社会のシステムである社会福祉を地

域というメゾ(mezzo)領域を通して，地域の実情にあった，ハンディキャプト・マイノリティ（当事者）本位にデザインすることである。それは住民主体と援助主体と政策主体という三主体の，緊張感あるパートナーシップに基づく社会福祉増進のための地域における協働によって可能となろう。もう一方の地域の福祉化とは，ハンディキャプト・マイノリティの権利が保障され，他の人と平等・対等に，そして共生して暮らせるように，地域社会の環境，政治，経済，社会，教育・文化のすべての仕組み・在り方を，住民自治を通して，ハンディキャプト・マイノリティ本位に組み替えることである。

　ハンディキャプト・マイノリティを孤立化させず，中核（主体として中心になる）として，その同調者及びサービス提供者との，福祉関心，福祉価値を共有した，緊密な福祉ネットワークによる地域社会における福祉秩序の構築，連帯と紐帯とを併せ持つ地域関係性の構築，すなわち福祉コミュニティづくりを通して地域福祉を推進するのが，市区町村社協の役割である。

(3) 実践原則から見た役割

　市区町村社協の事業活動実践の原則は，住民主体・当事者中核である。

　これまでの社会福祉の歴史は，ハンディキャプト・マイノリティを客体化し，操作対象として"対策"してきた歴史である。そこではハンディキャプト・マイノリティが主体となること，ましてや彼らに関わる諸主体の中心となることはなかった。マージナル・マン（周縁人）[注7]として，その社会秩序の周縁部に，肩身狭く暮らさざるを得なかった。

　ハンディキャプト・マイノリティは地域社会の中から，地域住民の中から出現する。一般住民はその可能態であり，彼らと無縁ではなく，いつでも，明日にも自身がハンディキャプト・マイノリティになり得る存在である。ハンディキャプト・マイノリティや一般住民が住民主体として，生活の場としての地域を基盤に自ら社会福祉を要求し，自らも構築行動して，社会福祉をハンディキャプト・マイノリティ本位の在り方にするのを，彼らとともに歩みながら支援するのが，市区町村社協の役割である。

第7章　地域福祉と社会福祉協議会

(4) 実践方法から見た役割

　社協の事業活動実践方法はコミュニティワークである。コミュニティワークは社会福祉固有の援助実践の一つである間接援助方法である。地域社会において，社協は，地域住民が主体となって，自ら共同してその地域社会の抱える福祉諸問題を認識し，予防し，解決し，あるいは地域住民の抱える福祉ニーズを顕在化し充足できるように，専門的知識・技術を有した市区町村社協のコミュニティワーカーを中心として，地域組織化等を通じて側面的に援助するのが，その役割である。

　牧里毎治は自治型地域福祉を，「福祉的援助，社会福祉サービスは，パンのみをあてがうことよりも，パンの作り方を教えることに最終的に価値をおくものである」[注8]といっている。コミュニティワーカーは自ら住民のために地域社会を暮らしやすくするのではない。住民が地域社会に対する責任と役割を自覚し，その住む地域社会を暮らしやすくするために自ら活動するのを，あるいは自ら活動するように，援助するのである。

(5) 組織から見た役割

　第五に，社協の事業活動実践を可能にする組織構制の在り方はどのようなものであろう。全社協の指導と勧誘に従って，行政から委託事業を取れるだけ取って抱えこんだ市区町村社協は，公的介護保険制度の導入を目前にして惑い，悩んでいるし，導入後も悩んでいる。それらの事業を措置委託の時代のように運営ではなく，参入する他の民間のサービス事業体と競争しつつ経営して，人件費をはじめとする事業経費を稼ぎ出さなければならないからである。経営に関しては素人ともいえる市区町村社協にとって，これは荷が重い。

　「社協は福祉諸サービスを経営する『事業体』ではなくて，それらをかちとっていく住民主体の運動体である」(井岡勉)[注9]。こうした託宣も，過去に選択した結果を切れずに今に引き受け，その日その日が要求する義務を果たすのに精一杯の各社協にとっては，受け入れられそうもない現実であること

も確かである。

「社協のヘルパーさんでなくては」といってくれるお年寄りも少なからずいるということを踏まえて、事業体の面を持ち運動体の面も持つ現在の社協の在り方自体の中に活路を見出すしかないであろう。

その場合、事業体社協の面でいえば、地域の信頼を裏切らないということである。参入する地域の事業者に培った在宅福祉の情報とノウハウを提供し、地域の生活困難な高齢者のニーズを構造化して役割分担を話し合いつつ、可能な限り共生と棲み分けを図ることである。地域を大切にすることが地域から社協が大切にされ信頼されることにつながる。それは長い目で見て社協の経営基盤を安定的なものにすることにもなる。

運動体社協の面でいえば、公的責任に基づく福祉サービスの拡充を求めて、住民のソーシャル・アクションを組織化したり、あるいは小地域住民福祉活動として住民による相互扶助的なインフォーマル・ケアの組織化や住民参加型福祉サービス団体の育成も勧めるということを、今まで以上に力を入れて誠実に取り組むことである。それらは要介護者予備軍ともいうべき住民にとっても、また自立と認定されたが福祉サービスを必要とする住民にとっても、地域での生活を継続するために必要なのであり、こうした誠実な努力は期せずして事業体としての面にも住民の理解と好感が向き、その社協福祉サービスの利用を促進することになろう。　　　　　　　　　　　（井上英晴）

注
1) 「平成9年度社会福祉協議会実態調査の概要（速報）」全国社協。
2) 「社会福祉協議会基本要項」（1962年）及び「新・社会福祉協議会基本要項」（1992年）。
3) 「社会福祉基礎構造改革について（中間まとめ）」（平成10年6月17日、中央社会福祉審議会社会福祉構造改革分科会）、「社会基礎構造改革を進めるに当たって（追加意見）」（平成10年12月8日、同上）、「検討状況の報告（まとめ）」（平成10年12月8日、厚生省）、「社会福祉基礎構造改革について(社会福祉事業法改正法案大綱骨子)」（平成11年4月15日、厚生省）等。
4) 小國英夫「社会福祉基礎構造改革と社会福祉協議会の課題」『社会福祉研究

第 73 号』鉄道弘済会，1998 年 10 月，78-84 頁。
5) 「地方分権推進法」（平成 7 年法律第 96 号）。「地方分権の推進をはかるための関係法律の整備等に関する法律」（平成 11 年法律第 87 号）。
6) 西尾勝「福祉社会のボランタリズム」『季刊社会保障研究 Vol. 17, No. 1』社会保障研究所，72 頁。
7) 赤坂憲雄『異人論序説』筑摩書房，1999 年，19 頁。
8) 牧里毎治「自治型地域福祉を語る―住民の主体形成と地域福祉計画―」『月刊福祉 JUNE '94』全国社会福祉協議会，1994 年，79 頁。
9) 井岡勉「社会福祉協議会の理念と現実」住谷磬・右田紀久恵編『現代の地域福祉』法律文化社，1982 年，54 頁。

第 8 章

地域福祉の関連領域
――医療・保健・教育を中心にして――

　多くの社会福祉関連領域の中で，医療・保健・教育を特に採り上げ，連携の営みを探っていく。前二者は，地域保健・地域医療という領域の存在でもわかるように，これまでも地域へ多大な関心を払い地域の福祉分野とも連携努力を企図してきた。その連携パターンを一層発展させ，計画化等を伴い充実を図る道を探ろうとする。
　加えて，教育，特に福祉教育と地域福祉も相互に連動し合い，一体化する所も少なくない。地域住民を地域福祉の主要な担い手として育成するための諸活動は，福祉教育なくして語れない。このような視点から生涯学習の視点をも交え，福祉教育の意味，背景，展開が問われている。

1　医療・保健と地域ケア・システム

(1)　福祉・医療・保健の連携への動き

　われわれが住んでいる地域社会で，自立した生活が送れるよう新しい福祉サービスのシステムづくりが展開している。このシステムづくりの契機となったのは，1989年の福祉関係三審議会合同企画分科会による「今後の社会福祉のあり方について」の提言によるものといわれている。この趣旨は，21世紀の本格的な高齢化社会の到来に対応し，住民に最も身近な市町村で在宅福祉サービスと施設福祉サービスが一元的に提供されるような体制づくりを進めることにあった。この提言によると，次のような基本的な考え方に沿って，新たな社会福祉の展開を図ることが重要であるとされている。

　すなわち，a．市町村の役割の重視，b．在宅福祉の充実，c．民間福祉サービスの健全育成，d．福祉と保健・医療の連携強化・総合化，e．福祉の担い手の養成，f．サービスの総合化・効率化を促進するための福祉情報体制の整備，がそれである。このうち，dでは福祉との保健・医療と連携すべきことがうたわれ，またfにおいても情報体制の整備を通しての福祉・保健・医療のサービスの統合化の必要性がうたわれているのである[注1]。

　このようにわれわれの身近な「地域」での福祉と医療・保健との連携，ないしはその統合化が緊急な課題として取り組まれなければならないのである。以下では，本章の題目である「地域福祉との関連領域」のもとに，地域福祉との関連ある領域として，医療，保健，そして福祉教育を取り上げ，地域福祉とどのように関連するのかを明らかにしていきたい。

(2)　「連携」の意味内容

　地域福祉を進める上で重要なのは，福祉と医療や保健などの他の分野との連携である。こうした連携がうたわれる背景には，高齢者に対する福祉サー

ビスの内容がパーソナルサービスとしての共通性や重複性,もしくは相互補完性を持っていることが指摘できる。連携の背景や必要性については次節で触れることにするが,関連する分野としては,医療や保健の分野以外にも,社会保険,住宅,労働,教育,交通,都市計画,そして地域政策等の多様な分野が挙げられている[注2]。

　ここでは連携や統合化を考える上で重要なこれらの語句の意味内容と,関連分野の内容についても整理しておきたい。というのも,連携の相手が医療,保健,福祉等によってその内容が大きく異なったり,また供給主体も非常に多様であり,連携の意味内容をしっかり押さえていないと,実態を伴わないかけ声で終わってしまう可能性があるからである。

　保健・医療・福祉の連携や統合の意味するところを,前田信雄[注3]と他のもの[注4]を参考にしながらまとめたものが表8-1である。これによると,「連絡」においては医療,保健,福祉の各サービス提供主体では,対象者はそれぞれ別個に把握され,目標も別個に策定される。つまり,「連絡」は各サービス主体間では通常の業務活動の中心とはなりえず,あくまでも情報交換に見られるように補足的なものとしての位置づけである。それに対して「連携」は組織自体は別組織であるが,対象者が重複していたり,サービス目標も共有するので,サービスを受け取る側にしてみれば同じようなサービスがいくつも提供されるといった危険性が見られ,サービスの効率性や有効性に問題

表8-1　「連絡」「連携」「統合」の内容

	連絡	連携	統合
組織	別組織	別組織	同一組織
対象者	別個に把握	重複,相互リファー	(同一)
情報の流れ	単発的・一方的	相互的	総合的・継続的
方法	電話・文書	話し合い・共同作業	話し合い・記録統一
サービス目標	別個に策定	調整・共有	調整・共有
サービス提供	別個に提供	自主的チームで提供	業務チームが提供
組織の責任	個別サービス目標についてのみ	全体目標について一定の責任(努力目標)	全体目標について業務上の責任

が生じてくる。そこで,各サービス提供者間でサービスの有効性や共通化を図ったりして,提供者間での協力活動が必要となってくる。ここに各サービス提供者間での連携の必要性が不可欠なものとなってくるのである。他方,「統合」は各サービス提供者を共通目標のもとに再編成しなおすもので,組織も同一なものとなる。

次に,「保健・医療・福祉の連携」の連携内容がそれぞれ何を指しているのかを検討してみる。一般に,「医療」は医学の知識や技術の専門職による疾病の治療,「保健」は健康の保持や増進の営みといった予防,そして「福祉」は生活の確保をそれぞれ担うものとされているが,一口に「保健」といってもその内容は大きく異なるのである。例えば,「保健」の場合,園田恭一によれば,それが病気の症状や異常の予防とか早期発見や早期治療,あるいは専門職主導での健康管理と理解される場合や,生命力や生活能力,あるいは自立や自律度などを維持し,回復し,高めていくということに力点が置かれる場合があるという[注5]。また,同様に「福祉」の場合も,社会保障の水準の引き上げを目指すものや,家事援助サービスの拡大を図るものと,当事者の主体性や自立性の回復を目指すものとでは,同じ「福祉」でもその内容は異なるのである。

われわれの日常生活の場である地域社会に地域ケア・システムを構築し,展開していく上で,次節で見るように医療や保健との連携や統合化は不可欠である。ただその際,これまで見てきたように連携や統合化の意味内容を明確化したり,「医療」「保健」の各領域で何を連携させるのかを検討することは重要である。

2 地域医療と地域福祉の連携

(1) 医療・保健活動の地域への関心

保健や福祉の分野でも,「地域保健」「地域医療」の言葉に見られるように,

地域に対して関心を示すようになってきた。この背景には，一つには保健や医療の社会活動の対象である健康や疾病の内容が大きく変化してきたことが挙げられる。例えば，疾病構造が急速に進行する伝染性の疾病よりも，長期にわたる慢性の疾患へと変わってきたこと。その結果，治療の必要のない患者が長期にわたって病院に入院し，社会復帰が困難になってくることが挙げられる。また，在宅や地域での医療を必要とする心身機能が低下した高齢者が増えてきたことがある。平均寿命の伸長や高齢化によって直接治療を必要としないが有病率の高い高齢者の存在がある。他方，医療や保健サービスを提供している機関においても，それは医療機関などの大都市への偏在やその地域的な格差等の問題によって地域への関わりを増してきている。

いずれにせよ，保健，医療の分野からの地域への関心は増してきていると同時に，その関わりをうながしているのである。特に，在宅の介護高齢者の問題を見ても，虚弱高齢者の介護問題，精神的な不安や悩みの問題，老後の生きがいの問題，さらには経済的な問題など多様なものとなっている。それだけに，これまでのような福祉は福祉，医療は医療，そして保健は保健といった縦割り的な対応では十分ではないのである。また，サービス供給側から見ても各々のサービスを個々バラバラに実施すると，利用者にも混乱や誤解を招き，また能率の面から見てもサービスが重複したりして非能率的になりやすい。つまり提供する側からも何らかの調整が必要となってくるのである。ここに，サービスの提供側と供給側とに関わるサービスの連携や統合が強く求められる理由がある。

(2) 連携への可能性

しかしながら，保健・医療・福祉の連携や統合といってもそれは非常に困難を伴う。実際，わが国の医療制度やその財源と，福祉制度とその財源を一本化することはほとんど不可能に近いといわれている。ただ，岡本祐三の「医療と福祉の『統合』は困難だが，現場での『連携』は実現可能である」の指摘に見るように，連携はやり方次第では可能である[注6]。岡本によれば，例えば寝たきり高齢者は高齢の障害者で，われわれの関心も寝たきりに伴う障害

の方に向けがちであるが，高齢の障害者が持つ残存能力に目を向ける必要があることを指摘している[注7]。この残存能力を開発していくためには，医師や看護婦による医療やリハビリテーションに加えて，補助器具，住宅改造，ホームヘルパーといった多種多様な福祉サービスを，対象者のニーズに合わせて効率よく提供することが大切である。そのためには，関係者が対象者の抱えている問題すべてを共有することが大事なのである。

　保健・医療・福祉の連携への動きは，1980年代に入ってから本格的に活発化してきた。1986年には老人保健法が改正され，老人福祉法との連携が見られた。また，翌年には「高齢者サービス総合調整推進会議」や「高齢者総合相談センター」を都道府県レベルに，市町村レベルには「高齢者サービス調整チーム」が設置され，また保健の領域でも「保健・福祉サービス調整推進会議」が保健所に設置づけられた。こうした動きは，具体的には，「訪問看護等在宅ケア総合推進モデル事業」として，全国11か所で実施された。

　ところで，図8-1は厚生省が示した訪問看護制度の概要である。公的介護保険制度の導入によって，前述までの医療・保健・福祉の連携のための基盤づくりが大きく変容し，介護サービスの支援事業と提供事業のもとで連携が模索されるという新たな状況が生じている。訪問看護等のサービスも一つの供給主体として，医療や福祉のサービスと同様に，ケアマネジメントの視点から，具体的には利用者のケアプラン（居宅サービス計画）の俎上において，連携が図られていくことになった。介護サービスを必要とする利用者のニーズが連携を拡充・強化していくことになるといえよう。

(3) 連携のパターンについて

　さて，ここで連携の在り方について考えてみたい。連携のパターンについてであるが，これには3つのパターンがあるといわれている[注8]。それは，①サービス供給システムの変更，②新たな社会資源の創出，そして③既存の社会資源のネットワーク化，の3パターンである。①は供給組織の組織機構を変えたりして総合窓口を設け，サービスの相談窓口を一本化し，医療，福祉の各領域の関連部局の統合化を図るものである。これは連携というよりも，

第8章 地域福祉の関連領域

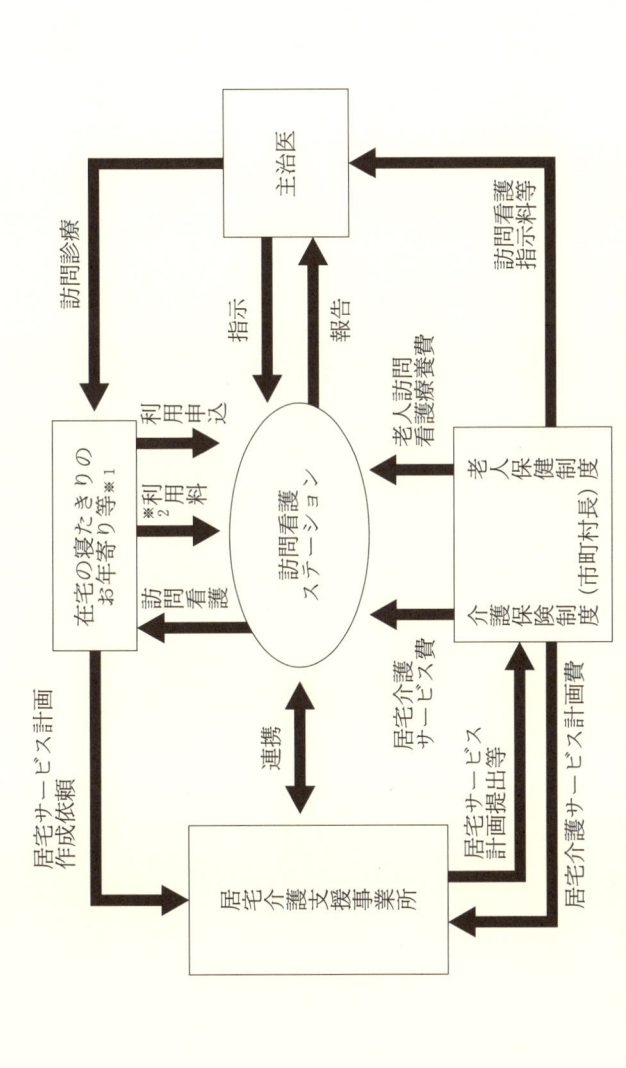

図8-1 訪問看護制度の概要

(出典)『平成12年度版厚生白書』より

(注) ※1. 在宅の寝たきりのお年寄り等で要介護被保険者等は介護保険給付の訪問看護。
ただし、ガン末期、神経難病等厚生大臣等が定める疾病等及び急性増悪期（14日を限度）の患者は医療保険給付。
※2. 介護保険に基づく訪問看護の利用料は1割、医療保険では老人医療受給対象者については250円/日＋交通費。

各領域を統合させるものである。②のタイプは既存の医療施設や保健施設とは別に，保健，医療，福祉のサービスを総合して提供する機関を新たに創出するものである。③のタイプは，連携のオーソドックスなタイプで既存の社会資源を組み合わせて提供することによって，地域住民のニーズに合致するサービスを提供しようとするタイプである。

　以上の連携のパターンは，それぞれの地域の事情によって大きく左右されるであろう。どのようなパターンをとるかは，地域における社会福祉資源の質や量，マンパワーの質と量，さらには地域住民の福祉への関心度などによって決定づけられるであろう。

3　地域保健と地域福祉の接点

(1)　制度から見た地域保健

　保健の領域から地域福祉との関連を見ると，関連すべき対象として取り上げられるのは，前節で見た「訪問看護」や「訪問指導」である。実際，「保健・医療・福祉の連携」といった場合，これら在宅での看護活動や保健活動との連携を探る記述が多く目につく。制度的にはこれらは老人保健法に基づく事業である。しかし，老人保健法以外にも，地域保健といった地域と関連のある保健活動がある。

　地域保健は市町村の保健センターを拠点とした住民に対する保健サービス活動といえるが，制度的には地域保健法という法律に基づく諸活動である。地域保健法は1947年に制定されてから幾度かの改正を経て今日に至っている。その基本理念では「地域住民の健康の保持及び増進を目的として国及び地方公共団体が講ずる施策は，わが国における急速な高齢化の進展，保健医療を取り巻く環境の変化等に即応し，地域における公衆衛生の向上及び増進を図るとともに，地域住民の多様化し，かつ，高度化する保健，衛生，生活環境等に関する需要に的確に対応することができるように，地域の特性及び

社会福祉等の関連施策との有機的な連携に配慮しつつ，総合的に推進されること」と基本的性格を明らかにしている。1994年に改正され，保健所の地域での役割の重要性が増したり，また保健婦の役割にケア・コーディネーションが加わってより地域との関係が密接になってきている。

地域保健と地域福祉との接点を求めるならば，いうまでもなく地域ないしは在宅に地域保健活動と地域福祉活動の接点が見出せる。しかし，これは活動という表面的な接点であって本質的なものは次の点である。

(2) 求められる住民参加

地域保健は，藤岡千秋によれば，「住民と地域の専門家が，地域の保健問題の解決と保健水準の向上のために一体となって努力し，必要な社会活動を展開していく過程」として位置づけられ，その活動は英国のcommunity care，米国のcommunity medicineなどに見られる保健サービスの地域組織化を志向するもので，日常生活的で身近なcommunity baseの諸サービスの拡充強化と保健計画への住民参加にその力点が置かれているという[注9]。この藤岡の考え方によると，ａ．地域の特性の重視，ｂ．地域の組織化活動，そしてｃ．住民と専門家が共同していくところに地域保健の特色が求められる。

こうして見ると，地域保健も地域福祉も内容は保健と福祉とで異なるが，その基本的な考え方や進め方は同じレベルにあるといえよう。つまり地域保健も地域福祉もその活動の主体は地域住民であり，その住民参加が重要な役割を担っているのである。ただし，主体である住民の参加をどのように求めるかは重要な課題である。1970年代から1980年代にかけて，住民運動や住民参加が非常にブームになった。そこでは，住民運動や住民参加の意義や重要性が指摘され，各地でそれらのプラス面がかなり報告された。しかし，他方では都市化社会での住民の無関心や住民エゴ等，住民運動や住民参加の困難さも指摘されたのである。

この主体としての住民の参加をどのようにして求めるかの問題は，地域福祉の根幹をなす重要な問題である。これをどのように図るかがわれわれに課せられた課題である。

(3) 保健・医療・福祉の連携を目指して

　ここでこれまで見てきた地域福祉の関連領域との連携を深めるための課題を整理しておきたい。一般的に指摘されることは，ａ．行政の縦割りによるセクト主義を改めること，ｂ．常時連絡調整する機関として調整会議等の設置と継続的な運営を行うこと，ｃ．関連領域の関係者との共同学習や共同研究のできる場を持つこと，そしてｄ．地域福祉計画等の共同の計画を持つことである[注10]。これ以外に，これまであまり触れられていない事柄について指摘しておく。それは連携の対象についてである。これまで見てきた保健・医療・福祉の連携において論じられていたのは，訪問看護や訪問指導，保健婦や医師，看護婦といった連携すべき内容や，連携を担う人たちであった。これらはどちらかというとフォーマルな領域に属する活動内容であり人々であった。しかし，地域福祉をどう捉えるかによって異なるが，地域福祉の担い手はこうしたフォーマルな領域以外にも，ボランタリーな領域や民間の営利企業，そして一番重要な近隣の人々や家族といったインフォーマルな領域の人々もいるのである。問題は，こうしたボランティア，営利企業，そしてインフォーマルな領域とフォーマルな領域をどのようにして連携させていくのかである。

　人は生まれてから死ぬまでさまざまなサポートを受けて，生きているのである。たとえ寝たきりの状態にあったとしても公的なサポートのみならず，基本的には一番多くのサポートを提供している家族等のインフォーマルなサポートによって支えられているのである。図8-2はコンボイ（護送船団）モデルで，これは人は自らのソーシャルネットワークに守られながら人生の荒波を乗り切っていくという考えで提案されたものである。このネットワークからさまざまなサポートを受けているのである。

第8章 地域福祉の関連領域

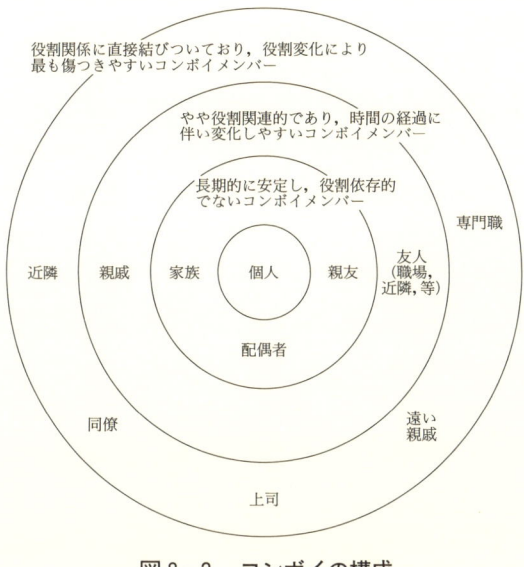

図8-2 コンボイの構成

(外側から)
役割関係に直接結びついており、役割変化により最も傷つきやすいコンボイメンバー
やや役割関連的であり、時間の経過に伴い変化しやすいコンボイメンバー
長期的に安定し、役割依存的でないコンボイメンバー

近隣　親戚　家族　個人　親友　友人(職場、近隣、等)　専門職
配偶者
同僚　　　　　　　　　　　　　遠い親戚
　　　　　　　上司

4　福祉教育を地域福祉に活かす視点

　地域福祉の概論書を見ると地域福祉の関連領域として、保健、医療と並んで福祉教育が挙げられていて、福祉教育が地域福祉と密接な関係にあることがわかる。ここでは福祉教育が地域福祉とどのように関連づけられるのかを、福祉教育を地域福祉に活かすという視点から考えてみたい。

(1)　福祉教育とは

　福祉教育というと、それは福祉サービスに携わる行政職員に対する福祉に関する教育活動や、大学などの専門機関による社会福祉関係従事者養成のための教育活動などをイメージしがちであるが、地域福祉とも非常に密接な関

係があることがわかる。それは1971年の全国社会福祉協議会の中間答申において,「憲法にもとづく社会的基本権としての生活上の福祉の確保をさまたげる諸問題を解決し,かつ住民の生活における福祉を増進するために,地域社会における住民が,それをみずからの,および住民共通の課題として認識し,そのうえにたって福祉増進の住民活動を自主的に,継続的に展開するのを側面的に助けることを目的として行われる教育活動である」と定義づけられていることからもうかがえる[注11]。

さて,この定義によれば,福祉教育は,①われわれの生活上の福祉的側面を妨げる諸問題を解決すること,②生活上の福祉的ニーズを満たすこと,さらには③生活上の諸問題を解決したり,福祉的ニーズを満たすために,こうした問題を自分たちの問題として認識すると同時に共有することが重要であることがわかる。また,問題解決のためには住民が自ら自主的かつ継続的な活動によって展開されるべきで,福祉教育はこうした活動を側面から支援する活動であるとしている。

このように福祉教育は,地域福祉との関連でいえば地域福祉の中核をなすというよりも脇役的な位置を占めているといえるが,実際は非常に重要な位置を占めるものと思われる。というのは,今日のように都市化の進んだ地域社会にあっては,従来の近隣社会が持っていた自然発生的な互助に基づく援助活動は期待できないので,地域住民をそうした活動へ導く啓蒙的な教育活動が必要となるからである。

地域福祉に関しては明確な定義はまだ見られないが,金子勇は「地域社会における『生活の質』向上に関連する社会的資源・サービスの提供もしくは交換」と定義している[注12]。「生活の質」という非常に幅の広い概念を含んでいて,やや曖昧な定義づけになるが,要は地域住民が自分の住んでいる地域社会の生活の質の向上のために自分の持っている時間や労力,さらには財力を使用することを意味している。もちろん,生活の質の向上を図るのは,このような地域住民のみならず,国や自治体などの福祉サービス活動や営利を目的にした民間企業による福祉サービス活動もある。しかし,こうした行政サービスや民間企業による福祉サービスの提供は,どちらかというと専門家

による福祉サービス活動であるのに対して，地域住民による福祉サービス活動の多くは非専門家，つまり素人によるものである。

こうした非専門家による福祉サービス活動において福祉教育は次の三つの教育活動を持っているという[注13]。一つは，地域福祉実践主体を形成するための教育活動で，地域住民を地域福祉の主要な担い手として形成するために，地域住民の社会福祉への理解と参加を進める教育活動である。二つには，社会福祉における地方自治主体の形成で，地域住民が地方自治行政や地域福祉計画の策定などに関われるだけの力量をつけるために社会福祉への理解と参加を進める教育活動である。そして，三つは，社会福祉サービス利用主体の形成で，これは福祉サービスを利用する側の福祉サービスへの理解や意識を高めるための教育活動である。このようにしてみると，地域住民をいかにして地域福祉の主体として形成できるのかが，福祉教育の大きな課題となってくる。

(2) 福祉教育登場の背景

ここでは福祉教育の概念や定義，さらにはその理念といったことには触れない。あくまでも地域福祉との関連を理解する上で必要と思われる事項について，すなわち福祉教育が何故必要となってきたのか，その社会的な背景について触れておく。

わが国での福祉教育の必要性が叫ばれるようになってきたのは，戦後（昭和20年代）の赤い羽根募金への関心やその理解を深める活動などにも見られるものの，基本的には1970年代以降のことである。そのいくつかを探ってみると，第一に，高齢化社会の進展との関連である。1970年にわが国は高齢化社会の仲間入りを果たしたわけであるが，その高齢化社会の担い手をどのようにして形成していくのかが問題になってくる。都市化や産業化，特に核家族化の進行は，これまでの高齢者とのつきあい方や扶養の仕方を根本的に変えるものであった。高齢者をだれが支えていくのかが問われるようになったのである。

第二に，1981年の「国際障害者年」のイベントを契機としたノーマライゼ

ーション思想の普及，発展の動きがある。障害者も健常者も共に生きる社会をつくろうとするノーマライゼーション思想は1981年の国際障害者年を契機としてより一層具現化の方向を示すようになってきた。そうした思想の普及と理解，また障害者への正しい理解を高めるために福祉教育の必要性が生まれてきた。

また，第三には，福祉コミュニティ形成における福祉教育推進の必要性がある。戦後の都市化，産業化，そして近代化の社会変動はわれわれの地域社会に大きな影響を与え，その結果これまでの近隣関係はずたずたに断ち切られ，個々の住民は孤立した存在となってしまった。こうした状況において1969年，国民生活審議会から「コミュニティ──人間性の回復──」が発表され，住民の自主的・主体的な活動によるコミュニティ形成が提唱された。その結果，各地ではコミュニティづくり運動が起こり，コミュニティの復権や回復が目標にされた。この過程の中で福祉教育の必要性が認識され始めていった。

これまで地域福祉との関連領域として，保健，医療，そして福祉教育の3分野を取り上げ連携の在り方やその問題点，また地域福祉における福祉教育の役割などを見てきた。地域福祉においては保健・医療・福祉の連携がいかに重要であるかということ，そして今後はその役割が増していくことが理解できたと思われる。他方，福祉教育は地域福祉との関連では，保健や医療の分野に比べて脇役的な存在である。しかし，これまで見たようにその役割は重要なものであることがわかる。福祉教育は地域福祉の主体形成がその主な対象となっているのである。地域住民が福祉を自分たちの問題として認識，共有し，そして活動していくという自己啓発の過程が福祉教育そのものであるといえる。

5　生涯学習の課題と地域福祉

本章の最後として，地域福祉の関連領域の一つとして生涯学習を取り上げ，

第8章　地域福祉の関連領域

それが地域福祉においてどのような意義を持つのかを検討することにする。なお，生涯学習は地域福祉の領域では，主として1）在宅福祉サービスの構成要件として取り上げられる場合と，2）地域福祉の担い手としてボランティア活動などの地域福祉活動との関連で取り上げられる場合がある[注14]。ここでは後者の視点から生涯学習についてアプローチする。

(1) 生涯学習の本質とは

今日いわれている生涯学習の考え方は，1965年，ユネスコの「成人教育推進国際委員会」において，ラングラン（Lengran, P.）によって提唱されたものといわれている。以来，この考え方は，世界各国に広く受け入れられていった。わが国においても，1981年に中央教育審議会答申「生涯教育について」において，「今日，変化の激しい社会にあって，人々は，自己の充実・啓発や生活の向上のため，適切かつ豊かな学習の機会を求めている。これらの学習は，各自が自発的意思に基づいて行うことを基本とするものであり，必要に応じ，自己に適した手段・方法は，これを自ら選んで，生涯を通じて行うものである。この意味では，これを生涯学習と呼ぶのがふさわしい」と定義づけられている。筆者なりに生涯学習を要約すると，長い人生の中で，小学校や中学校での学習のように，比較的若い時期の学習だけが学習ではなく，生涯を通じて自発的に学習したい時に学習するものといえよう。

ところで，生涯学習に関しては，これまで生涯教育といわないで生涯学習といってきたのには，それなりの理由がある。巡静一によれば，教育というとややもすれば課せられた受け身の学びということになりやすく，生涯学習はあくまでも，人々は教育される客体ということではなく，自発的な学び，学びの主体者，自立した学び，人間性の自己確立というところに生涯学習の本質があるという[注15]。

また，もう一つ生涯学習の在り方について触れておくと，生涯学習の目的が，教養活動の一環であれ，生きがい学習の一つであれ，また仲間づくり活動の一環であるにしても，そこで得た知識を自分の殻に閉じ込めておくのではなく，それを積極的に社会に生かしていくことが重要である。そしてこの

社会に生かしていくということは，社会参加をも促進し，ひいては社会における自分の存在感を強め，新しい役割を社会の中に創出することにほかならないのである。

(2) 生涯学習と地域福祉活動

　このように生涯学習を自ら学んだものを社会に生かすという視点で考えると，その生かす場として地域福祉活動を取り上げてみたい。

　地域福祉活動は，地域福祉に関わるすべての活動ということになるが，それは公的な機関によって提供される福祉サービスや，地域に住んでいる住民による福祉活動まで幅広く捉えられるが，ここでは，後者の住民による福祉活動をさす。

　地域福祉活動の具体例としては，①調査活動，ケース検討会，学習研修活動などの基本的活動型，②安否確認活動，ニーズ・キャッチなどの住民の組織的活動型，③介護家族活動などの当事者組織を軸にした型，④会食サービス，地区ボランティアセンター活動などの在宅福祉サービス実践型，⑤敬老会，福祉まつりなどの行事型，そして⑥施設設置運動，各種施策提言などのソーシャル・アクション型，の6つのタイプがあるという[注16]。こうした福祉活動のいずれもが，ごく普通の住民が関わっていけるものとされているが，一般的にはボランティアとしての福祉活動であろう。

　生涯学習と地域福祉活動との関連は，一つには，学習したものを生かし，実践する場として地域福祉活動があり，またその活動の中で得たものを学習の場に持ち帰り，再学習し地域福祉活動に生かすという構図が考えられる。いわゆるリカレント方式の学習活動ともいえる。二つには，地域福祉活動に関わる目的がいかなるものであれ，活動に関わること自体が自己啓発や自己実現といった生涯学習活動の文脈につながるということである。確かに地域福祉活動は生涯学習の成果を生かす場としては最適だと思われるが，地域福祉活動における住民による活動の一過性の問題や，その逆の場合の生涯学習における住民による学習活動の一過性の問題も生起するであろう。紙幅の都合もあるのでこれ以上触れられないが，最後に「生涯学習とボランティア活

第 8 章　地域福祉の関連領域

動」が昨今注目を集めているが，地域福祉においても生涯学習をどう生かしていくかということを今後の大きな課題として指摘しておきたい。

（大橋純一）

注

1) 中央社会福祉審議会企画分科会・身体障害者福祉審議会企画分科会・中央児童福祉審議会企画部会小委員会『今後の社会福祉のあり方について（意見具申）』1989 年 3 月 30 日。提言では「総合化」という言葉が使われていたが，本章では単に福祉・医療・保健の統一体としていくというよりも，もう一歩機能を高めるという意味も含めて「統合化」という言葉を使用している。
2) 日本地域福祉学会編『地域福祉事典』中央法規出版，1997 年，345-371 頁。
3) 前田信雄『保健・医療・福祉の統合』勁草書房，1990 年，13-14 頁。
4) 前沢政次「地域における保健・医療・福祉」大森彌編『高齢者サービスの地域ネットワークに向けて』中央法規出版，1994 年，74 頁。手島陸久「保健・医療・福祉の連携の課題と方法」『保健と医療と福祉の連携をめざして』東京都社会福祉協議会，1995 年，117 頁。
5) 園田恭一「保健・医療・福祉の連携の再検討」『保健と医療と福祉の連携をめざして』東京都社会福祉協議会，1995 年，99 頁。
6) 岡本祐三『利用と福祉の新時代』日本評論社，1999 年，101 頁。
7) 岡本祐三，前掲書，101-102 頁。
8) 小澤温「保健・医療・福祉の連携パターンと連携の取り組みに関する考察」『保健と医療と福祉の連携をめざして』東京都社会福祉協議会，1995 年，102 頁。
9) 藤岡千秋「地域保健の特徴と住民参加」宮坂忠夫編『地域保健と住民参加』第一出版，1983 年，46 頁。
10) 渡部剛士「地域福祉の推進方法と展開過程」花村春樹他監修，足利量子・渡部剛士編『医療福祉・地域福祉』中央法規出版，1990 年，163-164 頁。
11) 中嶋充洋「福祉教育の意味と目的」福武直・一番ヶ瀬康子編『都市と農村の福祉』中央法規出版，1988 年，230 頁。
12) 金子勇『高齢社会・何がどう変わるか』講談社，1995 年，89 頁。
13) 大橋謙策『地域福祉論』放送大学教育振興会，1995 年，77-79 頁。
14) 大橋謙策，前掲書，1995 年，41 頁と 84 頁。社会福祉の領域では，生涯学習

は高齢者の生きがいと関連付けられて取り上げられている場合が多い。
15) 巡静一『生涯学習とボランティア活動』明治図書，1996年，11頁。
16) 沢田清方『住民と地域福祉活動』ミネルヴァ書房，1998年，136-137頁。

参考文献
(1) 園田恭一『地域福祉とコミュニティ』有信堂高文社，1999年。
(2) 山手茂『福祉社会形成とネットワーキング』亜紀書房，1996年。
(3) 藤崎宏子『高齢者・家族・社会的ネットワーク』培風館，1998年。
(4) 右田紀久恵編『自治型地域福祉の展開』法律文化社，1993年。
(5) 大橋謙策『地域福祉の展開と福祉教育』全国社会福祉協議会，1986年。

第 9 章

生活環境と地域福祉の視点

　地域社会の生活問題というのは，その要望の一つ一つを見つめると極めて当たり前のものであることに気付く。しかし地域環境がそれを受けとめる仕組みになっていない。施設環境，地域の物理的環境などの問題は層を成している。こうした中で地域福祉の生活空間づくりとしての意味が浮かび上がってくる。さらにその理念としてのノーマライゼーション，方法としてのバリアフリーやユニバーサルデザインが問われる。
　続いて生活文化との関係で地域環境が吟味され，暮らしの安心を保持し，かけがえのないものを大切にできる状況とそのための意識づくりが課題視される。意識づくりはまちづくりへ，その中における住民の支援や連帯の議論へ，さまざまの課題の認識とそれへの挑戦の試みへと展望を広げていく。

1　地域環境から見る福祉問題

(1)　"当たり前"の要望

「普通の学校に行きたい」「近所の友だちが通う学校に行きたい」「親元を離れてまで小学校（養護学校）に行きたくない」「親元に帰りたい」「一般の高校や大学に行きたい」「一般の企業に就職したい」「親元を離れて一人暮らしがしてみたい」「自由に外出したい」「電車やバスにも乗ってみたい」「お金の数え方を知りたい」「野菜の値段を知りたい」「恋愛や結婚をしてみたい」「家族と一緒に暮らしたい」「思い出の詰まった服や写真や家具や形見の品々を手元に置いておきたい」「住み慣れた地域や風景や住居や部屋に居続けたい」「畳の上で死にたい」……これらの声は，しばしば障害者や高齢者たちの間で，今日でもささやかれる暮らしのニーズである。

　その要求のいずれもが何ら特別でも贅沢でもないことは，私たち自身の日常の暮らしぶりを振り返ればすぐにも納得がいく。すなわち，ここに紹介したニーズは，就学，就労，結婚，住む場所，行動一般に関わる共生空間を求める要望と，そのための選択肢や選択権を求める，ごく"当たり前"の要望にほかならない。多くの人々にとってはあまりにも"当たり前"すぎることによって，かえって意識されることがないようなものばかりである。

　ところが，そうした人々でさえ，ひとたび老いや障害という特定の支援を要する状態に遭遇すると，途端に上記のニーズが現実味を帯びてくる。それも"かなわぬ希望"という一種の切実さを伴いながら。つまり上記のニーズ（要望）をニーズとして成り立たせる環境へと追い込まれていく——日常的な暮らしの場から疎外されていく——ことになるのである。これは，私たちの住む地域の生活環境が，もともと老いや障害を担う人たちを自然なかたちで受けとめる仕組みにはなっていなかったことが大きな理由でもある。このことはさらに次のような課題を生じさせることにもなっていく。

(2) 環境上の福祉課題

　第一に，家庭や地域でそのまま受けとめることが困難な老いや障害を担う人々にとって，施設への入所が大きな支えとなることは論をまたない。ところが一方では，施設への入所を果たすことによって，本来，地域の住民たる高齢者や障害者が慣れ親しんだ家庭や地域から切り離されていき，やがては住民の側からも身近な存在ではなくなっていくという新たな課題が生じてくる。この場合，その当事者と地域住民（または家族）との間には，人格的な経験の共有空間が少なからず制限されてしまうため，住民の側からすれば，当事者たちとの関係の距離は，いわば匿名化された抽象的な〈人〉との関係性へと遠ざかっていきがちになる。

　このことで，同種の生活課題を担う人々を取り巻く周囲のまなざしは，一般的な通念に大きく影響を受けざるを得なくなる。仮に施設入所者（または福祉サービス利用者）という規定が，切実で深刻な当事者達のありようを静的に異化し続けるものであるとするならば，周囲のまなざしもまたそのような基準枠から自由になることは困難となってくる。つまり，高齢者や障害者へのさりげない支援関係が生じるどころか，偏見や差別に至るまなざしのみが容易に再生産されていく仕組みとして残ることになる。

　第二に，地域の物理的な環境がある。当事者たちの存在とその暮らしぶりの見えない家庭や地域からは，当事者への自然なまなざしづくりや支援体制はおろか，当事者たちの要望を受けとめる建築物や交通アクセス等の整備の必要性も，またそのノウハウも見出しにくくなる。このことは，当事者のみならず，すべての地域住民にとっても住環境上マイナスといわざるを得ない。

　第三に，上記2点の理由によって，地域の生活環境は，住民が意図する，しないにかかわらず，一層，高齢者や障害者を排除する仕組みへと強化されていくことになる。

(3) 環境改善に向けて

　上記した悪循環にも似た問題の原因のほとんどが物理的・心理的な地域環

境の側にあることはすでに明白になっており，その循環系を断ち切るための動きが近年，ようやく各地で散見されるようになってきた。こうした動向を促す基礎となった考え方が，ほかならぬノーマライゼーション（normalization）の理念である。そこでは，障害者や高齢者を含むすべての住民が文字通り"当たり前"な要望を"当たり前"に満たしていくことのできる"当たり前"な地域づくりが標榜されている。またそうした理念を具体化するための方法論ともいえるバリアフリー（barrier free）やユニバーサルデザイン（universal design）も今日では，広く用いられるようになってきている。

　だが，こうした"当たり前"な環境づくりのための理念や方法も，住民の意識形成や合意がなければスムーズには形や動きにつながっていかない。このため，地域に住む多くの住民にとって，先に紹介したような当事者達の抱えるごく"当たり前"な要望が，現状ではどれだけの切実さを伴う状況下にあるのか，つまり現在の地域環境が，老いや障害を担う人々にとってどれだけ"当たり前"になっているのか，いないのか，といった現状認識のありようが問われていることになる。

2　生活空間づくりと地域福祉

(1)　理念としてのノーマライゼーション

　地域住民の一般的な生活環境が福祉の課題として取り上げられるようになったのは，比較的最近のことである。その背景には，高齢化の進展によって福祉ニーズが普遍化，日常化したことにあわせて，近年の障害者を巡る国際的な動向が大きく作用している。すなわち，前節でも触れたように高齢者や障害者が住み慣れた地域でいつまでも人間らしく暮らしたいという要望は，それ自体，何ら特別なことでも贅沢なことでもなく，むしろ人としてはごく"当たり前"の事柄であること。さらには，こうした要望を満たす環境を整えた地域は，そこに住むすべての住民に一定の安心感を与えることになる，

第9章　生活環境と地域福祉の視点

という認識の広がりによる。こうした考え方は，ノーマライゼーションの理念によって一層明確な方向づけが与えられてきている。したがってノーマライゼーションは，住民の豊かな生活環境づくりを目指す地域福祉にとっては，その実現のための基本理念でもあるといってよい。

　1950年代のデンマークを発祥の地とするノーマライゼーションの理念がわが国に紹介されたのは，1970年代以降のことである。その後，国際的には，障害者の「完全参加と平等」をうたった1981年の国際障害者年や同行動計画，さらには「国連・障害者の十年」(1983～1992年) やADA（障害のあるアメリカ人法）等の影響とあいまって，ノーマライゼーションという用語とその理念は，国内においても広範に用いられるようになってきた。

　一方，ノーマライゼーションが，地域の障害者や高齢者を含むすべての住民の平等な生活圏（権）を保障するための環境整備に力点を置く内容であることはよく知られているが，その際に整備を要する項目を浮き彫りにする基準線については，いまひとつ詳細には伝えられていなかった。つまり，何が「ノーマル」("当たり前") で，何が「ノーマル」でないのか，具体的に何を，どの程度，どう「ノーマル」に改善すべきか，という点についてである。

　米国のADAが差別禁止法という画期的な性格と効力を持ちながら成立し得たのは，とりもなおさずこの法律が障害者に対する差別性の認識を前提に成り立っていることによる。例えば，出入り口に段差のある公共施設が，その改善を怠り何もしなかった場合，そのこと自体が差別的"行為"とみなされる。そこには，障害をもつ当事者だからこそ感じ取ることのできる生活課題が，改善を要すべき差別の事態として明記されることで，対応の必要性とその基準を一層浮き彫りにしている点を見逃すことはできない。

　こうした成果に至る経緯として，現に障害をもつ当事者たちの訴えと，その声に賛同しつつ連帯していった市民の動きがあったことも押さえておく必要がある。こうした展開は，今や国を越え，福祉課題としての環境整備を図る際に共通に求められる基本的なプロセスともいわれている。

　したがって，わが国で，ノーマライゼーションの理念が実体的な効力を発揮するためには，当事者側からの訴えや要望を受けとめつつ改善項目が明確

化されていくような方法論の登場が必要とされていた．

(2) 方法としてのバリアフリー

バリアフリーとは，障害者や高齢者が地域で"当たり前"に暮らしていく際に，支障となってくるさまざまな障壁（バリア）を取り除く（フリーにする）という意味である．この用語は，1974年の国連専門家会議の報告書を通してわが国に伝えられて以来，建築研究者の間で使用され始めたところから，一般には建築物の段差の解消や交通アクセスの確保など物理的バリアを除去するという意味合いで使われる場合が多い．ただし，近年では，広く，障害者や高齢者の社会参加を困難にしている制度的，心理的，社会的なすべての障壁の除去という意味でも用いられるようになってきている（図9-1参照）．

1970年代以降動き出した障害をもつ当事者団体の生活圏拡大運動や福祉のまちづくり運動が，80年代から90年代にかけて新たにバリアフリーという概念を獲得することによって，何をどう改善すべきか，といった改善項目が「バリア」の名のもとに明確化されてきたことの意義は大きい．この意味でバリアフリーは，ノーマライゼーションという理念のみではいまひとつ明確でなかった改善箇所を特定化し，その改善に向けての有効な方法論を提供したことになる．

その際，物理的バリアの除去を当面の課題としたことは，広く一般の目に触れるところで改善の理由や改善項目の必要性が受けとめられることを意味しており，住民のノーマライゼーションやバリアフリーに対する理解は，その後，格段に得られやすくなってきている．このためバリアフリーという用語は，90年代を通して急速に普及することになる．

(3) バリアフリーからユニバーサルデザインへ

一方，90年代後半以降，ユニバーサルデザイン（universal design）という環境改善に向けての新たな概念が登場してきている．米国より伝わったこの概念は，製品を作る段階から，すでにバリアが取り除かれており，能力ある

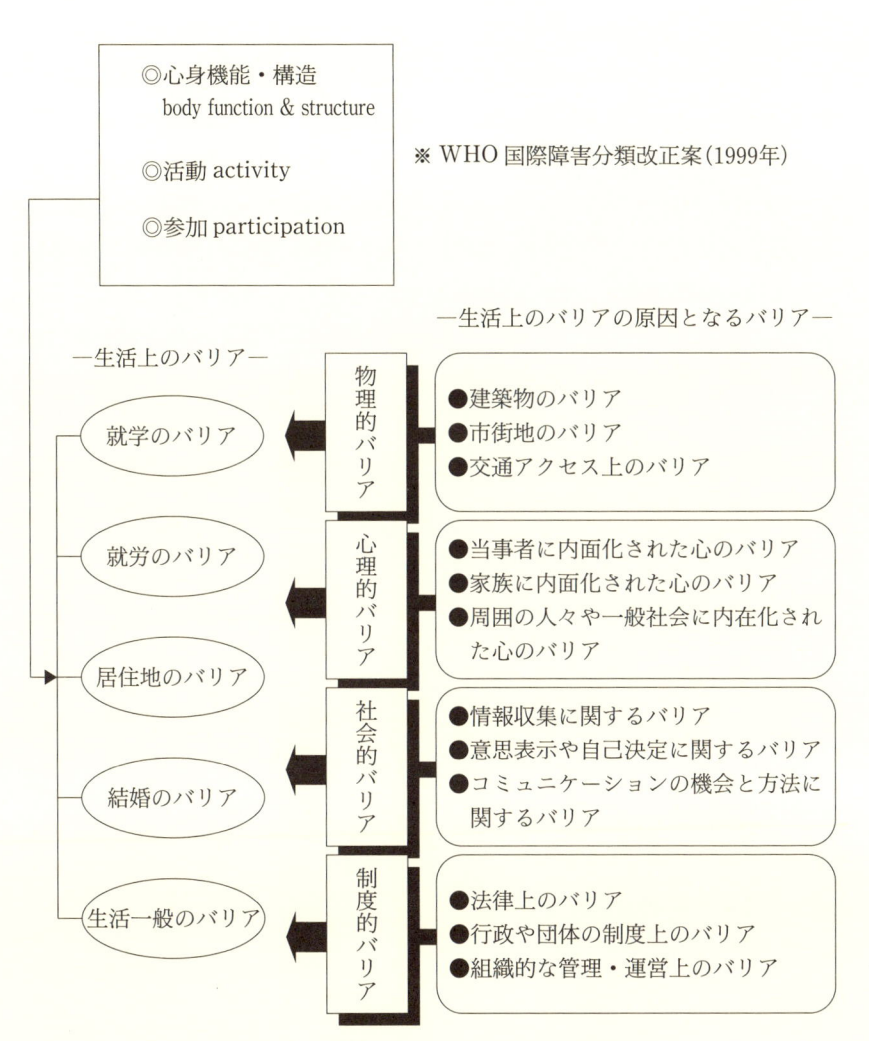

第9章　生活環境と地域福祉の視点

```
┌─────────────────────────┐
│ ◎心身機能・構造          │
│   body function & structure │
│ ◎活動 activity           │
│ ◎参加 participation      │
└─────────────────────────┘
```

※WHO国際障害分類改正案(1999年)

―生活上のバリア―　　　　　―生活上のバリアの原因となるバリア―

生活上のバリア	原因となるバリア
就学のバリア	**物理的バリア**：●建築物のバリア／●市街地のバリア／●交通アクセス上のバリア
就労のバリア	**心理的バリア**：●当事者に内面化された心のバリア／●家族に内面化された心のバリア／●周囲の人々や一般社会に内在化された心のバリア
居住地のバリア	**社会的バリア**：●情報収集に関するバリア／●意思表示や自己決定に関するバリア／●コミュニケーションの機会と方法に関するバリア
結婚のバリア	
生活一般のバリア	**制度的バリア**：●法律上のバリア／●行政や団体の制度上のバリア／●組織的な管理・運営上のバリア

図9-1　障害のレベルとバリアの種類[注1]

いは障害の程度にかかわらず，すべての人々に利用しやすい環境と製品を提供するためのデザインをさす。直訳すれば共用品。だれでも使えるトイレやスロープのいらない床面，超低床のノンステップバスなどがこれにあたる。

　ユニバーサルデザインの提唱者でもある米国ノースカロライナ州立大学のロナルド・メイス（Ronald L. Mace）教授は，デザインの原則として表9-1に示す7項目を挙げている。

　近年では，社会にバリアがあることを前提としたバリアフリーの発想よりも，はじめからバリアなき環境や製品を開発・実体化していくユニバーサルデザインの方がコストや手間を省力化でき，しかも市場戦略とも合致しているという認識が広まりつつあり，一般の企業レベルでも関心が高まっている。このことは，今後，さまざまな異業種間レベルでもバリアに対する調査研究が進められていく可能性を示唆しており，その意味では，地域に住む高齢者や障害者に対する意識のユニバーサル化にも寄与していることになる。

表9-1　ユニバーサルデザインの七つの原則[注2]

公平性	あらゆる世代，あらゆる人々に利用でき，安全で，魅力あるデザインと市場性を有していること。利用者を区別しないこと。
柔軟性	個人的な好みや習慣や能力の違いにも広範に対応できること。例えば右利き，左利きの違いへの対応など。
単純性・直感性	利用者の経験や知識，言語能力や集中力の違いにかかわらず，簡単に利用できること。
認知性	利用者の感覚や知覚能力の程度にかかわらず，すべての人に対して必要な情報を効果的に伝達すること。
安全性	予想されるリスクは避ける工夫をしておくこと。予想外のリスクも最小限度に押さえる工夫をしておくこと。
効率性	利用者に無理がなく，疲れの生じない姿勢や力で効率的に利用できること。
サイズとスペース	利用者の体格や姿勢や運動能力にかかわらず，視線の位置や手の届く距離や握りの大きさなどを配慮したサイズとスペースであること。

3　生活文化の創造と地域福祉

(1) 暮らしの安心と生活文化

　"人の集うところに文化あり""文化なきところに人は集まらない"という言葉がある。暮らしの文化の根づく地域とは，単に人が生存するというだけではなく，そこに住むことで住民としての誇りや帰属意識を高めてくれるような条件を備えた地域をさす。その条件とは，例えば文化施設や公共施設や医療福祉施設やアミューズメント施設等の整備・拡充などが要素として考えられる。あるいは交通アクセス上の利便性かもしれない。さらには手厚い行政サービスや各種イベントの開催なども欠かせない。しかし，どの地域にも老いや障害などさまざまな生活課題を抱えた多様な世代の住民が住んでいることを考慮すれば，あらゆる地域は，そこから排除される人が一人もいない，つまりすべての住民が，「ここに住んでいてよかった」「ここは安心して暮らせる（死ねる）町」と呼べる地域づくりを目指すことが，暮らしの質の基礎部分を築く意味で共通に欠かすことのできない目標となる。つまり，「地域は，人間的な暮らしの場にふさわしい豊かさと安心感を，そこに住むすべての住民に等しく提供することができるかどうか」ということである。

　こうした地域の課題の中で，生活文化という側面は，どう位置づけられていくのだろうか。一般的には，暮らしの文化の総称として広く用いられてきているところから，日々の暮らしに直接関わってくる衣文化，食文化，住文化などを基礎として，これにさまざまな動きの文化が付随してくる領域をさしている。その際，各々の文化の中に，どれだけ多くの豊かさとアメニティ（快適性）を実現できるか，ということが共通の目標として追い求められていく。その成果が，全体として生活文化の質を高めていくことにつながるのである。

　ところが，そうして得られた生活文化の豊かさに対し，その成果を享受で

きる人々の中に，これまで老いや障害を担う人々の存在などは，ほとんど想定されていなかったのではないか，という点を指摘する声が近年にわかに高まっている。つまり，福祉の利用者にあたる人々を切り離したところで成り立つ文化の皮相性と，切り離さざるを得ない文化の脆弱さに対して，生活文化という視点から，あらためて疑問符が投げかけられているのである。「一国の福祉の水準はその国の文化の問題である」[注3]という指摘は，そのまま地域レベルにもあてはまる事柄として受けとめていく必要があるようだ。

こうして，老いや障害を担う人を含めた生活文化の捉え直しが，新たに開始されることになる。前節で触れたノーマライゼーションやバリアフリーやユニバーサルデザインの持つ可能性，さらには，近年のハイテクノロジーに支えられたさまざまなデザインの福祉機器（technical aid）やショップ・モビリティと呼ばれる地域支援システム等の具体的展開などは，障害者や高齢者の生活文化という観点に立てば，その質を高め，新たに福祉文化と呼ばれる領域をも創造する役割を担ってきつつある。こうした展開の中で，あらためて福祉の利用者側に立ったさまざまな暮らしの側面への点検の必要性が指摘されるようになってきた。すなわち，すべての住民を一方で想定しつつも，とりわけ高齢者や障害者にとって，暮らしの真の豊かさとは何か，また人はどこで暮らしの安心感を得るのか，といった生活文化の基準形成に関わる部分を明確にしていく必要性である。

(2) "かけがえのないもの"と生活文化

いわゆる老いや障害に伴う生活課題については，当然のことながら外出や移動のバリアだけでなく，日々の暮らしに不可欠な食事や入浴や排泄などの基本動作が自力では困難なために常に身の回りの世話をしてくれる人を必要としている状態も想定しなければならない。人の生命や生存に関わるこれら日常の身体動作に対し，それを支える「からだのケア」は，当事者の暮らしに安心感を提供する上でなくてはならないものである。

だが，一方で，人は身体機能によってのみ〈生きている〉わけではない。例えば，思い出のつまった写真や家具，形見の品々，長年住み慣れた愛着の

第9章　生活環境と地域福祉の視点

ある風景や住居，自分の存在を支えてくれるかけがえのない人，自分が自分でいられる日常の生活習慣や時間の流れなど，すぐれて個別的な生活史の記憶と経験に由来する"かけがえのないもの"を常に擁しつつ，それらによって自らの〈生〉を確かめることで支えられながら〈生きている〉存在でもある。この事実は，私達の日常の振舞いをちょっと振り返るだけでも容易に察することができる。そうだとすれば，人が〈生きていく〉上で暮らしの安心感を持てるかどうかは，ひとえにこうした項目との共存関係の有無が大きく関わっていることになる。（表9‐2参照）

　仮に，これらの"かけがえのないもの"が，何らかの強権的な力によって本人の暮らしから分離・収奪されるような事態が生じたならば，本人の暮らしのありようは，どう変質するだろうか。生きる支えとしての"かけがえのないもの"が奪われることにより「安心して暮らせる」どころの話ではなくなってくるだろう。つまり，「暮らしの安心」とは，「からだのケア」と同時

表9‐2　"かけがえのないもの"

項　　　　　目	品目または状況
所　有　物	思い出の詰まった服や写真，家具や形見の品々
場　　　　所	長年住みなれた愛着のある地域，風景，住居，部屋
暮　ら　し　方	自分が自分でいられる日常の生活習慣，リズム，ペース
人	自分の存在を支えてくれるかけがえのない人
創　作　品	想いを込めて造った手工芸品，人形，絵画，陶器等
自　己　の　身　体　像	自分が自分でいられる自己の身体に対するイメージ
時　　　　間	今，ここに生きていることを実感できる時間の種類と長さと速度
年　齢　意　識	自分の年齢に対する意識やこだわり
言　葉　遣　い	使い慣れた方言，自分流の言いまわし
食　　　　事	長年食べ慣れた献立や味付け，使い慣れた食器等
職　歴　観	これまでの地位や職業を通して身につけた知識や技能や自負心など
財　　　　産	これまでの職業等を通して蓄えた預貯金や不動産など
情　　　　況	ささやかな〈生〉の充足や幸福感をもたらしてくれる瞬間など

に，前記した"かけがえのないもの"とともに生きていたいとする心の欲求が大事に受けとめられていくための，支えとしての「こころのケア」も不可欠な要件とみなされるのである。

したがって，こうした"かけがえのないもの"がどれだけ大事にされているか，という視点は，そこに住む住民の暮らしの質や安心感に関わる意味で，生活文化の成熟度をはかるバロメーターでもあるといってよい。さらには，そうした基準が住民の間にどれだけ共有されているかという点は，そのまま住民の心理的バリアの状態と程度を示していることにもなろう。こうして浮き彫りになってくる意識づくりの課題については，次節で再度触れることにする。

4　福祉のまちづくりと地域福祉活動

(1) 意識づくり

まちづくりは人づくりから，という言葉がある。人づくりとは，通常，人の意識づくりのことをさす。とすれば，福祉のまちづくりのためには，まず地域住民の福祉に対する理解や関心を深めるところから始める必要がある。ただし，福祉の意識については，本人の生活課題の中に福祉に関する課題がどの程度，どのように主題化されているか，という点が大きく関わってくる。

一般に，本人の暮らしが高齢者や障害者の生活課題と全く無縁で切り離されているような場合，福祉への関心もまた啓発される機会は少ないと見られる。反面，本人自身に障害があったり，また身内に老いや障害を担う人の存在があれば，いやでも関心は高まることになる。そこでは，関心の方向づけと具体的な展開が次のステップとなっていくが，いずれにしても，地域の住民にとって障害者や高齢者をどれだけ身近に感じとることができるかは，福祉のまちづくりの展開を左右する要件といってもよい。

バリアフリーが当面，物理面に限られるにせよ，そのことによってもたら

される障害者や高齢者との共生空間が住民の意識に与える影響は少なくない。その意味では、バリアフリー化を促進することが、当面、福祉のまちづくりを推し進める原動力とみなされる。

　第二に、教育の課題がある。とりわけ意識づくりに果たす福祉教育の役割は大きい。そこでは、①専門職養成のための福祉教育、②地域住民への意識啓発のための福祉教育、さらには③「生きる力」の再生を目指す学校現場での福祉教育という三つの領域が考えられるが、いずれの現場であっても老いや障害を担う当事者と直接的に触れ合い、当事者の声に耳を傾け、当事者と共に学ぶことのできる機会をできるだけ多く設定していくことは、当事者を身近に感じつつ福祉への理解と関心を深めていく上で共通に欠かすことができない項目といえる。

(2) 当事者に学ぶ

　障害児の就学保障に関する運動の中で、障害児の受け入れを求められた普通学校が入学を断る理由として共通に挙げるのは「現状では、受け入れるための十分な設備が整っていない。何か事故が起きた時には責任がとれない。障害児の受け入れは、責任がとれるだけの十分な設備が整うまで待ってほしい」というものである。一見、妥当な論理のようであるが、この場合、「受け入れるための十分な設備」を学校がどのような方法でいつまでに整備するかが論点となる。

　一般に、同じ肢体不自由という状態でも、その原因と程度によっては配慮の仕方に違いがある。育ちの内容や習慣の違いからくる個人差もある。まして視覚障害や聴覚・言語障害、さらには知的障害や精神障害等の多様な種別の障害をも考慮に入れれば、ある一人の障害をもつ子どもを想定せずして「十分な設備」など整えられないことは明白である。仮に、当事者不在のままで設備改善がなされた場合、個人的に不都合が生じたり、無駄な配慮になったりする可能性のほうが、むしろ高くなる。

　こうした課題は、まず、障害をもつ子どもを学校に受け入れ、本人または家族にその子に応じた改善箇所と支援の要領を尋ねることで簡単に解決でき

る事柄でもある。つまり,そこには当事者に学び,当事者とともに生きる姿勢の有無が問われていることになる。こうした姿勢を欠く時,「受け入れるためには十分な設備ができるまで待ってほしい」とする言葉は,当事者を排除するための体のいい言い訳としてしか響いてこない。

　一般的な建築物のバリアフリー化を図る場合も,改善の要領を当事者に尋ね,当事者に学びつつ活かしていくことは,今や原則的なプロセスといってよい。したがって,当事者への学びは,学校に限らず,地域の公共施設や民間サービス施設など,バリアフリー化が必要とされるあらゆる場面に共通に求められていることでもある。

　こうした展開が一般化してくるに伴い,従来,ともすれば自覚的な一部の当事者に限られていた生活環境の改善を求める要望が,さまざまな生活課題を抱える人々の間からも聞こえてくるようになってきた。これらの要望をどう受けとめ形にしていくかが,これからのまちづくりの大きな課題となっていく。その意味では,さまざまな立場にある住民の要望を広範に受けとめていく姿勢と基盤こそが,福祉のまちづくりにとっては欠かすことのできない前提となってくるのである。

(3) 住民の支援と連帯

　福祉のまちづくりにとって,老いや障害を担う当事者からの要望に耳を傾けることの大事さはすでに繰り返し述べてきた。第1節での"当たり前"の要望や第3節で触れた"かけがえのないもの"については,当事者本人でなければわからない部分を数多く含んでいることも大きな理由になる。また,上記した就学時の環境整備の例でも明らかなように,具体的な改善箇所とその要領を定める際に当事者の意見は欠かせない。それだけに,支えの仕組みを作る側に共通に求められているのは,当事者から発せられる暮らしのニーズを受けとめる感性と関わり方,つまりは当事者に尋ね,当事者に学ぼうとする姿勢のありようである。

　一方,福祉のまちづくりの主体が,地域行政を含めた住民自身でもあることは論をまたない。地域福祉活動にしても,NPOをはじめ,住民参加型によ

る支援ネットワークへの期待は大きい。そうだとすれば，当事者に尋ね，当事者に学び，当事者とともに生きる姿勢が問われているのは，とりもなおさずそこに住む住民一人ひとり，ということになる。具体的には，当事者側から発せられる要望に対して，まず家族や近隣や福祉関係者などが賛同・支援の声を上げ，次いで当事者を交えたより広範な地域住民の合意形成と相互連帯が可能となれば，地域行政を巻き込むかたちで支援体制をよりダイナミックに展開することができるようになる。こう考えると，福祉のまちづくりに向けての基盤づくりの動向は，すべて住民一人ひとりの動きにかかっている，ということでもある。

かつて米国のADAが，障害をもつ当事者たちの主張を大幅に採り入れることによって差別禁止法としての性格と効力を持つことができた点はすでに触れた。その原動力となったのは，ほかならぬ障害をもつ当事者たちの広範で精力的な自立生活運動と，その趣旨に賛同・連帯することによって運動を支えていった多くのアメリカ市民の存在でもあった。

こうした知見は，一種の住民運動ともいえるわが国の福祉のまちづくり運動や地域福祉活動等の展開においても十分活かされる必要があろう。

(4) 行政の役割

福祉のまちづくりや地域福祉活動に対し，行政が担う役割については，住民の要望を吸い上げ，法律や条例や基準等を定めることによってさまざまなサービスを提供したり，人的，物的，財政的な支援策を講じることである。近年のノーマライゼーションやバリアフリーに関する行政施策の展開の中では，特に，①ハートビル法（1994年），②障害者プラン（1995年），③福祉のまちづくり条例（1996年）の3つは，まちづくりの基準と方向性を具体的に指し示すものとして大きな期待が寄せられている。（表9-3参照）

① ハートビル法

正式名を「高齢者，身体障害者等が円滑に利用できる特定建築物の建築の促進に関する法律」といい，わが国ではバリアフリーデザインの基準を法的に明らかにした最初のものとして知られている。所管は国土交通省。具体的には，

表9-3 バリアフリーや福祉のまちづくりに関する法律や施策等の流れ[注4]

年度	事　項　　　　○＝海外の動き　●＝国内の動き
1961	○アメリカで世界初のバリアフリー基準(ANSI)策定
1968	○アメリカ建築障壁法(Architectural Barriers Act)制定
1969	●仙台市, 福祉のまちづくり運動(障害者の生活圏拡大運動)始まる ○スウェーデン建築法制定(バリアフリー条項導入) ○国際アクセスシンボルマーク(障害者にも利用できる建築, 設備の表示)設定
1973	○アメリカ, リハビリテーション法(職業リハビリテーション法)改正 ●身体障害者福祉モデル都市事業開始 ●点字ブロックが各駅に導入され始める
1974	●町田市, 建築物等に関する福祉環境整備要綱策定(わが国で最初) ○国連バリアフリーデザイン専門家会議開催
1975	○スウェーデン, 建築法改正(住宅のバリアフリー化, 3階以上にエレベーター設置)
1976	●建設省, 身障者の利用を考慮した設計指針策定 ●京都市, 建築物環境整備要綱策定
1977	●神戸市, 市民の福祉を守る条例制定
1981	○国際障害者年(完全参加と平等, ノーマライゼーションの理念普及)
1982	○障害者に関する世界行動計画採択 ○国連・障害者の十年採択(1983—1992) ●障害者対策に関する長期計画策定 ●加古川市, 福祉コミュニティ条例制定 ●建設省, 身体障害者の利用を配慮した建築設計標準策定
1983	●運輸省, 公共交通ターミナルガイドライン策定 ●大阪府, 高齢化時代の住宅設計指針策定
1985	●建設省, 視覚障害者誘導用ブロック設置指針策定
1986	●建設省, 厚生省, シルバーハウジング・プロジェクト設置
1988	○アメリカ公正住宅修正法(FHAA 障害を理由にした住宅差別禁止法)制定
1990	○障害のあるアメリカ人法(ADA 障害を理由にした差別禁止法)制定 ●神奈川県, 横浜市, 建築基準法施行条例改正(福祉規定導入)
1991	●建設省, 福祉のまちづくりモデル事業策定
1992	●兵庫県, 大阪府, 福祉のまちづくり条例制定 ●建設省, 人に優しい建築物整備事業
1993	●障害者基本法制定 ●障害者対策に関する新長期計画策定 ●山梨県, 障害者幸住条例制定 ●町田市, 総合福祉推進条例(鉄道駅におけるエレベータ整備指針)制定
1994	●建設省, ハートビル法(高齢者, 身体障害者等が円滑に利用できる特定建築物の建築の促進に関する法律)制定 ●障害者や高齢者にやさしいまちづくり推進事業策定 ●建設省, 生活福祉空間づくり大綱策定 ●運輸省, 公共交通整備ガイドライン策定
1995	●障害者プラン(ノーマライゼーション7カ年戦略)策定(1996-2002) ●建設省, 長寿社会対応住宅設計指針策定
1996	●高齢社会対策大綱策定 ●全国の自治体で, 福祉のまちづくり条例が策定され始める
1997	●建設省, 住宅金融公庫バリアフリー基準の本格導入 ●通産省, ユニバーサルデザイン賞を創設 ●ノンステップバス運行開始

※国内の動きのうち, 国の施策で特に所管名がないものは厚生省(現厚生労働省)管轄。
※所管省の名称は, 当該年度における表記としている。

公共性の高い特定建築物に対し、特定施設と呼ばれる箇所（出入り口、廊下、階段、昇降機、便所、駐車場、敷地内の通路）の整備基準が示され、その内容を、最低限確保すべき水準（基礎的基準）と、利用しやすさを目標とした基準（誘導的基準）の2つに分けている。また、法律は、優れた整備を行う建築主に対して、整備費への補助・融資の他、税制上の優遇措置等を行うことも明記している。

② 障害者プラン

"ノーマライゼーション7ヵ年戦略"とも呼ばれるこのプランは、「障害者対策に関する新長期計画」(1993年)に掲げるリハビリテーションとノーマライゼーションの理念を踏まえ、下記の7項目を重点施策として掲げている。

① 地域で共に生活するために
② 社会的自立を促進するために
③ バリアフリー化を促進するために
④ 生活の質（QOL）の向上を目指して
⑤ 安全な暮らしを確保するために
⑥ 心のバリアを取り除くために
⑦ わが国にふさわしい国際協力・国際交流を

全体的に、心のバリアを含めたバリアフリー化の促進が前面に大きく打ち出され、重点的な位置づけとなっていること、さらには、平成14年度までに整備すべき項目として具体的な数値目標が盛り込まれた点などは一定の評価が与えられる。ただし、数値目標の掲げられた項目が主として保健福祉分野（厚生労働省管轄内）に限られていること、さらには提示されている目標値の水準が理念達成にはいまだ程遠いこと、などについては今後改善を要すべき課題として残されている。

③ 福祉のまちづくり条例

障害者プラン等の理念を踏まえ、ノーマライゼーションとバリアフリー化の推進を図ることを目的として自治体単位で策定されるまちづくりのための整備基準をいう。主に物理的なバリアの除去を達成課題としている。具体的には、住民が日常的に利用する公共施設や民間サービス施設、学校、道路、

公園等を特定生活関連施設と規定し，これらの施設については，出入り口のスロープ設置，通路の段差解消，階段の手すり設置，エレベーターの設置，車いす対応型のトイレの設置，車いす使用者のための駐車スペースの設置等の整備基準が示され，新築の場合は届け出を通して「適合義務」を，既存施設の場合は適合報告を通して「努力義務」をそれぞれに課している。これらの基準に適合しない施設については，指導，勧告，公表等の行政指導が講じられることになっている[注5]。

　福祉のまちづくり条例は，上記のハートビル法とほぼ同様の性格を持つ整備基準であるが，行政所管の違いに加え，対象施設の範囲がハートビル法ほど新築に重心を置いたものではなく既存施設にも相応の努力義務を課している点，また学校や道路や公園さらにはバスやタクシーなどの非建築物をも対象施設に含めている点などに違いが見られる。

(5) 福祉のまちづくりの課題

　福祉のまちづくりについては，表9-3にも示すように，近年，障害者基本法や障害者対策に関する新長期計画，ハートビル法，障害者プラン，福祉のまちづくり条例等の関連施策の整備によって，法制度上はかなりの前進が認められる。だが，そのことが，目に見えるかたちで住民の暮らしの改善につながっていくためには，まだまだ時間を要する項目が残されている。さらには既存の制度から漏れてしまうような課題を加えると，今後も検討・改善を要すべき項目は少なくない。その幾つかを暮らしの側面から見ていくと，次のように表現できる。

　① 就学の機会はどれだけ保障されてきているか
　② 雇用機会はどれだけ確保されているか
　③ 在宅やグループホーム等での生活権や選択権は保障されてきているか
　④ 飛行機，電車，公共バス等の交通アクセス権は保障されてきているか
　⑤ 高度情報メディアへのアクセス権はどれだけ保障されてきているか
　⑥ 恋愛・結婚の機会はあるか
　⑦ 介護の担い手は確保されているか，地域に密着した支援者はいるか

⑧　地域生活を支援する拠点はあるか
⑨　意見や要望を表明する機会は確保されてきているか
⑩　自己決定権は本当に保障されてきているか

　以上の項目は，いうまでもなく視覚障害や聴覚・言語障害を含む身体障害の状態にある人のみならず，知的障害や精神障害のある人，さらには虚弱や寝たきりや痴呆と呼ばれる状態にある高齢者など，何らかの生活課題を抱えるすべての地域住民に該当するものでなければならない。

　したがって，こうした項目を一人ひとりの住民について継続的に点検し，その暮らし向きがどれだけ改善されたか，されていないかをチェックしていくことが，今後の福祉のまちづくりや地域福祉活動の新たな展開に具体的な方向性と達成課題を与えていくことになる。

（中野伸彦）

注

1) 総理府編『平成7年版障害者白書』を参考にしつつ，国際障害分類でいう「心身機能・構造」のために「活動」や「参加」の選択肢が制限されることによって生じる生活上のさまざまな「ニーズ」や「差別」，及びその原因と考えられる物理的・制度的「障壁」や心理的「偏見」「無理解」等をすべて「バリア」に置き換えて分類化を試みた。
2) Ronald L. Mace, "The principles of Universal Design", The Center for Universal Design, NC. State University 1997.
3) 一番ヶ瀬康子他編『福祉文化論』有斐閣，1997年，18頁。
4) 高橋儀平「バリアフリー化の流れを展望する」長崎県身体障害者連合会監修『バリア・フリー・デザイン』長崎バリア・フリー研究会，1996年，92-100頁および福祉士養成講座編集委員会編『障害者福祉論』中央法規出版，1999年，219頁を参考に作成。
5) 長崎県福祉保健部福祉のまちづくり推進室『長崎県福祉のまちづくり条例施設整備マニュアル』長崎県，1997年，71-112頁参照。

参考文献

(1) 全国社会福祉協議会編『地域での生活を支える住民参加の福祉活動』全国社会福祉協議会，1997年。

(2) 総理府障害者施策推進本部担当室監修『21世紀に向けた障害者施策の新たな展開』中央法規出版，1996年。
(3) 小川信子他編『先端のバリアフリー環境』中央法規出版，1996年。
(4) 米国建築物および交通機関の障壁に関する改善命令委員会編，八藤後猛・曽根原淳訳『バリアフリー・チェックリスト』エンパワメント研究所，1996年。
(5) 全国自立生活センター協議会編『全国自立生活センター協議会年鑑』1999年。

第 10 章

地域福祉の国際的動向

　諸外国の地域生活に視点を置き主要国の地域における福祉づくりを取り上げている。米国，英国，スウェーデン，オーストラリア及び韓国の地域福祉の歴史及び社会的背景，各国の地域福祉推進における意義付けの在り方，現在の取り組みと問題点，今後の課題や発展方向などがそれぞれの国について論じられている。
　それぞれの国の福祉思想の違いに応じて，地域福祉という形で総括できる考え方，またその取り組みや意義付けもさまざまな相違を見せている。しかし，取り上げた国々すべてにおいて，総じて地域福祉的観点を抜きにしては語れない現今の福祉事情を把握することができる。これはその他のここに掲載できなかった国々においても同様である。

1 英国の地域福祉
―― その理念と方法 ――

(1) 歴史及び社会的背景――地域福祉的な発想の展開――

① 地域の中の福祉活動

19世紀前半の英国において,「劣等処遇原則」という限定的かつ厳しい内容を持つ「新救貧法」(1834年)を補うかのように「貧困者の生活改善」「自助促進」を目指して多様な民間活動が展開された。しかし相互の脈絡もなく活動がなされており,何らかの組織化・統合化が急務であった。ここに慈善組織協会(Charity Organization Society [COS] 運動)が誕生する。ロンドンにおけるCOS (1869年設立)は,特に「詐欺的行為の阻止」や「救助の食い違いや重複を是正」することを目指した。援助活動においては,「絶えず監督し,忠告を与え,自立・独立を貧しきものの家庭」にもたらすことを理念に掲げた。このような理念には賛同者も多かったが,反面,批判的な人々も多かった。しかし,今日,この地域社会における活動がケースワークとともにコミュニティワークの発祥形態としての位置を与えられている[注1]。

19世紀も末になり,慈善組織協会への批判的対応という意味をも内在させつつ,問題を抱える人々とともに生活の問題状況に真向かう運動が始まっていく。バーネット(Barnett, S.)らのセツルメント運動の展開である。思想としての運動を実践に移すのは,オックスフォードやケンブリッジの大学生らであった。その一人がトインビー(Toynbee, A.)であった。この先覚者を記念して1884年にトインビー・ホールが建てられ,そこを拠点にセツルメント運動が展開された。

上述のような民間社会事業の展開は,救済の方法を練磨するとともに,その当時の識者・中産階級に広く貧困の状況を知らせ改革の下地を作るという役割を果たす。さらに,1890年代末に実施されたブース(Booth, C.)のロンドン市民の生活調査やラウントリー(Rowntree, B.S.)のヨーク市労働者の生

第10章 地域福祉の国際的動向

活調査結果などは，当時の労働者階級等の貧しい生活実態を世に知らせ，社会改良的世論を喚起するのに力を添える[注2]。

イギリスは，1900年代には社会保険段階（国民保険法成立，1911年）へ入ることになる。さらには，1942年のベバリッジ報告とそれに基づく社会保障体制が花開くことになる。「揺りかごから墓場まで」の保障をうたう英国福祉国家時代の到来である。

② 地域社会を重視する福祉形成

1900年代の中葉において，地域社会の力そのものを活用した特筆すべき施策が実施される。すなわち，後にコミュニティケアといわれるようになる地域的対応策が浮上してくる。そのコミュニティケアの発想自体は，英国の文献の中にかなり早くから見られるが，公にその発想が確認されるのは，1946年のカーチス報告においてであろう。その考え方がより公的色彩を濃くし，比重を増して取り扱われるのは，その後の王立委員会報告書（Royal Commission on the Law Relating to Mental Illness and Mental Deficiency, 1957年）を待つことになる。それがさらに1959年の精神衛生法（Mental Health Act）の中で制度的な位置を持つことになる。こうして精神病院ないし施設におけるケアの反省に立ち地域社会の生活の中で治療とケアを進めることの重要性が制度的に保持される。1963年には，「コミュニティケア開発計画」が健康と福祉のためのコミュニティケア開発という方向性を提示した。この中で，身障者に対するコミュニティケアについて，可能な限りノーマルな地域生活を助けるものであり，その人の「持てる能力」を発揮すること，家庭生活を基礎とすることが強調されている[注3]。この考え方は政府によって受け入れられたものの，地方自治体が実施体制を整備できなかった。ようやく1968年の「シーボーム報告」，それに基づく1970年の「地方自治体サービス法（Local Authority Social Services Act）」により，対人福祉サービスを自治体レベルで統合し，当該専門職の在り方の強化がなされるようになる。シーボーム報告には賛否両論を伴いつつも地域重視の方向性が明記され，その方向へ大きく歩み出すことになる。すなわち，クライエントのニーズを包括的なものとして捉え，対応するサービスを統合化する，幅広く，市民・

ボランティア・民間団体等を含めコミュニティ全体が福祉形成に参与する等々の展開がなされる[注4]。

(2) 地域福祉の意義と位置

「バークレイ報告」(1982年)が出され,「社会的ケアのほとんどがインフォーマルな介護者によって行われていることを認識し,ソーシャルワークは,従来のクライエント中心の方法よりも,介護者の援助により一層の関心を持つべきであることを勧告」する。さらにソーシャルワーカーに,サービス利用者の生活全体,特に社会的ネットワークに注意を向けることを促す。これによりコミュニティ志向性は,内部に見解の相違を抱えながらも,大枠においては「コミュニティ・ソーシャルワーク」への道として統括できるものとなる。この道をたどるためには,報告書にいうように,サービス提供権限の分権化促進,コミュニティの中で公・民を問わず幅の広いパートナーシップを取り合う,柔軟性の高いソーシャルワーカーの役割遂行及び関連諸集団同士の関係理解促進,交渉者・マネージャーとしてのチーム・リーダーの役割重視が必要とされる[注5]。

ところで,上述した方向に付随する専門性の強化や公的施策の統合によるマイナス点を批判的に検証し,コミュニティ,特に小地域重視をさらに徹底させる組織体制が英国内各所に生じる。それがハドレー(Hadley, R.)らの提唱する「パッチシステム (Patch System)」すなわち小地域の福祉ネットワークによる福祉供給体制であり,その中に地域に応じたさまざまなケアのシステムが組み込まれていく。こうしたコミュニティ・ソーシャルワークの理念や専門ワーカーの在り方への提言の中に英国流の地域を軸にした福祉形成の方向性と意義を見出すことができる。しかし,上述動向が人口高齢化や財源難という経済・社会的要請の影響下にあったという時代背景も忘れるべきではない。

1988年3月,ワーグナー報告 (Residential Care : A Positive Choice) が出された。この報告書は「入所施設に関する一般の認識及び社会的ケア全体の中での位置づけを基本的に変える」ことを目指すものであった。入所施設

第 10 章　地域福祉の国際的動向

サービスを地域ケアに連続する一部と位置づける，職員への待遇や研修面での対応が考慮されている，実施サービスの多様性の確保，ニーズに応じたケアネットワークの中に入所施設を位置づける等，こうした内容のため報告書はバークレイ報告の入所施設版であるといわれる[注6]。

次に上述の方向性全体とも関連する英国のグリフィス報告（Griffiths Report，1988 年）に基づく英国コミュニティ白書（Caring for People，1989 年）及びそれに続く「コミュニティケア法（1990 年 6 月成立）」に触れておく。まず，白書の理念はコミュニティケアに対する政府の公約によく表現されている。いわく「コミュニティケアとは，高齢，精神障害，精神発達遅滞，或いは身体障害や感覚障害といった問題を抱えている人が，自宅，もしくは地域の中の家庭的な環境のもとで，出来る限り自立した生活が出来るよう，必要なサービスや援助をすることである。政府は，このような人がそれぞれの潜在能力を充分に発揮できるよう，コミュニティケア政策の推進について，確固たる約束をするものである」[注7]。このような精神の結実といえるコミュニティケア法はナショナル・ヘルス・サービス（NHS）における，より効率的な体制整備のために採用され，1991 年 4 月より施行されているが，保健福祉に関する公的対応機構を地方・地区・家庭とより小さな範域のものまで設定していくなどといった改革が組み込まれている。それとともに，地域生活の中での支援ニーズに対して福祉・保健・医療が緊密に協力してサービスが提供できるように，そのための権限と財源を自治体に与えている点も注目に値する。自治体のソーシャル・サービス部で医療・保健との協力の元にニード把握をなし，それに対するサービスの提供を設定するが，その際，民間の福祉供給主体との緊密な連携により幅の広い各種の援助提供主体を確保する。これによりケース・バイ・ケースで支援者・団体を選択することが可能となる。さらに，公的扶助費，施設福祉費，在宅福祉費を自治体財源の中で統合し，地域の中での住民生活の確立のために自治体が責任を持って財源を配分できるように改めた。その際，施設入所者と在宅被援護者間の不平等が生じないような配慮をもなす。加えて，利用者の不服申し立て制度を採用し，利用者の保護徹底を図る施策上の努力をも導入した。このような改革は英国地

域福祉の意味と意義を強化する内容として評価できる[注8]。

(3) 現在の取り組みと問題点

　コミュニティケアの一般化の進行もあり，英国専門社会事業領域にコミュニティ関連の表現が広く用いられるとともに，若干錯綜も見られる。これを整理し，英国におけるこうした対応の現在の目途を明確化しておく。下記の表はコミュニティワーク及びコミュニティワーカーの留意すべき事項として提示された内容であるが，ここに英国におけるコミュニティワークの内容と特性がうかがわれる。

モデル類別	伝統的技術的	変化・変革的
コミュニティケア	自主自発性の促進	利用者や介護者のエンパワー促進
コミュニティ・オーガニゼーション	エージェンシー間協調促進	コミュニティセクターに対するサービスやサポートの改善の組織的取り組み行動
コミュニティ・デベロップメント	喪失状況と戦う自助の促進	喪失や不利益と戦う戦略開発のためのエンパワー

Adams, R., Dominelli, L. & Payne, M. (ed.), "Social Work" Table 13.3 参照[注9]

　さて，1992年4月からは，英国ナショナル・ヘルス・サービス（NHS）との緊密連携の元に福祉計画を確定することが各自治体に義務づけられた。さらに93年より自治体レベルでケアマネジメント方式が導入実施され，個人のニーズの認定に基づき適合するサービスが提供されるようになる。また中央政府より現金給付として支給されていた高齢者の施設入居費用を自治体で管理したり，自治体が福祉（ケアサービス）の計画を伴うケアマネジメントを行い，各種サービスを民間事業者や非営利の福祉供給主体から購入し，利用者に充当していくというサービス提供の在り方なども導入された。1996年からは直接現金給付（Direct Payments）も制度化された。その一方で，例えば保健サービス管理機構など統廃合が進められ，そのスリム化が図られ無駄を省く努力も進められている。この際の両者の合同，場合に応じて財源をも同一にするという方式も実施されている。こうしてニーズに自治体レベルで対

第 10 章　地域福祉の国際的動向

応していく計画的実施体制が曲折はあるものの着実に整備されてきている[注10]。

　しかし，前述のコミュニティ法施行以後，例えば障害者福祉領域において，急速に進行した「長期滞在型施設の閉鎖」と地域の中での「施設の小さなホームへの分散」は，単なる「施設のマイクロ化」にすぎないといわれ，「施設的な管理」はそのままで，契約によるサービスが形式的なサービス形態を助長し，普通の生活への道がなおざりにされているとも指摘された。このような地域の中のグループホーム化といえる方途に対し，より個別化したサービス提供が探られつつある。ロンドンの民間福祉供給団体であるキー・リング（Key Ring）は，日常の生活行動に問題のない知的障害者が，相互に歩いて相互に交流が可能な幾棟かのフラット群を近隣ネットとして結んで実践活動を行っている。障害を持つ人々の必要に応じて，このフラットに住む生活支援職員（パートタイム）が対応する。これも隣人としての支援の在り方に徹することになっている[注11]。

　こうした進展が見られた1900年代において，生活の困難を抱える人々の主体的な生活行動や自らが選び取っていく自己決定力の強調がなされ，それがエンパワメントやアドボカシーという用語にその意味内容を凝縮させ強調され実践されるようになる。福祉のあらゆる領域において，生活の多様な問題とそれを担う人々を地域の中でメンバーとして確実に受け止め，効率や費用圧縮の犠牲にすることなく相互に内発的行動力を刺激し合いつつ，またパートナーとして生き合う在り方への歩みが，特に民間の福祉団体活動体の中で堅固化しつつある。

　これまで概括してきたような方向性を吟味検討する時，われわれは，英国における生活者が生活をする場，すなわちコミュニティを軸にした福祉形成の開発過程を見ることができる。英国の社会福祉（パーソナルソーシャルサービス）とは，いわば地域福祉（広義）と総括し得るものへと展開してきている。しかし，近年のコミュニティないし小地域重視の考え方が公的に採用されるようになった背後の理由として，1980年代の経済状況の悪化と高齢化状況の追い打ちが存在したことも十分認知しておくべきである。「財源難──→

公的対応の見直し→撤退→民間の力への依拠」という推移をたどる一つの後退策であるという批判も根強く存在し続けた。あるいは，その他にも，「コミュニティ志向とは，住民の単なる相互扶助の重視」，結局「根本的な問題解決は行政に依拠するのみ。住民の意識次第でサービス供給にアンバランスが生じる」，さらに，「非専門家の関与でサービスによる専門性の低下は？フォーマルなサービスの手抜き？」等々指摘される問題点は数多い[注12]。各批判点すべてが，コミュニティの総合的な力の結集によるケアサービス供給体制の方向性へと歩もうとする日本においても参考になる。さらに，コミュニティワークという専門援助技術の現状からは，対人援助領域における民間事業者の導入という供給の多元化及び企業等の参入による福祉の市場化が各種のサービス受給における分断亀裂をもたらすことが危惧されている。またコミュニティ内のあるいはコミュニティ間の意見のくい違い，ないし抗争の増大も危機的になりがちであるとの指摘もある[注13]。

(4) 今後の発展方向・課題

　上述の問題は，公私の連携強化を伴う方策を設定し着実に実行していく時，デメリットの克服のみならず，より主体的・積極的な福祉体制がニーズの根底から堅固に作られていくという二重のメリットを獲得することができる。すなわち，上述の問題事項として挙げられた事柄は，民間・住民・ボランティアといった立場からの，コミュニティ活動体，ボランタリーな各種団体及びインフォーマル・グループの自主的あるいは公的助力を得た教育・訓練によって，公的立場への運動的対応・意見交換の定例化・協同体制の設定によって，さらにそれを許容しそれに応答できる専門性の増強によって，また何にもましてこうしたことを可能とする公的福祉体制のより一層の弾力性豊かなニーズ対応的な再編成によって相当程度改善されていく。

　掲げられた理念領域に最後に触れておくと，英国における近年の動向は，さまざまな経済社会的要因はあるものの，国家的対応に加え，コミュニティ（含ボランタリーセクター）及び市場（quasi-market,『疑似市場』：公的補助を受けた市場）の3つのバランスの上に成り立っている。しかし，全体と

第10章　地域福祉の国際的動向

しては安易なバランスに終始することなく経済社会的に，また政治的法的に除外（exclusion）されることのない人間の存在と生活を求め，地域社会内の全市民（citizen）の立場に立った福祉の確立を目指すようなバランスを探っている。さらにそれが，一層前進し地域内で問題を抱える人々とそれへの対応者，総じて市民としての権利と義務（citizenship）を担う地域生活者個々人をパートナーとして位置づける方向が求められている。その営みの方向に沿いつつ，上記の地域内の公と民間の相互の努力が，曲折を経て，地域における福祉問題への現実的対応として発展していくことが期待される。そこに英国流のパーソナル・ソーシャルサービス分野の社会福祉＝地域福祉の堅固化への道がある。　　　　　　　　　　　　　　　　　　　（牛津信忠）

注

1) M. ブルース，秋田成就訳『福祉国家への歩み』法政大学出版局，1984年，146頁。
2) S. A. クイーン，高橋梵仙訳『西洋社会事業史』ミネルヴァ書房，1972年，112-120頁。
3) "The Development of Community Care——a plan for Health and Welfare Services of the Local Authorities in England and Wales," 1963 これにより，「精神に病を持つ人が，何らの法的規制なしに治療を受けることができるようになり」さらに「治療を必要とする人と，使用しうる医療サービスへのボランタリーな接近との間に立ちはだかっていた法的要件が取り除かれた」「強制が避けられない場合を除き，その法制はボランタリー原理と消費者原理を大切にするものであった」ともいわれている。T. S. Eliot, "From Casework to Community Care: The End is Where We Start From", Br. J. Social Wk. vol. 19, 1989, pp. 184-186.
4) この報告書以降，コミュニティ・ソーシャルワークとしての統合性を維持しつつ展開が試みられていくが，しかし，そこに読み込まれた統合性や専門性の向上がもたらす官僚制的福祉に対し現場のワーカーからの疑問が投げかけられる。それとともに，コミュニティ志向といいながらも，従来型のクライエントの内部状況にのみ視点を置くソーシャルワークがいまだ主流を占めていることについても批判がなされる。このような疑問や批判の中から，新たな方向

がたどられることになる。"Report of The Commitee on Local Authority and Allied Personal Social Services", H. M. S. O., 1968, (小田兼三訳『地方自治体と対人福祉サービス──英国シーボーム委員会報告』相川書房, 1989年, 33-323頁) 及び R. Hadlley, M. Cooper, etc., "A Community Social Worker's Handbook", Tavistock Publication, 1987, (小田兼三・清水隆則監訳『コミュニティ・ソーシャルワーク』川島書店, 1993年, 5-6頁)。

5) "Social Workers──Their Role & Tasks", NCVO, 1982, (小田兼三訳『ソーシャルワーカー＝役割と任務（英国バークレイ委員会報告）』全国社会福祉協議会, 1984年, 264-292頁参照)。

6) A. ワーグナー, 山懸文治鑒訳『社会福祉施設の取るべき道──英国・ワーグナーレポート』雄山閣, 1992年, 3頁。

7) "Caring for People: Community Care in the next Decade and Beyond", HMOS (小田兼三監訳『英国コミュニティー・ケア白書』中央法規出版, 1991年, 1頁)。

8) T. Byrne & C. F. Padfield, "Social Services", Heinemann Ltd. 1990, pp. 162-3 & pp. 416-7. 及び阿部正和・幸田正孝・三浦文夫他監修『保健＋医療＋福祉の総合年鑑'93』日本医療企画, 675頁。

9) Adams, R., Dominelli, L. & Payne, M. (ed.), "Social Work", Macmillan, 1998, p. 169.

10) 仲村優一・一番ヶ瀬康子編『世界の社会福祉イギリス』旬報社, 1999年, 89-92頁。

11) 上掲『世界の社会福祉イギリス』113-116頁。

12) 濱野一郎・大山博編『パッチシステム──イギリスの地域福祉改革』全国社会福祉協議会, 1988年, 5頁及び15-16頁。

13) op. cit. "Social Work", p. 171.

2 米国における地域福祉
――その理念と方法――

「地域福祉」という概念を広義にとって「地域に住む市民の幸福（well-being）の実現」として捉えた時，アメリカにおける地域福祉としては，大きく二つの視点から捉えられると考えられる。つまり，第一は，社会福祉実践方法的視点からの展開で，いわゆるソーシャルワークの一方法としてのアプローチである。第二は，地域における社会資源の供給，つまりソーシャルサービスの展開から見た把握である。ここでは，この二つの視点からアメリカの地域福祉の展開について見ていくことにする。

(1) 歴史

アメリカのコミュニティに対する社会福祉実践方法としては，コミュニティ・オーガニゼーションが挙げられる。その萌芽は19世紀末にヨーロッパから導入されたセツルメント運動や慈善組織化運動（COS運動）に見ることができる。セツルメント運動は，1886年にコイト（Coit, S.）によりニューヨークに設立された近隣ギルド（Neighbourhood Guild）や1889年にアダムス（Addams, J.）によりシカゴに設立されたハルハウス（Hull House）に代表される。その活動は，地域における児童館作りといった児童福祉活動からさまざまなサービス展開へと広まっていき，1891年に6か所だったセツルメントは1910年までにその数は400にまで膨らんだ[注1)]。その後，1939年に出された「レイン報告」は統計手法を用い地域住民のニーズを明確化し，いわゆる「ニーズ・資源調整説」としてコミュニティ・オーガニゼーションの概念が理論化された。その後，1950年代にロス（Ross, M. G.）は，住民が参加し地域社会を考えていくプロセス（過程）を重要視した方法を提言した。これは，いかに地域住民が積極的に問題解決に関わり住民相互の関係が確立していったかというプロセス（過程）を重視したものである。その後，1960年代に入ると，アメリカ社会は，公民権運動，ベトナム戦争等と激動の時代へと入っ

ていった。このような激動の時代背景の下，ことに公民権運動の中のアメリカのソーシャルワークでは，「パワーのない者にパワーを与え，クライエント自らが問題解決にあたれるようにする」といういわゆる「エンパワメント (Empowerment)」[注2]という概念が生まれ発展していった。また，ロスマン (Rothman, J.) は，1968年，①小地域開発 (community development)，②社会計画 (social planning)，③ソーシャル・アクション (social action) といった3つのモデルの類型化を提示した[注3]。その後，1980年代に入ると，マクロプラクティスという大きな枠組みの中で捉えられるようになり[注4]，さらに1990年代に入ると，コミュニティ・プラクティス・モデルという新たな類型化も行われている[注5]。

次に，アメリカの地域に対するソーシャル・サービスの視点から見ていくと，その根拠となるのは，1975年に社会保障法の中のタイトルⅩⅩ (Title ⅩⅩ of the Social Security Act) として成立した「ソーシャル・サービス・プログラム」である。これにより連邦政府は各州に予算を与え，各州あるいは自治体レベルで地域におけるソーシャル・サービスの展開が開始されるようになった。それは，従来低所得者に対する所得保障のみにとどまっていたのに対し，児童から高齢者あるいは障害者等を含めた全地域住民を対象としたいわゆるソーシャル・サービスの概念の誕生となったのである。その後1980年代に入りレーガン政権の下で「小さな政府」が主張されるようになった。そのような動きの中，1981年にタイトルⅩⅩは「ソーシャル・サービス包括補助金 (The Social Services Block Grant)」と名称が変更となり，またその内容も各州レベルにおける自由裁量が強化されるようになった。

(2) 意義

人種のるつぼであるアメリカ社会には，多種多様なコミュニティが自然発生的に存在し，その結果，人種間及び地域住民間に日本には見られないさまざまな問題が発生する。そのような社会背景の下，社会福祉実践方法としての視点から地域福祉を見てみると，次のような特徴が挙げられる。まず第一に，教会等をはじめとした民間活動が大変活発であることが挙げられる。地

第10章 地域福祉の国際的動向

域において伝統的に存在し地域住民の精神的支えとなっている教会を中心としたボランティア活動をはじめ，さまざまなセルフヘルプ・グループや援助団体の運動・活動が大変活発である。その活動は，ボランティア活動はもとより，権利擁護（アドボカシー）活動や政治におけるロビー活動，さらには後述するソーシャル・サービス展開におけるサービス供給体制にも民間機関が大きくその存在を占めている。第二の特徴としては，同じ問題やニーズを抱える地域住民が一体となり団結して自分たちの権利を社会に訴え，権利を獲得し問題解決を行っていこうという，ボトムアップ的方法が活発に行われる点がある。いわゆる社会運動やソーシャル・アクションというアプローチである。1960年代の公民権運動に始まり，1990年に制定されたADA法（American with Disability Act）等がその典型といえよう。それは，同じニーズを抱えた障害を持つ地域住民が一体となった草の根運動に始まり，ついに全国レベルでの立法策定までに展開した。このように地域住民の抱える問題を地域住民自らがその主体となって問題解決にアプローチしていく点が大きな特徴といえよう。

　では，次にソーシャル・サービス展開の点からその意義を考えてみたい。前述したように，アメリカの地域に対するソーシャル・サービスの転換となったのは，1975年に成立したタイトルXXとして成立した「ソーシャル・サービス・プログラム」においてである。つまり，それ以前は所得保障（income assistance）という形でコミュニティにおいて金銭給付が行われていたが，それはあくまでも低所得者のみを対象としたものであった。低所得者はもとより児童から高齢者までのあらゆる全地域住民を対象としたいわゆるソーシャル・サービスとしての概念が生じたのは，このタイトルXXにおいてである。その後，レーガン政権の下，1981年にソーシャル・サービス包括補助金（SSBG）へと変わった。この目的は次の5つとされている。1）依存を予防・削減・削除するために経済的自立を遂行し維持する，2）依存の削除や予防を含めて自立を遂行し維持する，3）自分自身の利益・保護・リハビリや家族との再結合を守ることのできない児童や成人の放任・虐待・搾取を保護し救済する，4）地域ケアや在宅サービスやその他のサービスを提供すること

により不適切な施設ケアを予防したり削減する，5）ケアの方法が不適切な時は施設ケアを紹介したり，入所先を探したり，施設サービスそのものを提供する，といった5項目が挙げられている[注6)]。つまり，ソーシャル・サービス包括補助金の意義は，単なるソーシャル・サービスの供給にとどまらず，地域住民に対して自己自立を促し，また既に今から20年前の時点において「脱施設化」「虐待の予防」等を唱え，地域住民が人間としての権利を十分に保障された上で地域で生活できるシステム作りを構築したのである。

(3) 動向

アメリカ社会においても，日本と同様，高齢化が進行するという状況の中で高齢者に対する問題が深刻化している。伝統的に子どもとの同居による家族ケアが根づいている日本社会とは異なり，アメリカ社会は夫婦単位での高齢期の生活が通常である。その結果，家族等インフォーマル・ケアを補完する役割を社会に求め，地域におけるサービスの展開が大きな役割を果たしている。また，近年のアメリカ社会において離婚や若年出産によるシングルマザーの急増等により児童をめぐって新たな問題も多々生じてきている。

1981年に成立したソーシャル・サービス包括補助金は，低所得者の救済だけではなく児童から高齢者あるいは障害者を含めた全地域住民が人間としての権利を十分に保障されながら生活していくことを唱えた。その結果，現在

ソーシャル・サービス包括補助金により各州レベルで実施されているトップ10のサービス[注7)]		
順位	サービス名称	実施州の数
1位	児童デイケア・サービス	47
2位	在宅サービス	46
2位	児童保護サービス	46
4位	障害者に対する特別サービス	38
5位	ソーシャル・サポート・サービス	37
6位	養子縁組みサービス	34
7位	ケースマネジメント	33
8位	成人保護サービス	32
9位	里親サービス	31
9位	予防及び介入サービス	31

では，さまざまなサービスが州レベルで実施されている。

地域におけるソーシャル・サービス展開の根幹となった1975年のタイトルⅩⅩが1981年にソーシャル・サービス包括補助金へと変わるにあたり連邦政府への報告義務も2年に1回と減少された。また各州レベルで自由に補足できるようになり，各地域の地域住民のニーズが反映されやすいように各州レベルでの自由裁量が強化された。その結果，各々の地域において地域住民のニーズの特徴に見合ったサービス展開が行われるようになった反面，社会資源のある地域あるいは州と乏しい地域あるいは州との間で地域間格差が大きくなっていった。

そのような動向の中，下表に見るようにソーシャル・サービス包括補助金への連邦の負担も，1975年には＄2.5 billionあり，その後1995年の＄2.8 billionまでは増加してきていたが，1995年を頂点に激減してきており，1999年にはなんと＄1.8 billionとなっている。これは，1996年にクリントン大統領が主張した「個人の自己責任の強調」の結果であると考えられる。

連邦政府におけるソーシャル・サービス包括補助金：予算の変化
1975年　　＄2.5 billion
1995年　　＄2.8 billion
1999年　　＄1.8 billion

(4) 今後の展望

ソーシャル・サービス包括補助金に対する連邦政府の負担の激減からもわかるように，今後の動きとして連邦政府の各州に対する関わり方つまり経済的補助は著しく少なくなると予想される。その結果，各州の責任が大きくなるのはいうまでもない。

日本と同様，高齢化が加速しているアメリカ社会において高齢者に対する地域におけるサービス展開が今後の重要な課題になることはいうまでもない。その場合，アメリカの地域福祉の今後の動向として考えられるのは，地域間格差が今後より一層拡大する可能性が高いということである。つまり，人種

や社会階層により多種多様な人々が存在するアメリカの地域社会において，自己自立ができる住民が多く集まるコミュニティとそうではないコミュニティとが生じてくる。その結果，社会資源の整備が充実した地域とそうではない地域が存在してくると考えられる。その場合，伝統的に移住の文化が根づいているアメリカ社会において，日本とは異なり祖先の歴史等に関係なく移動や転居が比較的頻繁に行われる。そうすると，社会資源の整備がより整った地域に移動可能な生活力を持った人々がより多く集まり，競争原理の結果より良いサービス展開が図られるのではないかと予想される。その結果，社会資源の充実した地域とそうでない地域との地域間格差がより強まっていくと考えられる。 (増田公香)

注

1) Jack Rothman, John L. Erlich eds, 'A History of community organizing since the civil war with special reference to oppressed communities' "*Strategies of community intervention (5 th eds)*", Peacock, 1995, pp. 64-99.

2) B. B. Solomon, "*Black Empowerment : Social Work in oppressed community*", Columbia Univ. Press, New York, 1978.

3) 上掲書1)，'History of community organization', pp. 26-63.

4) Thomas M. Meenaghan, 'Macro practice', "*Encyclopedia of Social Work 18 th*", NASW, 1987, pp. 82-89.

5) M. O. Weil & D. N. Gamble, 'Community practice model', "*Encyclopedia of Social Work*", NASE, 1995, pp. 583-593.

6) U. S. House of Representatives, Omnibus Reconciliation Act of 1981, Conference Report (to accompany H. R. 3982) Report No. 97-208, July 29, 1981, Book 1, pp. 544.

7) http://www.adoption.org/gvt/html/body_ssbg.htm

3 スウェーデンの地域福祉
―― その理念と方法 ――

(1) 歴史的背景

　スウェーデンは，福祉先進諸国の中でも，歴史的に「スウェーデン・モデル」として独自の福祉理念を施策化してきた国として周知されている。1860年代には農業人口85％であった貧しい農業国は，1900年代半ばには見事に工業先進国に転じ，後半の四半世紀には福祉国家へと大きくそのスタンスを変えている。
　19世紀後半からの産業革命期を迎えて，産業構造の変化につれて過疎過密，都市化問題が深刻化し，特に1920年代の経済成長期には南部の大都市に人口が集中し始めて，地方自治制度の再編が大きな課題となった。
　1977年及び1991年の地方自治法は，伝統的に独立した地方分権の形を継承しつつ，レーン（国の機関）の権限を縮小し，ランスティング（県レベルのコミューン）とコミューン（市町村レベルのコミューン）の再編と協力体制が図られた。原則的にランスティングは保健・医療サービスを主務とし，コミューンは教育・福祉・住宅などのサービスについて責任を負うことになった。
　こうした地方分権施策は，高齢者・障害者の施策にも大きな影響を与えており，①【1946―1964：基礎形成期】1946年の国民年金改正を契機として，高齢者の経済的自立の基礎が確立され，従来までの「ケアホーム」（施設ケア）から「ホームケア」（在宅ケア）への転換が推進された。②【1964―1980：拡張期】高度経済成長のもとで，在宅ケア・施設ケアの社会整備を大幅に整備していった時期であるが，ホームヘルプサービスを拡充することで，施設ケアから在宅ケアへの転換すなわち「ノーマライゼーション」が具体的に始動していった。③【1980―：脱施設化，効率化と優先の時期】長期医療と急性期医療を区別することで，施設ケアをサービスハウスやグループホームなど

における後期高齢者や痴呆性高齢者の受け皿として限定しつつ,在宅ケアへの切り替えを図ったが,後述する1992年のエーデル改革を契機として,積極的に脱施設化を志向することになった。ただ,財政再建という課題においては,サービス資源とニーズの需給関係を分析した上で,現状では供給の優先度を踏まえながら効率化を図ることが模索されている[注1]。

(2) 地域福祉の意義

スウェーデンでは,基本的に"folkem"(ホーム「家庭」の意)を保障することが,すべての国民の生活ニーズに応えることになるという政策理念がある。これはコミューン・デモクラシーといわれるほどに,住宅・教育・福祉など市民生活のあらゆる領域に社会サービスが保障されていることを意味している。

スウェーデンにおけるコミュニティとは,権限や責任を持つ公的機関つまりコミューンを指しているが,身近な地域でのサービスを円滑に進めるために,コミューンでは施策の実施に際して市民(当事者)との「協議」つまり高齢者や障害者との意見調整の機会が位置づけられている。

例えば,各種の年金者組織や障害者連合は利益擁護のみならず当事者の権利のために活動している。その具体例として,年金者協会全国組織は,地域活動の一環として会員同士のネットワークを通した「友人サービス」(精神的ケアを中心とした相互援助サービス)を行っている。シニアハウス住宅協同組合は,住宅問題を中心に高齢者や障害者のための統合化された地域環境づくりに取り組んでいる。

こうした活動には,地域における住民相互の「隣人サービス」が当事者参加や自治意識を醸成し,結果として公共サービスの拡充に繋がっていくという認識が根底にあり,それが地域福祉の理念を形成しているといって過言ではない。

(3) 地域福祉の動向

スウェーデンの福祉の基本は,1982年の社会サービス法にある。その原則

は，①通常生活の継続（ノーマライゼーション），②ニーズの総合的把握，③自己決定，④社会参加，⑤日常生活の活性化（積極的活動）である。「住み慣れた自宅における生活保障」は，高齢者や障害者に対するサービスの重要な柱であるが，1996年には社会サービス法に「移転する権利」が追加されて，地域（コミューン）に住んでも，人としての尊厳と安心を保障するサービスを求める権利が明記された。

また，近親者有給介護休暇（年間60日間）においては，利用者と家族に対する保障のみならず，家族以外の友人や隣人もまた支援の対象として加え，ケア資源を拡充していった。

1992年に始まるエーデル改革では，医療・福祉に対するニーズが急増したことを踏まえて，医療と福祉の資源を効果的に利用するために統合化が試行された。そのポイントの一つは，病院ケア中心から，「快適な住環境の保障」を前提にした個別ケア（計画）の提供である。そのために，基本的には施設ケア（ナーシングホームや長期療養病棟）や在宅ケアを県コミューンからコミューンに移管させることで，脱施設化を促し，地域においてニーズの特性に配慮したサービスを組み立てるシステムを施策化していった。

例えば①上記の施設の管理，②高齢者や機能障害者に対する「特別住宅」（グループ住宅など）の拡充，③地域看護婦による保健・医療サービスと補助器具サービスの実施，④プライマリーケアの在宅医療サービスの実施（県との合意を前提とする），⑤デイケア事業の実施と拡充，⑥長期医療と在宅医療に関する看護責任者（看護婦）の設置などがコミューンに移管された。

こうした一連の改革は，医療と福祉の統合化（例えば窓口一本化や相互連携）と有効利用（例えばケアの継続性）を促し，高齢者・障害者に対する「ケアの質」を大きく向上させた。

しかし，改革の影響もまた大きく，サービスの「優先化」や「効率化」による差別化の現実は，ケアの質や利用者満足度にもマイナスの影響を残した。すなわち，以下のような課題が政府の調査によって指摘されている[注2]。

1) 介護ニーズの高い利用者から優先的に供給することは，予防的な視点からはマイナス効果となる面がある。

2) サービスの知識や技術の未成熟によって末期ケアの質に格差が生まれている。
3) 介護・看護ニーズを医療と福祉の両面から総合的に査定する必要がある。特に医師の援助を強化しなければならない。
4) サービス料金の値上がりが高齢者のサービスの利用控えを生んでいる。
5) サービス・ケアに対する当事者（高齢者）の参加を強化する必要がある。

こうした一連の課題は，特にプライマリーケアとコミューンとの連携強化を前提としているし，ケアやサービスに対する当事者（市民）の影響力が確保され，アクセス（権）が統合的に保障されることが重要となっている。

(4) 地域福祉の展望

スウェーデンの福祉が持つ魅力は，その先進性や実験性にある。まずはじめにシステムありきではなく，多様な個別ニーズを充たすためにどのようなシステムが可能なのかという発想が根底にあるといって過言ではない。

スウェーデンの次の目標は，ポスト・エーデル改革であることは論をまたない。例えば，コミューンへの権限や責任の移管は，コミューン間のサービス格差を生み出すことにもなってきた。利用者の生活ニーズが多様化する中で，ケアやサービスの質の改善のための新たな評価システムが必要となっている。さらに，個別ニーズを尊重してサービスの細分化を図るならば，サポート体制のための費用や質の高いヒューマンパワーの確保が不可欠となるが，費用対効果をどう高めていくのかということも課題となっている。

スウェーデンの民主主義の特長は，権利が最も侵されやすい高齢者や障害者を差別化することなくサービスの中に組み入れるという理念が前提にあることだ。近年，普遍的サービス・レベルを確保するために，政策的な試行を重ねながら，財政再建を通して，地方自治の強化を果たしたことは特筆に値する。

地域や家族のインフォーマルな関係を基調としつつ，必要なサービスを公的責任において整え，老いた世代を若い世代が支え，あるいは健康な者が病

第10章　地域福祉の国際的動向

める者，障害をもつ者をケアしていくという社会的な土壌を耕していく営みが，この国の地域福祉を豊かなものにしているといえよう。　　　（増田樹郎）

注
1) 総務庁長官官房高齢社会対策室編『各国の高齢化の状況と高齢社会対策』2000年，194-196頁。
2) 前掲書，214-217頁。

参考文献
(1) 日本障害者リハビリテーション協会編『世界の障害者福祉の動向　地域福祉の取り組み』1999年。
(2) 藤岡純一編『スウェーデンの生活者社会——地方自治と生活の権利——』青木書店，1993年。

4　オーストラリアの地域福祉
――その理念と方法――

　オーストラリアは，日本ほど高齢化率が急速にのびている国とはいえないが，政府は常に計画的にその対応に取り組んでいる。現在オーストラリアの高齢化率は約11.6％で，2025年までには16％に達すると予測されている。平均寿命は日本とあまり違いはなく，男性75歳，女性81歳である。これはスウェーデンとほぼ同じである。年代別に見るとオーストラリアの老人ホームでの入所者の約35％が80歳以上の女性であり，入所率が一番多い。70歳以上の高齢者の約5％が長期老人施設に入所しており，残りの25％は何らかの在宅ケアサービスを受けて暮らしている。これは20人のうち1人が施設ケアを受けていることになり，高齢者のうちの7割は全く他人の援助を受けずに自立して暮らしていることになる。

(1) 高齢者システムの改革

　ヴィクトリア州政府は1992年に高齢者ケアプログラムを作成し，高齢者ケア大臣を任命した。以下に，その時に確立したプログラム内容を挙げてみよう。

- 専門分野として，高齢者専用慢性期ケア（リハビリ病棟，アセスメント病棟，等）と長期施設ケアセンターを州内に設立
- 在宅をベースとしたホスピス・緩和ケア，在宅リハビリテーションの拡大
- 失禁や痴呆症をアセスメントし治療するスペシャリストクリニックの設立
- 在宅ケアマネジメントを提供するリンケッジサービスの拡大
- 高齢者ケアアセスメント・チームの強化

　現在オーストラリアでは高齢者用として約3000軒の施設があり，約13万人がそこで暮らしている。

(2) 将来の課題

オーストラリア政府は高齢者のニーズを満たすためには，以下の政策内容が必要と提唱している。

- ◆ 健康かつ自立性の維持
- ◆ 自立生活のサポート
- ◆ 疾患や慢性障害の管理
- ◆ 最新の長期ケア

重要な課題は高齢者の健康を守る特殊な管理法を実施するシステムを確立することであり，それにはまず急性期ケアと在宅または長期ケアの連携が大切である。オーストラリアの病院入院平均日数は現在3.9日である。入院した時点からすぐに退院計画を練り，自宅に帰る場合は入院中に在宅サービスのアレンジがなされる。例えば，バララット市のバララット・ヘルスサービスでは，総合病院からクイーンエリザベスセンターにすぐに連絡が入り，長期施設ケアやリハビリの必要性がアセスメントされ，すぐにその手配がされる。ありとあらゆる横との連携が確立されている。骨折，脳卒中，関節炎，等の急性期に起こる問題の対処と，慢性期となる障害に対する管理法を敏速に連携し，運動性の低下をできるだけ防ぐシステムを作ることが大切である。これからのチャレンジとして，必要な時に必要な場所に必要なサービスを提供するための綿密かつ専門的なアセスメントが必要であり，家族や配偶者が介護者となる場合は，その人達に適切なサポートを提供する，そして病院や老人施設のベッド数やサービスの種類または量の変化に比例した在宅サービスを提供することが課題となっている。

(3) ケア・チョイス

① 疾患と障害に関するトレンド

オーストラリアでは心疾患，脳卒中，癌と糖尿病が最大の死亡と障害の原因となっている。そのためには高齢者の機能を最大限に促進するヘルスプロモーションと予防医学に関する正しい政策が必要であり，食事管理，運動性

向上のためのプログラム，等に力を入れている。

② **在宅ケア**

ほとんどのオーストラリア人は在宅で暮らすことを望んでいるので，さまざまな在宅サービスが提供されている。しかし問題が複雑で独居または配偶者も障害があり，かつ高齢である場合はケアマネジメントを受けることができる。

これはオーストラリア連邦政府が1989年にリンケッジサービスというケアマネジメントを始めたが，ヴィクトリア州ではバララット市が最初であった。これは在宅でのケアをコーディネートするのが目的で，バララット市のリンケッジサービスには，70歳以上の老人に100人分の予算が常に出ている。もちろんケアマネジメントを受けずに在宅サービスを受けている人はたくさんいるが，ヴィクトリア州では1998/99年度においてこのリンケッジサービスを受けた件数は2479である。

 ケアマネジメント：複雑なニーズを持ったクライエントに継続的にサービスを提供したり，各個人のニーズに合ったサービスをコーディネートし，そのサービスが常に利用できるように監督する

 ではケアマネジメントの必要性は何か：

  ＊利用者のニーズが複雑な場合，多数のサービスをコーディネートする必要がある

  ＊さまざまなサービス提供団体を連携することが必要である

  ＊利用者に対して全責任を取る必要性がある

ケアマネジメントについて，考慮しなければいけないのは現在使用できる政府の資金または削減された資金をいかに有効に使うかということである。その上に，

 ○資源の効率的使用とその資源を使用した結果がどうなるか

 ○利用者の自己に対する責任性──他人にすべて任せるのではなく自分自身がすること，受けること（サービスまたは治療，等）に対して責任を持つ

 ○私立のサービス提供団体の増加と競争化

○利用者負担の上昇
○精神的または身体的障害者に対する弁護/代理人役の必要性
を考慮しなければいけない。

③ 長期施設ケアでのケアマネジメント
◆施設ケアの理念はまず，在宅生活の延長

それには，入所者の権利，個人の選択権，自立の促進，アセスメントの結果・ニーズに応じた個別ケア，家庭的な環境作り，柔軟性，自由性，等を含めなければいけない。

◆入所者クラス（RCS：要介護度）分け

まず老人施設入所前に高齢者ケア・アセスメント・チーム（Aged Care Assessment Service：ACAS）が入所に対する必要性を判定する。そして施設入所後に看護ケア職員によりクラス（RCS：要介護度）分けされる。このクラス分けは全部で8段階になり，約21日間かけて20項目に沿ってアセスメントされる。その結果できるだけ自立を促進した個別ケアを提供するためのケアプランが作成される。

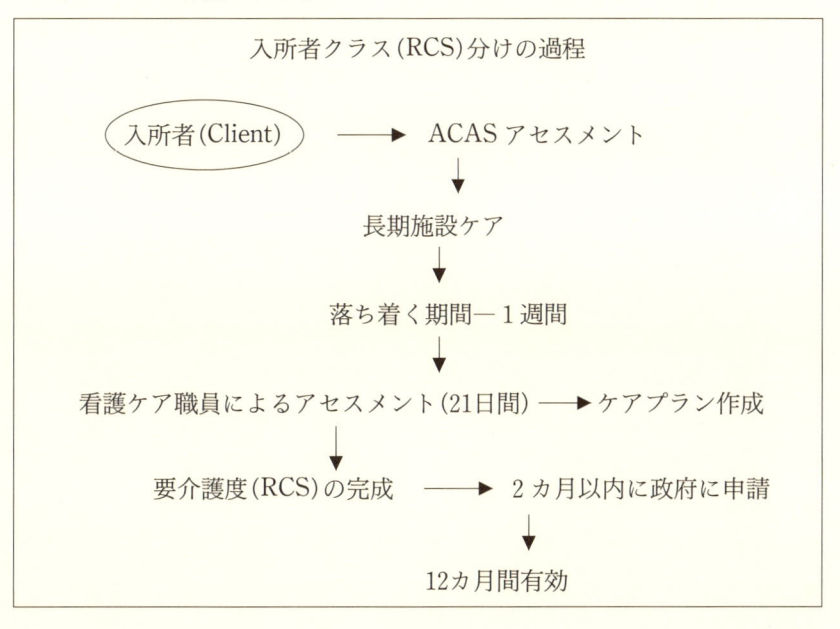

```
入所者クラス(RCS)分けの過程

入所者(Client) ─→ ACAS アセスメント
                        ↓
                   長期施設ケア
                        ↓
                  落ち着く期間―1週間
                        ↓
         看護ケア職員によるアセスメント(21日間) ─→ ケアプラン作成
                        ↓
              要介護度(RCS)の完成 ─→ 2カ月以内に政府に申請
                                        ↓
                                    12カ月間有効
```

◆ケアプラン

　ケアプランは短期用と長期用に分かれている。短期用は必ず解決できる問題点で，長期用は慢性的問題点である。個別ケアをモットーにしているので，アセスメントは綿密にするし，個人のニーズに合ったサービスの提供を実施している。それには以下のアセスメントも必ず含まれる。

1. 失禁ケアアセスメント──3日間かけて失禁の程度，失禁パターンを出し，本人に合った失禁ケアの提供
2. 問題行動の評価──問題行動評価グラフシステムを使用し，問題行動の対処法を考える
3. 疼痛管理──特に言語表現できない人（痴呆性，言語障害等）のための対処法
4. 緩和／ターミナルケア──苦痛をやわらげ安楽に，過剰な治療なしで死を迎える
5. 個人に合ったアクティビティープログラム
6. 専門的痴呆性老人ケア
   - 開放感，尊厳性，自立性の促進──問題行動のある痴呆性老人に合った環境で落ち着いた安全な生活の提供
   - スヌーズランセラピー──痴呆性老人がエンジョイできることと落ち着けることをアセスメントする方法

　アセスメントの過程やケアの面でも家族の加入・参加を奨励し，ケアマネジメントに興味を持ってもらうことが大切である。それには施設ケアをごく家庭的にすることで，家族が自由に訪問できる安楽な環境作りが大切である。その環境とは物理的（デザイン，内装，スペース，色合い，装飾等）環境と管理的（施設の理念，柔軟性，職員の態度等）環境が含まれなければいけない。

◆職員教育

　オーストラリアではヘルスケア（医療福祉）に携わる職員は高度な教育を受けなければいけない。教育なしでは良いケアは提供できないと考えている

ので院内・院外教育は盛んである。ケアマネジメントで不可欠なのは優秀な人材を育てることで，マネジメントに長けるリーダーを配置するとともに副リーダーを育て職員間のチームワークを促進することが大切である。入所者と職員の安定化を促進したシフトを組むべきであり，職員の入れ替わりが激しいと良いケアチームは組めないしケアの継続性にもならない。職員の確保の仕方，シフトの組み方，情報交換，責任の分担，昇進システムの見直し等と，職員がそのエリアの管理に携わる環境を提供することがケアマネジメントの成功につながる。それには職員間の平均的教育のレベルアップ，職員間の意識改革を促進する管理者が重要となっている。それが質の良いかつ効率的なケアマネジメントを実施するこつである。

(4) まとめ

オーストラリアでは医療と福祉は一対であるので，ヘルスケアと呼ばれている。保険の面ではメディケアという国民皆保険があり，公立機関で医療を受ける場合は個人負担はなしである。これは所得の1.5％が天引きされているからで，また，所得のない人，例えば，失業者，障害者，学生等，もメディケアが受けられる。高齢者の場合は老齢年金が63歳以上から支給され，これは掛け金なしであり，その金額は所得に応じて変化するが，普通の生活をすればこの年金だけでも暮らすことができる。オーストラリアのシステムは個人のニーズに応じたサービスの提供で，必ず何らかの形で個人負担があるが，それは財政状態に応じた支払いである。高齢化率が進む将来を抱え，限られた資源を効率的に，無駄がなく，その上に質を常に向上させ，結果・効果について常に評価をし，そしてさまざまな治療，看護ケア，その他のサービス等を提供する人に対する管理と評価がなされるシステムを実施している。

（洋子マーフィー）

5 韓国の地域福祉
―― その理念と方法 ――

　韓国で地域福祉に該当する概念は，今まで地域社会福祉という用語であったが，他にはアメリカでよく使われている地域組織や地域開発という用語が多く使われる傾向にあった。
　その後，日本で多く使われている地域福祉という用語が紹介され，この用語が部分的に使用されるようになった。日本の地域福祉の概念は，地域と社会福祉の合成語で地域次元での社会福祉という意味が強調されている。
　日本の社会福祉対策は，階層による対象別事業が強調される傾向が強かったが，地域福祉という概念を導入するようになって地域次元での住民主体の社会福祉が，展開されるようになった。
　しかし，地域福祉という用語が，韓国ではまだ定着したとはいいがたい。つまり韓国では地域社会福祉，地域福祉，在宅福祉などの用語が混合して使用されているのが実情だからである。
　韓国でよく使われている地域福祉に対する概念定義を見ると，金泳謨(キムコンモ)(1985年) は，地域福祉という言葉は，地域社会と福祉の概念を統合したため，非常に広い意味を持ち，このためさまざまな概念と方法が混在しているという。また，地域福祉というのは地域社会住民の福祉を高めるための方法であると同時に分野であるという。この定義は，アメリカでよく使われている地域組織 (community organization) の概念に近いといってよい。
　一方，崔一燮(チェイルソプ)(1996 年) は，地域福祉 (community welfare) というのは非常に包括的な概念であり，専門家また非専門家が，地域社会に存在するさまざまな制度を改善し，地域社会の問題を予防し，解決しようとするさまざまな社会的努力を意味することであるという。この定義は地域次元での住民主体の社会福祉を展開している日本の概念に近いであろう。
　このように見ると，韓国の地域福祉はアメリカの方法論中心から地域性を強調する日本の地域福祉中心に変わりつつあるといえる。しかし，地域福祉

第10章　地域福祉の国際的動向

という概念は個人・家庭・集団などの個別的水準の福祉と対立的な位置にあるのではなく，社会福祉という一つの連続線上に位置し，個別的な社会福祉と相互補完的な関係を持つことである。

以上で見たように，韓国の地域福祉はアメリカや日本の方式を多く導入している。しかし，韓国独自の特性と伝統性を持っているため韓国の地域福祉の歴史を見ることは，意義あることであろう。

(1) 韓国地域福祉の歴史

現代の社会福祉に含まれる地域福祉という用語が使われたのは20世紀以降であり，韓国の場合は1940年代である。しかし，韓国における地域福祉に対する概念，原理と方法は，それが導入されるはるか前に地区単位あるいは国家的な次元で，当面する社会・経済的問題を解決しようとする共同の努力として存在した。すなわち，韓国民族が地域共同体を形成した以降，現代的な意味の社会福祉制度が導入される前まで，伝統的な地域社会活動は，国家や郡県単位の行政的な福祉事業と地区単位の民族的な共同慣行に大きく分けられる。

しかし，韓国の伝統的社会において福祉的な援助を提供し，それによって一番多く助けになったことは，国家や郡県単位の行政的な福祉事業よりも村単位の自主的な慣行によることであった。全国的に行われた自主的な福祉慣行について簡単に示す。

① テューレ：民間協同体の一つとして村単位に組織された農民の総合協同体で現在は存在しないが，共同主義精神は無意識化され心的構造として農村社会の自治と協同の領域で潜在的役割を果たしている。労働形式は今も農村開発のためのさまざまな事業に影響を及ぼしている。

② 契（ケ）：自生的組織として契の成員の数，目的によってさまざまな形態と種類が存在し，共同の欲求と利益を求めることを意味する。すなわち，結婚には多くのお金がかかるため，費用を支払うことができない低所得層の人々が契を作って互いに助け，また，宗族の団体行事に必要な費用や病気や葬式などに援助を与えた血縁的福祉の一つの形態であり，今日

でも先祖の墓守り資金が両親の病気治療に多く利用されている。
③　プンアッシ：地区内の農民達が労働力を相互に交換する組織をいう。韓国農村の代表的な労働協力の様式であるが，労働協力以上の精神的な交換の意味も含まれている。農民社会の自助的福祉構造を達成しようとする協同体である。
④　郷約(ヒャンヤク)：儒教の影響を受け，地域社会の発展と地域住民の純化，徳化，教化を目的にした自治的な協同組織である。この郷約は四代綱領（徳業相勧，過失相規，礼俗相交，患難相恤）を設定しているが，その中で福祉的な綱領は患難相恤である。この患難相恤は火災の発生，病気，貧困のため結婚できない人や貧困者などを助けることである。

　このような伝統社会に存在した社会福祉の制度や慣行が今日の社会福祉の観点から見てどのぐらい関連性があるか疑問があるとしても，その思想と精神に多くの影響が及んでいることは事実である。しかし，現代産業社会が内包している社会問題は慈善的で非組織的な福祉的努力では解決されにくいため科学的で組織的な専門的努力が必要になる。したがって，欧米で発達した専門的な地域開発の方法と日本の地域福祉を受け入れるようになった。ここでは他の国と違う韓国のセマウル運動が成功した背景と失敗した原因を述べながら，韓国社会福祉協議会が韓国の地域福祉にそれほど大きく位置づけられない理由と，現在韓国地域福祉の中心である総合社会福祉館に関して述べる。

(2) セマウル運動

　セマウル運動は地域社会開発事業であるといえるが，広い意味では地域福祉ともいえる。したがって，韓国の地域福祉の歴史上その組織と事業規模，また，これを遂行しようとする執念と熱気においてセマウル運動より大きい事柄はない。

①　セマウル運動の展開

　セマウル運動が公式的に始まったのは1970年4月朴正煕(パクチユンヒ)大統領が全国地方長官会議で"我らの村は我らの手で作るという自助・自立精神を持って汗

を流しながら働けば，すべての村が豊かな村にその姿が変わると確信する"と述べたことによって1970年10月から全国3300か所の自然村から展開された。1973年には，3465か所の全国すべての村が参加し，1976年には"セマウル運動は農村だけ適用されるものではない"という大統領の年頭記者会見によって都市セマウル運動が展開された。1977年には新しい心こそセマウル運動の基礎哲学という朴大統領の年頭記者会見内容によってセマウル運動の精神的な側面が強調された。その後，朴大統領の死亡（1979年10月26日）によって空白期間があったが，1980年，全斗煥（チョンデュファン）大統領がセマウル指導者研修園を訪問し"セマウル運動は政権的次元と関係なく国民運動の次元で継続的に発展させ，社会浄化運動と連携して継続推進すること"と強調することで再起した。また，1980年代後半にはセマウル運動を民間主導とする政府の方針によって，中央本部が創立され，セマウル運動育成法が成立した。

1981年にはセマウル協同と保育園が設置され，1982年には自立精神を強調しセマウル保育園と子どもの家（保育園）が統合した。その後，88年ソウル・オリンピック推進のためにセマウル運動が強調されたが，オリンピックが終わった後，本来追求した理念や目標と異なった政治的目的を志向したという批判とともに衰えていった。

② セマウル運動の成果と限界
　a．目標の側面

地域社会の福祉を増進するための目標には，課業中心の目標と過程中心の目標がある。すなわち，課業中心の目標は具体的な事業の完成，地域社会内のサービス伝達体系の確立，新しい開発などの地域社会の機能と関連した限定された問題に関心を持つことである。過程中心の目標は地域社会内の住民間の協同的関係を調整し，自治的に問題を解決していく構造をつくることで地域社会の解決能力を高め，共通課題に対する住民の関心と参加を刺激し（日本の住民主体の地域福祉），協同的な態度と実践を促進するなど，地域社会の体制維持と能力開発に力を入れることである。

この二つの目標の中で，セマウル運動では，課業中心の目標が支配的であり，地域住民の態度と行動において内面的変化よりは可視的な効果により重

点を置いていた。

　したがって，セマウル運動の成果も物理的な面の効果によって評価される傾向があった。すなわち，セマウル運動から学べることは，数量で現れる実的効果よりは，住民達が自分の生活状態を改善しようとする維持と能力がより重要であることである。

　b．事業推進組織体の側面

　ロス（Ross, M. G.）によると，地域住民の目的と努力が実際に行われ，また地域組織化の過程が進行させられるために推進体（association）を結成する必要があると述べている。これは地域社会の福祉を増進するためには組織体を構成することが不可欠であるということになる。

　セマウル運動は公・私の指導者達で構成した地域開発委員会を持っていたが，政府の指示によってあるいは少数の指導者によって委員会が主導される問題点を持っていた。すなわち，一人あるいは少数のセマウル指導者が持っている関心は必ずしも地域住民全体の利益と一致するとはいえなかった。したがって，地域住民が持っているさまざまな個人的・手段的ニーズを反映し，効果的に問題を解決するためには，住民達の多様なニーズを代表する推進体を結成することが重要であった。また，セマウル運動が一人あるいは少数の指導者によって推進される場合，その主導者がその地域を離れ，指導者としての責任を放棄すると事業推進全体が困難になることもあった。以上，セマウル運動は多くの成果を成し遂げたにもかかわらず，上からの地域社会開発であったという点で政治権力の統治手段として利用される限界点を持っていた。

(3)　社会福祉協議会

　韓国の社会福祉協議会は，朝鮮戦争直後である1952年救護活動を展開していた民間社会事業機関の集まりである韓国社会事業連合会から始まった。その後，1970年に韓国社会福祉協議会になった。さらに，1984年には地方社会福祉協議会（12か所）が組織され，1995年には15か所の市・道の地方社会福祉協議会が組織された。

このように，社会福祉協議会が発足してから40数年の年月が流れ，韓国社会福祉の発展に大きく貢献した。しかし，このような成果にもかかわらず改善しなければならない問題点も多い。

 一つは，アメリカの協議会は地域社会の資源を効率的に引き出す必要性から生まれたが，韓国の社会福祉協議会は，社会福祉機関の有機的な関係を通じて社会福祉事業を発展させようとする形式的な動機から出発していたし，現在もそのような伝統にとどまっている。

 二つには，政府との関係において，あまりにも強い従属的な関係にとどまっている。これは予算などの理由であるが，協議会が民間団体である以上，再考しなければならない問題である。

 協議会がこのような問題点を解決し，発展するためには，地域住民の共通したニーズが解決されるように，福祉機関はもちろん市民組織・社会団体などが広範囲に参加する構造をつくらなければならない。

 また，専門的プログラムを開発・補給しなければならない。すべての市町村に社会福祉協議会がある日本の場合を見てもわかるように，現在15か所にすぎない地方の社会福祉協議会を面・洞単位の社会福祉協議会にまで拡充して再組織し，地域住民の特性にあった直接的なサービスを提供しなければならない。

(4) 総合社会福祉館

 総合社会福祉館は，総合的な社会福祉事業を通じて低所得階層の自立能力を養って中産層に誘導し，地域社会問題に取り組み，解決に努めている。地域社会及び住民の連帯感を調整する媒介として，地域住民の福祉増進のために総合福祉センターの役割を遂行するという目的を持って全国規模で設置・運営されている。

 1980年代後半から急激的に増加し，1997年現在では289か所ほどある。このように急激に増加した理由の一つは，国家は日々，深刻な住宅問題を解決するために200万戸のアパート建設計画を推進したが，その際に，低所得住民のためのアパート団地を建設する時は団地内に総合社会福祉館を建設する

ように義務づけたためである。二つ目は，財閥企業及び民間団体による総合社会福祉館建設が活性化されたことであり，三つ目は，大学が直接総合社会福祉館の運営主体として出発するなど，設立主体が多様化したことである。

このような総合社会福祉館は量的拡大とともに専門化・体系化が行われるなど実質的な面でも変化が現れるなど，地域社会福祉の拠点としての役割が期待されている。

これ以外にも，障碍人福祉館，老人福祉館，在宅福祉ボランティア・センター，デイケア，ショートステイなどが活発に活動している。　　（張　昌鎬）

参考文献

(1) 金泳謨『地域社会福祉論』韓国福祉政策研究所出版部，1995年。
(2) 崔一變『地域社会福祉論』ソウル大学出版部，1998年。
(3) 金聖二『比較地域社会福祉』韓国社会福祉館協会，1997年。
(4) 愼變重ほか『韓国社会福祉法制概説』大学出版社，1991年。
(5) 崔在錫『韓国農村社会研究』一志社，1985年。

第 11 章

地域福祉の実践事例

　この章では，既述の地域福祉論の基本を踏まえつつ，その内容を具体的事例の中で検証することを目指している。すべてを網羅した事例の列挙は不可能であるが，地域福祉の基本的内容が現実の取り組みの中で把握できる。

　具体的事例としては，過疎地における社会福祉協議会活動，都市化の中の高齢者ケアと地域福祉活動，障害者の地域自立活動とサービス利用，地域での子育て支援活動，地域に根づいた在宅支援ボランティア，精神保健領域における地域支援活動が事例研究的に取り上げられている。この事例の中から地域福祉が実現しようとする「人たるに値する地域社会生活形成」の各分野における生の営みが見えてくることであろう。

　各節とも事例の概要に続き，課題と展望，さらに事例に即した論点の整理がなされ，事例検討の視点を養うためにも役立つよう工夫がなされている。

1　過疎地における社協活動

(1)　事例の概要

　山口県東和町は，山口県大島郡の最東端に位置し，世帯数2853戸，人口5576人，うち65歳以上高齢者2769人，独り暮らし高齢者779人，寝たきり高齢者55人，高齢者2人暮らし世帯130世帯の居住する町であり，高齢化率は全国一の49.66％（平成11年5月現在）の町である。22ある集落のうち13の集落が高齢化率50％を越えている。この東和町では現在，いくつかの高齢者に対する取り組みがなされている。その一つである「毎日給食」を事例として取り上げていく。毎日給食は平成3年10月に東和町社会福祉協議会で始められた。当初，36食だった給食も現在では100食程と利用者の増加が著しく，サービスの必要性を物語っている。

(2)　経過と背景

　「こんにちは」社会福祉協議会から毎日給食作りを委託されている民宿の方が，3段式ランチジャーを持って向かった先は，東和町でも高齢化率の高い村落である。地元の民宿では，社会福祉協議会から毎日給食を委託されてから毎日，朝4時半からおよそ100個のお弁当を作る。季節，季節で趣向を凝らし，高齢者の好むものや味付けに気を配り作っている。お盆も正月も休むことなく行われているのでまさに「毎日給食」である。その給食を3段式のランチジャーに入れて協力員が各地域をまわって配食する。この日，給食を配食されたKさんは独り暮らし。近所の身体の不自由な親戚の世話をしながら，自らも親戚と共にこの給食を利用している。「味付けがものすごい上手なのです。だしのとりようも問題ない。余るほどあるから昼食べて，晩にも食べる。一人ではあれやこれや作られんから本当に助かる。」最近では足に痛みがあり，親戚の世話をしながらの毎日であるため，食事については考えなく

ても毎日給食があるおかげで助かっているということであった。

　東和町社会福祉協議会の毎日給食は，東和町町内の民宿が調理をし，作られた給食を各地区の拠点まで社会福祉協議会の職員が運ぶ。拠点に届いた給食を高齢者宅へ運ぶのは各地区の配食協力員であり，これを365日欠かさず実施している。利用料金は1食300円で，配食協力員には1食配る毎に100円が支払われている。この毎日給食はホームヘルパーが利用者宅に訪問する中で，実際の高齢者の声からサービスの取り組みにまで至ったものである。訪問した先の高齢者に食事を作っている時に「来ない時には食べないこともある」という声を聞き，その必要性を痛感したことから，社会福祉協議会でアンケート調査をし，N財団からの資金援助のもと，必要な高齢者に対して実施することとなった。現在では県の補助を受けて運営している。もともと漁業と農業が主産業の地域であるため，高齢者の食生活は食料品を店で購入しなくても自分達で食べるくらいは作っている家が多い。このことだけを考えると，一見食生活に不便はないように思える。しかし，一度身体の具合が悪くなったり，自分達が作る野菜や魚以外の食料品を買いに行こうと思っても，交通手段も整備されていないため，不便でないとは言い難い。そういった町であるだけに毎日給食を始めてから年々，利用者数は増加している。

(3) 課題と展望

　毎日給食が，給食を作っている民宿では地域の役に立つように始めたということ，また，社会福祉協議会の職員も土日，祭日なく配達に関わっていること，さらに配食に関わっている協力員についても同じく，協力する意識があるからこそ，成り立っているという部分があることは否めない。そして作る側，運ぶ側がサービスを利用している高齢者と年齢的に大きな差がないということも，過疎の地域の現実である。このことは言い換えるならば，次のサービスの担い手がいないという問題も含んでいる。今後はサービスの安定化を考えていくためにも，相互扶助の精神に頼るだけではなく，意図的に住民の意識を高め，その育成にも力を入れていかなければならない。

　また，事業を支えるマンパワーの不足は過疎地域の大きな問題であること

はいうまでもないが，東和町ではそれに加えて交通事情の問題も大きな課題である。今回の事例でも交通手段が整備されていないため，買い物ひとつ行くのにも困難が生じるという実態があった。過疎地域の点と点を結ぶような交通手段として，移送ボランティア的な事業もマンパワーの問題と合わせて重要となってくるであろう。

(4) **論点**

東和町の毎日給食の事例をもとに，過疎地域における社会福祉協議会について学ぶべき点を以下に示す。

(1) 過疎地域の問題として単に人口の減少ということだけではなく，心の過疎という問題が挙げられる。東和町で何人かの高齢者にお話をうかがい「家に一人でいると頭がどうかなりそうだから，人と話しをしたり，畑に行ったり，漁に出たりする」という声を聞いた。毎日給食の取り組みは，ただ単に給食を運ぶということだけでなく，安否確認や，話し相手という意味からも大切な取り組みとなっている。

(2) 今回の事例は，一高齢者の声が地域の高齢者のサービスにまで発展した例であり，社会福祉協議会がそのような潜在的な需要を表面化させてシステムに結び付けているという点から，社会福祉協議会の在り方について学ぶことができる。

(3) 高齢者が高齢者を支えている過疎の地域では，高齢者もサービスの担い手となっていること，そしてその背景にはそれを支える社会福祉協議会の姿があるということが事例から読み取れる。

(4) 社会福祉協議会と地域住民，民宿などがお互いに相互支援をすることで365日欠かさずサービスの提供が可能となっている。

多くの課題を抱えながらも，東和町の社会福祉協議会は独自の活動を展開している。今後の過疎地域における，あるいは高齢化している地域の社会福祉協議会の在り方の一つの方向を示しているといえる。

(伊藤　桜)

参考文献

(1) 牧里毎治・野口定久・河合克義編『地域福祉』有斐閣, 1995年。
(2) 小川全夫『地域の高齢化と福祉』恒星社厚生閣, 1996年。
(3) 宮本常一『日本の離島』未來社, 1960年。
(4) 佐野眞一『大往生の島』文藝春秋, 1997年。
(5) 日本社会事業学校連盟『住民主体の地域福祉活動』全国社会福祉協議会, 1973年。

2 都市化の中の高齢者ケアと地域福祉活動

(1) 事例の概要

　1950年代の高度経済成長と1985年以降のバブル経済期に，大都市圏への人口集中が見られたが，その後は大都市よりもその周辺地域が都市化している。今回事例で取り上げる地域は現在は人口増加も割合としては少ないが，大都市周辺で都市化してきた地域を選び，都市化地域に特徴的な，高齢者ケアと地域福祉活動について社会福祉協議会の活動を通して示していく。静岡県富士市は，人口236,082人（平成10年4月）の工業の町である。近年，紙パルプや自動車産業は成熟化し成熟のスピードは鈍化してきているが，第2東名インターチェンジの開設も予定されており，圏域の中核都市としての役割を果たしている。高齢者のいる世帯は，27.3％と低く，出生率や労働力人口の割合は高い数値を示している。富士市の社会福祉協議会は，このような市の特徴を生かして，平成6年から3年間社会福祉協議会の「ふれあいのまちづくり事業」の一環として「企業ボランティア」という事業を展開してきた。この事業と，最近社会福祉協議会で始められた「富士市社会福祉協議会モニター制度」について取り上げていく。

(2) 経過と背景

　富士市は工業の町であるため，企業が多く，ここに働いている40代から50代の働き盛りの職員を対象に「企業ボランティア活動研究会」を発足させた。商工会議所に意見を求め，大中小の企業をそれぞれ選び，選んだ企業の部課長クラスの職員に集まってもらい，3年間で8回から9回の会議を設ける中で企業の意見を聞く機会を持った。「福祉の情報が企業に流れてこない」といった意見も出され，企業ボランティアに関する講演会や社会福祉協議会の広報紙を市内の130社の企業に送付するなど行ってきた。具体的に活動に結び

つく件数は少なかったものの，例えば「施設の草取りにきてほしい」というニーズに応えて企業が多数の職員を施設へ送り込んだり，会社内の自動販売機に缶のプルタブを集める箱を設置し，その収益金を車椅子に換えて持ってきてくれたりというようなこともあった。3年経過後の現在でも，その時に企業から上がってきた意見を生かし，情報提供と講演会と懇談会については引き続き行っていきたいと考えている。

この他に社会福祉協議会は，平成11年4月より「社会福祉協議会モニター制度」という制度を発足させた。この制度を発足させるに当たっては，アンケート調査により社会福祉協議会について知らない住民が多いということを契機として，より多様な多くの声を社会福祉協議会に反映させていきたいと考えたことから始められた。現在20代から70代までの20名のモニターが活動している。内容は社会福祉協議会の事業などについて意見・要望を規定の用紙に記入の上郵送してもらう方法をとり，現在50通ほどの意見が寄せられている。

(3) 課題と展望

企業ボランティアは，いくつかの試みがあったが，なかなか具体的な活動に結びつくことがなかった。しかし，これは今までまったく福祉という言葉すら知らなかった企業に対して働きかけたということも背景にあったためである。今後はさらに企業とコンタクトを取り，企業に就労している人々も福祉に関心を持ってもらうことで，会社の中だけでなく，地域に戻った時にもボランティアなどの活動ができるような意識作りも，視野に入れた活動展開が求められる。

都市化している地域の場合，まず多様な住民がどのようなニーズを持っているのか，それを知るためのシステムづくりが必要となってくる。モニター制度も多様な住民から社会福祉協議会の活動を理解してもらう中で，地域福祉活動に関する意見を広く一般から求めているが，始めたばかりということでもあり，これから数年，年を重ねていく中で多くの意見を集約していくということになる。その上で住民からの意見を，今後どのように社会福祉協議

会の活動に吸い上げ，取り入れていくかということを考えていかなければならないだろう。

(4) 論点

富士市の社会福祉協議会の事例をもとに，都市化している地域の高齢者ケアと地域福祉活動について学ぶべき点を以下に示す。

(1) 富士市は労働力人口の多い地域であるが，今後，企業に勤めた就労者が高齢化していくことを考えると，現時点で，今後のことを見据えた地域福祉活動が必要となってくる。また，都市化した地域では昔からの近隣関係のみを重視した福祉活動にとどまらず，職場の関わりの中での福祉活動を展開していくということも重要であり，そのような試みとプロセスが富士市の事例から読み取れる。

(2) 現時点では，富士市は高齢化率も県内では高い数値ではないものの，今後，企業退職者を中心とした高齢化社会の出現が予測される。今後の高齢者ケアについて考える時，現在の就労者から福祉的な環境を整えていくことは大切なことであり，企業ボランティアの実践からこのことがうかがえる。

(3) 幅広い層から声を集めるモニター制度は，多様な住民のニーズを反映した地域福祉活動を実践する社会福祉協議会の運営に役立てようとする試みであり，このことは地域に根ざした地域福祉活動を進める上で，極めて重要なものである。

富士市の事例から，まず住民あるいは企業から，直接声を聞くことにより，どのようなサービス提供を行っていくべきかという福祉の地域化に向けた試みについて，実践していく視点を学ぶことができる。　　　　　（伊藤　桜）

参考文献
(1) 稲葉一洋編著『地域福祉の新展開』高文堂出版社，1995年。
(2) 右田紀久恵・松原一郎『地域福祉講座②　福祉組織の運営と課題』中央法規出版社，1988年。

(3) 松野弘『現代地域社会論の展開』ぎょうせい，1997年。
(4) 地域まちづくり研究所『第三次富士地区新広域市町村圏計画』富士地区広域市町村圏協議会，1996年。

3 障害者の地域自立生活とサービス利用

(1) 事例の概要

佐藤氏（仮名）は，45歳。東京近郊在住で，数年前から，障害者の自立運動に関わりながら地域での生活を始めている。彼は，脳性麻痺による四肢機能障害をもち，移動はすべて電動車椅子を利用しながらの毎日である。彼は，地域での暮らしを始めた頃から現在まで，さまざまな局面で障害者である自分と周囲の状況に関して微妙な違和感を感じながら生きてきた。特に，最近は毎日の生活を維持するために欠かせない介助者との関係においてその難しさに頭を悩ませている。

(2) 事例を理解する視点

① 身体障害者が地域生活をする上での「バリア（障壁）」とは何かについて考えてみる。
② 障害者が生活を維持するために必要な自立生活の意味について理解しておくこと。
③ 身辺介助も含めてヒューマン・ネットワークの在り方を通して，介助者との援助関係について理解しておく。

(3) 課題・展望

本事例のような場合も含めて，身体障害者の地域生活支援のための方法と課題として以下の(1)～(5)までを指摘し，今後の展望を含めた議論について検討する。

① 障害者の生活を取り巻く「バリア（障壁）」とは何か

最近は，バリアフリー (barrier free) という言葉を耳にすることが多い。基本的には，障害者が生活する上で「バリア（障壁）」となるものを取り除く

という意味である。本来は，建築学の用語であり，階段・歩道等の交通アクセス（移動）上，段差などの住環境を含めた生活環境上の物理的バリアの解消を意味していたのである。このようなバリアフリーの考え方を拡大しながら，障害者の生活支援の在り方を提示する方法として以下の「4つのバリア」とその解消方法への取り組みから障害者の地域生活支援について考えてみたい。

バリア（障壁）には，①階段の段差や交通機関利用上の困難として指摘される「物理的バリア」，②差別や偏見といった態度や意識がもたらす「心のバリア」，③障害があるために特定の資格が取得できない「欠格条項」や就職・入学の機会が与えられないこと，さらにサービス利用ができないという「制度的バリア」，④視覚や聴覚などの障害によりさまざまなメディアからの情報を得ることができない状況を生み出す「情報アクセスへのバリア」がある。

これらのバリアあるがゆえに障害者の地域生活が困難を極めていることは，当事者の視点を共有しない限り見えてこないものである。したがって，共に生きる社会としてのノーマライゼーションの思想を具体的に実現する方法論としてバリアフリーへの取り組みは，主体的で積極的な当事者の参画を生み出し当事者の声を受け止め，施策・制度の改善や啓蒙活動等の地道な福祉実践なしには不可能であるといえる。

② 障害者の自立生活が意味すること

障害者が地域で自立して生きるということの意味を考えてみたい。それは，何か特別な能力がなければできないことなのだろうか？ 現在の私達は，自立して生きることにあまりにも大きな価値と意味を置きすぎているのではないだろうか。いまだに，「自立」が素晴らしく，「依存」は幼児性の名残，人間として未熟なことであると安易に理解する傾向があるのではないだろうか。私達が，過激な競争社会の中で，生産性・効率性・有効性といった一面的な価値観に呪縛され続ける限り，さらに，だれにも頼らず自立して生きることのみにこだわり，肯定し続ける限りにおいて，介護をはじめとする他者の援助なしには一日として暮らしていけない重度の障害者は，常に自らの自立生活の実現に対して希望と絶望の狭間で拘泥し続けなければならない。

しかし，この社会の中でだれからも助けを得ることなく自分一人の力で生き抜くという完全なる自立という生き方を実現しうる人間は存在しているのだろうか。ここで，障害者の自立生活が意味することを考えるための手がかりとして，以下で〈5つの自立の在り方〉が持つ意味を検討してみよう。
　1）　身辺自立の意味
　自分の身の回りのこと，ADL (Activities of Daily Living＝日常生活動作)と呼ばれる身辺ケアが自分一人の力で可能になっているということ。具体的には，移動（交通機関の利用）に関して，さらに，衣生活・食生活・入浴・排泄等が自分一人だけでできるということである。ここで考えなければならないことは，障害者の自立生活は，ただ単に，他者に依存しない身辺自立を成し遂げることではない。かつて，1960年代以降急速な発展を見せたアメリカのバークレイに起源を持つエド・ロバーツと彼の仲間達を中心に始められた自立生活運動（IL運動＝Independent Living）が，従来からある障害者のADLの自立を中心とした自立観に対して異議申し立てを行った。彼らの革新的な主張の中でも有名な言葉として次のような言葉がある。
　　「人の手を借りて15分で衣服を着，仕事に出かけられる障害者は，一人で衣類を着るのに2時間かかるため家にいるほかない障害者より自立している。」
　この言葉は，新しい自立観と呼ばれるものであり，その本質的な意味において，障害者の本当に自立する姿は，セルフケア的な身辺ケアを超えて，各自が自らの障害の程度に応じた他者からの援助サービスを自らの判断と意志に基づき〈主体的に選択し自己決定する〉ことにその意味の本質がある。
　2）　経済的自立の意味
　基本的には，生産労働に参加し，その対価としての収入を得ながら自らの生活における消費行動を維持継続させていく管理能力を持つこと。従来は，このことを自活と表現していた。例えば，地域生活を実現するためには，障害ゆえに1日8時間労働というような勤務体系に馴染まない状態の場合には，社会保障制度として，障害年金等の経済的支援や，生活保護制度の利用を考えることも経済的自立を支えることになる。そして，この社会で生きる同じ

年代の人々と同程度の経済的な安定がなければならない。

3）精神的自立の意味

　精神的自立とは，一人の人格として自ら意志を明確に把握し，自らの判断と行動に責任を持つことをいう。従来，施設生活が長期に及ぶことで，次第に管理された生活の中で施設病（＝institutionalism）に見られるような依存的で自己主張せず，判断と決定を他者に委ねるという主体的な自立した生活からほど遠い状況に追い込まれている場合には，この精神的自立という課題は極めて困難なものとなる。したがって，この精神的自立を獲得する方法論としては，必要で正確な情報を収集し，自分の頭で考え（＝自己判断）自分の意志で行動を決める（＝自己決定）という能力を身につけることが重要な課題となる。精神的自立というベクトルは，基本的には，障害の有無を問わず自立生活概念の中核を成すものでもある。

4）社会的自立の意味

　地域社会の中で自立して生きるということは，社会と隔絶して生きるのではなく，職場・家庭・組織等々の社会的関係において，自らが一定程度の何らかの社会的役割を持ち，その責任を積極的に果たすことをいう。これは，かつて国際障害者年（1981年）のスローガンでもあった「完全参加と平等」の意味を考えることからその真意が見えてくるのである。つまり，「共に生きる社会」を目指すという〈ノーマライゼーションの思想〉を具体化するための方法として，あらゆる社会的な領域や分野における障害者自身の参画が必要不可欠であるということを意味していた。したがって，社会的活動と呼ばれる地域社会活動・教育・文化活動・政策や施策の企画及び決定の過程等への障害当事者の参画が必要とされている。例えば，作業所で働く精神障害者達が，社会福祉協議会からの委託を受けて，一人暮らしの高齢者へ給食の配食サービスを始めたり，障害者自身が，従来の枠組みで考えられる福祉サービスの受け手にとどまらず，ボランティアとして高齢者や他の障害者の生活支援者として活動することが社会的な共通理解として拡がっており，認知もされ始めている。

　その意味でも，社会的自立の意味は，障害者を社会的に孤立化することな

く，地域社会活動の中へ障害者自身が積極的に参画するという視点と具体的活動プログラムが組み込まれていなければならないのである。

5) 人間的自立の意味

ここで，人間的自立の意味について考えてみたい。コロニーをはじめとする施設生活における管理された生活において，そこで暮らす障害者は，生活の主体者としての役割が剥奪された状態にあるといえる。なぜなら，障害の程度にもよるが，自らの食事・排泄・入浴・金銭管理・日常生活行動等のこまごまとした一つ一つの項目についてそのすべての判断と決定，そして，その結果の責任を施設のスタッフにほぼ完全に委ねてしまうということが生じるからである。したがって，そこには，一人の人間としての自立した姿は消去されている。そこで，障害者の地域での自立生活を考える手がかりとして，私達が考えなければならないことは，ノーマライゼーションの思想とそれを実現する具体的な戦略としてのインクルージョン (inclusion＝包括化) やインテグレーション(integration＝統合化)，そしてバリアフリー(barrier free)の方法を用いて地域社会にさまざまな人間（障害のある人もない人も，また老人・子どもも含めて）が暮らすことが可能な地域社会をつくり上げることである。そして，そこには，自らを生活の主体者として位置付け，自分のことは自らの判断と意志に基づいて決定し，そうありたいと願う自分に近づくために日々努力することをも意味する。これは，まさしく人間的自立の核心と呼べるものである。

つまり，人間的自立の意味とは，①自らの生活に対して主体的に関わること，②自己の判断と行動に責任を持つこと（＝自己決定及び自己責任の権利，さらに，リスク〈危険〉をおかす権利）そして，③自己実現に向けた生活を維持・継続・発展させようとする積極的な自立の在り方である。

以上述べてきたように，地域福祉における援助の担い手にとって今必要なことは，この5つの自立の在り方の意味をバラバラにではなく，有機的かつ相互に連動するダイナミック（力動的）なものとして理解し，地域で暮らす障害者の生活を立体的かつ具体的に理解することである。したがって，地域福祉を学ぶ私達は，地域福祉施策を立案するためにも，トータルな生活の在

り方(=生活の全体性について理解)とその当事者の生活課題を読み解くためにも，この5つの自立の意味を統合した概念を「生活力」として理解し，障害者の自立生活の方法について柔軟な発想と援助の視点を持つことが重要である。

③ 「労働」の意味

ここで，あらためて「労働」の意味を考えてみておく必要がある。「障害者の雇用促進等に関する法律」(改正・平成10年)中の基本理念として，

「(第2条の2)障害者である労働者は，経済社会を構成する労働者の一員として，職業生活においてその能力を発揮する機会を与えられるものとする。

(第2条の3)障害者である労働者は，職業に従事する者としての自覚を持ち，自ら進んで，その能力の開発及び向上を図り，有為な職業人として自立するように努めなければならない。」

このように，有為な職業人つまり，将来的に社会に大いなる貢献を期待される職業人としての自覚とそれに基づく自立が求められている。

しかし，職業的な自立を成し遂げることが可能な障害者が一体どれだけ存在するのかは未知数である。なぜなら，障害者の職業的可能性を拡大する職業リハビリテーションの取り組みが障害者個人にとどまらず雇用主側の理解と協力が不可欠だからである。障害者の雇用率にカウントされる障害者は，身体障害と知的障害者にとどまり，精神障害者を十分な意味で含み得ていない現状からいえば，障害者基本法の理念をいまだ十分に反映したものとはいえない不十分なものであるといえるからである。しかし，就労するという自立のベクトルは，「生きがい」と呼ばれる自己実現や社会参加を現実的な実態あるものにする一つの方法論であることには間違いはない。地域での障害者の自立生活を実体化するためにも障害者雇用の問題は，地域福祉の中でも重要な課題である。

④ 介助者との援助関係をめぐって

障害者と介助者との援助関係を「介助関係」という。かつて，小山内美智子氏は，著書『あなたは私の手になれますか』(中央法規出版，1997年)の中

で，自らを「ケアを受けるプロ」と自認し，ケアの担い手に対して次のようなメッセージを発している。

「子どものころ施設にいた時は，看護婦さんはお尻の拭き方がとても下手だった。それに比べて保母さんにはていねいな人が多かった。なぜだろうか。ケアの手を抜いた時，憎しみさえ覚えてしまうことを知ってほしい。」(94頁より)

彼女の主張は，「ケアの担い手は，排泄の介助をする時には，自分のお尻を拭くつもりで拭いてほしい。他人のお尻だと思ってはだめだ。食事を1回くらい抜いて空腹を我慢することはできても，排泄は我慢することはできないのだ。介助は人の医療と同様に生命を預かる重要で責任の重い仕事である」という。

つまり，人間の生活を支えるという仕事は，その人の生命を支え，護る仕事に関わっているという自覚を強く求められているということだ。

このように，自立生活を形成する基本的な人間関係として介助者との関係をいかにマネジメントするかという課題が，地域で生活する障害者一人ひとりの肩に重くのしかかっているということが現実だ。互いに感情を持つ人間同士から成り立つ介助関係は，相互の意思疎通が十分でなかったり，その時その場で生じた感情的もつれ，不満・葛藤をそのまま放置するわけにはいかないのである。介助関係の破綻は，その必然として障害者自らの生命を危機に追い込むことになるのである。障害者の自立生活プログラムの中に介助者への対応とコーディネイト（調整・管理）の方法について大きな比重がかけられているのも当然である。

(4) 論点

障害者が地域生活を自立して生きるためにはという命題に応えるために，ここで従来の考え方から自由になる必要があると再度強調しておきたい。つまり，自立と依存は対立概念ではあり得ないということである。自立生活は，安心して依存できる存在（介助者）に支えられている。人と人との関係に立ち現れる関わりのベクトルは，一方的なものではなく双方向的でかつ相互循

環的であり，対等な人間関係にその基盤が求められている。

　援助する人，される人という固定的な役割関係が，相互の人間関係を歪めてしまうことは意外と多いものである。なぜなら，援助を受ける立場にある人間（ここでは，重度障害者を想定している）は，常に，その立場に自分自身を閉じこめてしまわなければならない場合，ある障害者によれば，「日々献身的に生活を支えてくれる援助者（家族・介護者・ボランティア等）には感謝しつつも，自分は何のためにここにいるのかと自問自答を繰り返しながら自らの存在にやりきれない思いを抱くこともある」という。

　つまり，人は，この世に自らが存在する積極的で肯定的な意味を人生の中で確認することで真の意味での自立生活を獲得することができるといえる。そのためにも，介助関係において互いの存在意義を確認し尊重し合う関わり，つまり，共感的な相互理解に基づく基本的人権を護る対等な人間関係を生み出す努力がその中で希求され，社会福祉に携わる私達一人ひとりにその意味と具体的な方法が問いかけられているのである。　　　　　（結城俊哉）

参考文献
(1) 小山内美智子『あなたは私の手になれますか』中央法規出版，1997年。
(2) 安積純子・岡原正幸・尾中文哉・立岩真也『生の技法』藤原書店，1990年。
(3) ヴォルフェンスベルガー著，中園康夫・清水貞夫訳『ノーマリゼーション』学苑社，1982年。
(4) 大泉溥『障害者福祉実践論』ミネルヴァ書房，1989年。
(5) 結城俊哉「第11章　障害者と家庭・地域生活」相澤譲治編著『現代の障害者福祉』みらい，1997年。

4 地域での子育て支援活動

(1) 事例の概要

　エンゼルプランを具体化するための緊急保育対策等5か年事業に盛り込まれた施策の一つに、「地域子育て支援事業」がある。ここでは、保育園が子育て支援活動に取り組んでいる例として浦和乳幼児センターのエンゼルクラブについて述べる。この園は、1996年から園庭開放を始め、育児相談、給食試食会、音楽リズムの会等のほか、園児と一緒に誕生会、クリスマス会などの行事にも地域の親子が参加できる機会を積極的に造り出している。子育ての負担を軽くし、楽しんで子育てができる環境づくりを推進することを目的に、既存の施設や設備、蓄積した子育てのノウハウを活用する一方、必要に応じて外部の施設や人材も調整しながら事業を展開している。この他休日保育、一時保育、短時間保育等の特別保育も実施しており、緊急の事由や止むをえない事情にも対処できる体制を取っている。通常の保育においては、生後43日から2歳児までの乳幼児に対しきめ細かい保育を実施し、地域の総合的子育て支援基地としてなくてはならない存在となっている。

(2) 活動の展開

　「エンゼルクラブ」と名付けられた地域子育て支援活動は、専任の保育士を置き、年間計画に沿って活動を展開しており、利用者も年々増加している(表11-1)。毎月実施する身体測定の利用者(表11-2)は、初年度77名、次年度486名、3年目は延べ649名と増加を続け、現在は1回では保育室に入りきらないため3回に分けている。年齢別では、市の保健センターが実施する乳児健康相談の対象からはずれた1歳児以上の参加が急増する。予約が要らないため、飛び入りや子どものその日の体調に合わせて参加を決めることができるが、子どもの成長を楽しみに毎回出席する母親が多い。当日は、園児

表11-1　園庭開放及びプール利用者数（0〜4歳）

	園庭開放利用者数	プール利用者数
1996年度	314	12
1997年度	728	142
1998年度	1131	161

表11-2　身体測定利用者数（0〜2歳）

	利用者数
1996年度	77
1997年度	486
1998年度	649

※0歳児が全体の約20％を占める。96年度については，12月から翌年3月まで計4回実施。

の保育室が開放され，子ども達は好きな玩具で，あるいは友達と遊びながら順番を待つ。「お元気ですか，また大きくなりましたね」という担当者の言葉に，日々の子育てでの心配事や様子などが自然に話される。そして，参加している子ども達の測定が一巡した頃，その日の「お楽しみ」である手遊びやパネルシアター等が始まり，親子ともに保育士の歌や動作に集中し，一緒に口ずさむ光景が展開される。給食試食会については，回ごとにテーマを設定して，それに即した対象年齢と定員枠で参加者を募集し，園児達が食べている食事やおやつを親子で食べてもらっている。親にとっては，栄養士から調理法や栄養面でのアドバイスが受けられるとともに，喜んで食べるわが子の姿を見て通常の食事量や様子を振り返る機会ともなっている。この他，託児ボランティア付の講演会や園児達と一緒に観賞する人形劇，親子で参加する運動会等さまざまな活動が展開される。

　年毎に利用者が増えるエンゼルクラブだが，保育園が子育て支援センターとして地域の親子に親しみを持って利用されるために何ができるか，家庭で育児をしている親は何を望んでいるのかを模索しながらのスタートだった。人口の流動化，核家族化の社会背景のもと，一人で悶々と育児している親をまずは外に連れ出すことを目的に，活動項目を選定するアンケートを職員全員に行いそれに基づき年間計画を立てた。次に，電話相談のフリーダイヤル番号及び活動項目を印刷したティッシュやチラシを公園で配り，保健所や小児科の窓口に会報を置いて広報に努めた。また，園児を近隣の公園に散歩させる際にも保育士がチラシを携え，園児以外の子どもも遊びの仲間に加える中でチラシを保護者に渡すこともあった。現在は，口コミでエンゼルクラブ

エンゼルクラブ身体測定

の輪が広がっている。利用者からは、「家が近くで歩いてこれる距離なので、毎日園庭に遊びに来ている」「社宅住まいで越してきたばかり。同じ社宅の友人に聞いて来た」「保健センターで会報を見て来た。先生方が熱心で、費用もかからないのでとても助かる。1年半程通っているが、測定は毎回、誕生会や音楽リズムの会などできる限り参加しているし、とても楽しみ。子育て仲間に知らせてみんなで来ている」との声が聞かれる。中には、出産を間近に控え、入院・産後の期間に上の子を一時保育に預けるに際し、少しでも園に慣れるようにと通う母子もいる。電話相談で子育ての負担や重圧感を訴える母親には、活動案内を郵送して、行事への参加を促してもいる。この保育園は都心近郊の住宅街にあり、付近には社宅や職員住宅が点在することから、園を利用する人に毎年の人事異動で転居してきた人が多数含まれる。初めての土地で慣れない子育てを経験する若い親にとって、子育ての援助が得られ、仲間が得られる場となっている。

(3) 課題と展望

今後、活動を維持・展開していくために課題が4つ挙げられる。①財政的

基盤の安定：現在，利用料が無料であることから持ち出しを続けている。費用徴収も思案されているが，事務手続きを行うスタッフ増員をした場合の人件費加算から踏みとどまっている。②関連機関のネットワーク化：周囲に働きかけているが，各機関の通常業務が優先される中，積極的に協力してくれる機関は少ない。③利用者同士のネットワーク化とキーパーソンの発掘：特に孤立化している母子の社会化を促す仲間づくり。④母子関係の深まり：一緒に遊ぶことの大切さ，子育てを通じて親が成長できること等どう伝えるか。前者2つが組織的課題，後者2つが方法の課題と考えると，組織的課題については一機関の対処にも限界があるため，行政等による地域全体を視野に入れた後押しが必要であろう。方法的課題については，更なる実践の積み重ねと利用者主体の学習会などの展開に期待するが，地域担当者に対する研修の必要性とその分野の未整備は現場から指摘されており，研修機会の整備は，早急なさらなる課題であろう。

(4) 論点

前記の活動の特徴は，①園庭開放や各種行事を年間通して行うことにより，常に地域に開かれた存在となっている，②一時保育や短時間保育等を実施することにより，相談事業や情報の提供だけでなく，利用者のニーズに直接応えることができる，③無料（低料金でも可）でサービスが提供され，だれでも利用できること等にある。これらが有機的な子育て支援環境を創り出し，その人なりの育児を実践する一助となっている。支援センターは，全国的には1999年度3000か所を目標に設置が促進されているが，1998年度現在693か所と到達にはまだ遠い。その背景には，設置の根拠となる地方版エンゼルプラン策定の遅延がある。1998年9月現在策定自治体（市区町村）は3232か所中131か所のみである。そのため，支援センターが皆無の自治体から4〜5か所設置されている自治体まで地域格差が大きい。一方，文部省管轄の幼稚園において夕方までの預かり保育や未就園児の登園，園庭開放等子育て支援活動が活発に進められるようになってきている。保育所と幼稚園の基本的役割については意見が分かれるが，こうした幼稚園の多機能化や児童福祉法改

正による利用選択制の導入から就学前保育に市場原理が働くことも予想され、今後一層各園の方針や実践が問われることとなる。活発的に活動するために関連機関と連携し合い、その結果地域全体の子育て環境のレベルアップが図られることは望ましいが、地域により子育て環境の整備に遅れがある現在においては、基盤を整備するためにまず、活動を促進する制度的、財政的支援が必要となってくるだろう。　　　　　　　　　　　　　　（秋山修子）

参考文献
(1) 柏女霊峰『児童福祉改革と実施体制』ミネルヴァ書房，1997年。
(2) 厚生省監修『厚生白書〜少子社会を考える』平成10年版，ぎょうせい。
(3) 厚生統計協会編『国民の福祉の動向』第46巻第12号，1999年。
(4) 現代保育問題研究会『地域の子育て支援センターとしての保育所のあり方に関する調査研究事業報告書』1998年。
(5) 山田誠一，安家周一他執筆『そこが知りたい！ 子育て支援 地域との交流——全国幼稚園保育所実態調査』世界文化社，1998年。

第11章　地域福祉の実践事例

5　地域に根づいた在宅支援ボランティア

(1) 事例の概要

　T市は5町村合併で生まれた人口約15万人の新しい都市である。この市に在宅支援のボランティア活動が広がりを見せてきたのは、ここ10年ほどの出来事である。それまで一人暮らし老人昼食会等で社会福祉協議会事業に協力してきた人々が、住民参加型のホームヘルプ・サービスやデイサービスに関心を持ち、T市にもこのような活動を起こしたいといい出したことに始まっている。

　T市社協では、まず会員制で住民参加型のホームヘルプサービス事業が開始されることになる。これは虚弱や障害などのために家事や介護で困っている家庭にボランティア精神を持った住民が有償（1時間600円）で支援に出かけるというものである。ボランティアの間で有償の活動がボランティアといえるのかという議論が活発になされたが、利用者の負担感や活動者の継続性を考えると有償の活動も意味があるという結論が出され、実施に移されていった。公的ヘルパーの利用では不十分な人や対象外の人が多く利用することになった。

　一方、無償でボランティア活動を続けたいという人を中心に、食事サービスやミニデイサービスといった事業が企画されることになる。食事サービスは一人暮らしの高齢者にボランティア手作りの弁当を宅配しようというものであり、ミニデイサービスは虚弱で家に閉じこもりがちな高齢者を地域の公民館等に招き、レクリエーションや趣味活動、食事会などで楽しんでもらおうというものであった。S地区で月1回で始められたミニデイサービスは、1年後には月2回の開催となっていく。

　ミニデイサービスはやがて他地域にも広がりを見せるようになる。自分たちの地域でも同じ活動を始めたいという声が上がってきたので、T市社協で

は旧町村単位（5地区）のボランティア会議で住民の意向を確認するとともに、民生委員に対象者の把握をしてもらうことになった。そして、5年ほど前には旧町村単位でこの活動が開始されたのである。最近は、それをもっと小規模化しようという動きも出てきている。高齢者が歩いていける範囲に住民の手で「ふれあいサロン」という交流の場を設け、高齢者や地域住民が気軽に集える場づくりをしていこうというのである。

この他、T市では住民参加型のサービスとして、車椅子利用者の外出を支援する「福祉移送サービス（有償）」が開発されたり、一人暮らしの高齢者の話し相手に出かける「ふれあい訪問ボランティア」が立ち上げられていく。T市社協では、その度毎に関心のある住民を集めて準備会議を開催し、その必要性を確認し合うとともに、内容や進め方を話し合いで決めている。T市ではこのように地域で求められている新しい分野のサービスをボランティアが提案、開発し、地域へ定着させていっているのである。

(2) 事例のポイント

① 在宅支援ボランティアの誕生と支援

在宅で生活する人々を支援しようとする場合、施設と異なり多種多様なサービスが必要となる。しかし、この分野の歴史は浅く、その種類や量はまだ十分とはいえない。その中で、在宅支援ボランティアが誕生していった意義は大きく、T市でも、サービス量の不足を補うことができただけでなく、要介護者の生活に寄り添うことから、必要とされる新しいサービスを先駆的に開発したり、公的サービスの充実を行政へ働きかけたりしていっている。

② 「有償ボランティア」の登場

T市では10年ほどの間に住民参加型の在宅福祉サービスが次々と開発されたが、それらには有償サービスとして開発されたものが幾つもある。ボランティア活動の原則として「無償性の原則」が重視されてきたために、「有償ボランティア」という言葉に違和感を感じた者も多かったが、現実には有償の活動の意義が住民に認められ、実際の支援の場で大きな力となっている。

③ 小地域福祉活動の推進と在宅支援ボランティア

地域福祉を充実させるには，地域の公的福祉サービスを充実するだけでは十分でなく，日常生活において近隣住民で互いに助け合えるような地域基盤作りをしていくことが求められる。T市では，都市型ボランティアの企画から生まれたミニデイサービスなどの活動を，ボランティアの交流を図ることで他地域へ広げるとともに，「小学校区単位にふれあいサロンを！」という運動を通して，小地域の助け合い活動でも活かしていこうとしている。

(3) 課題と展望

① 主体的なボランティアの育成の難しさ

T市の在宅支援ボランティア活動の広がりには，社協職員の果たした役割も大きい。主体的なボランティアを育成しようと，ボランティアの話し合いを通じて新事業を企画したり，内容や進め方を決める努力はされている。しかし，活動の運営やソーシャル・アクションに積極的に取り組めるボランティアが十分に育っているとはいいきれない。今後は，活動の運営や地域の福祉充実について幅広い視野の持てるボランティア・リーダーの育成に力を入れていく必要がある。

② 有償ボランティアの限界と無償ボランティアの意義

定期的，継続的なサービス提供には有償の活動が大きな意義があったが，サービスが「有償化」「システム化」するにつれ，その対象者やサービス内容，時間はある程度制限されたものにならざるを得なかった。その限界が認識される中，T市では，要介護者の立場に立って自由，柔軟に対応できる無償ボランティアの意義が再認識され始めている。地域で無償で，柔軟かつ継続的に動ける在宅支援ボランティアの育成が新たな課題となっている。

③ 小地域福祉活動の理想と現実

T市ではふれあいサロンなどの活動を通して小地域における要介護者の見守り活動が生まれ始めているが，まだそれは一部の人たちの助け合い活動にすぎない。今後は，それを地域全体を巻き込むものへと変化させ，福祉コミュニティづくりへと発展させていく必要がある。

(4) 論点

1) ソーシャルワーカーが在宅支援ボランティアを育成していく場合，まず，要介護者の日常生活に寄り添い，要介護者の立場に立った支援のできるボランティアを育成していくことが重要である。
2) ソーシャルワーカーがボランティアを育成しようとする場合,「お手伝いボランティア」の育成にならないような注意が必要である。ボランティアをやりたいと希望する人の主体性を引き出し，その人の能力発揮や生きがいを支援できるような関わりが求められる。
3) 地域社会におけるボランティア活動を活発化させようとする場合，その地域の抱える問題やニーズを適切に捉える力を持ち，地域福祉の充実を図るために必要な先駆的・開拓的な活動を，住民とともに開発していくことのできる援助技術が求められる。　　　　　　　　　　　　　　（石元洋子）

第11章 地域福祉の実践事例

6 精神保健福祉領域における地域支援活動

(1) 事例の概要

鈴木氏（仮名，40歳・男性）は，大学2年生（19歳）の時に発病し，精神分裂病の診断により，ある地方の精神病院に入院，すでに20年が過ぎようとしていた。その間，何度か退院する機会はあったのだが，病棟から実家に外泊した際に家族と何度となく入院させたことをめぐり口論となり調子を崩し，その度に，家族の受け入れがうまくいかずにそのまま継続入院となっていたのである。鈴木氏は，服薬を忘れなければ病状もほぼ安定して，現在は，開放病棟で生活している状態である。最近，主治医や，精神保健福祉士（PSW＝精神科ソーシャルワーカー）などから，アパートでも借りて退院したらという話が持ち上がっている。本人なりに，年齢的にも人生の再出発ができる最後のチャンスかもしれないという期待と，社会に出て本当にやっていけるのかという不安からなかなか退院に踏み切れないでいる。

(2) 事例を理解するポイント

本事例の地域での暮らしを支援する方法を理解するポイントを6点，以下に示しておく。
① この事例は，一般に社会的入院と呼ばれるケースである。つまり，医療的な問題はすでに外来通院レベルに改善されているにもかかわらず，退院後の社会的支援体制（受け皿）が整わないため入院を余儀なくされていることが理解できる。
② 精神障害者の「障害」，特に社会からの差別や偏見といったこころのバリアが生み出す社会的不利（ハンディキャップ）についての理解を深めておくことが重要である。
③ 精神障害者の社会復帰施設対策について十分に理解する。

④ 在宅の生活支援のための福祉制度・社会保障サービスについて理解する。
⑤ 本人を支えてくれるマンパワーの存在と役割を明らかにする。
⑥ 当事者活動の役割を理解する。

(3) 課題と展望

1) 日本の精神保健福祉の現状

現在の日本の精神保健福祉の現状としては，精神障害者（何らかの精神疾患を有する者）は，平成8年度の厚生省の患者調査からの推計によれば約217万人とされている。さらに，入院患者の数は，約34万人，そのうち社会的入院患者は，30～50％ともいわれている。またさらに，「精神保健及び精神障害者福祉に関する法律」（＝以下，精神保健福祉法）の基本的考え方に明示されているこの法律の目的を以下に示しておく。

「（第1条）この法律は，精神障害者等の医療及び保護を行い，その社会復帰の促進及びその自立と社会経済活動への参加の促進のために必要な援助を行い，並びにその発生の予防その他国民の精神的健康の保持及び増進に努めることによって，精神障害者等の福祉の増進及び国民の精神保健の向上を図ることを目的とする。」

このことから，精神障害者の医療と保護さらに社会復帰・リハビリテーションへの参加促進を現実的なものにしていく援助を展開するということと同時に，精神保健福祉の問題は，国が責任を持ちながら，国民全体のこととして取り組む国家的課題であると理解することができる。

そのため，精神障害者の社会復帰及び地域での生活支援の対策は急務の課題として認識される必要がある。従来までの「心身障害者対策基本法」が改正され障害者基本法（1993年）となった際に，精神障害者も障害者であるという認識が身体障害者・知的障害者と並んでなされたことから，その後の精神保健福祉法の改正毎に福祉施策への対応が次第に盛り込まれるようになってきている。現行の代表的な社会復帰対策として，

  a．生活訓練施設（日常生活に適応するための訓練の場）
  b．授産施設（雇用されることが困難な精神障害者に必要な作業訓練の場）

c．福祉ホーム（低額な料金で居室等を提供する場）
d．福祉工場（精神障害者を雇用し，社会生活への適応のために必要な指導の場）
e．地域生活支援センター（身近な地域での相談・助言・連絡調整の機関）

等が整備され始めてきた。数としてはいまだ十分ではないが，「障害者プラン――ノーマライゼーション7か年戦略」（図11-1）の目標数値に向けて整備が進められている。

また，法外施設ではあるが，憩いの場から作業訓練的な性格まで幅広い利用者のニーズに対応してきた小規模共同作業所の役割は，今日においても重要な役割を担っている。

2） 精神障害者の地域生活支援の方法

さらに，精神障害者の地域支援機関としては，精神保健福祉センター・保健所等が身近なサービス提供機関である市町村との連携を保ちながら展開する方針が打ち出され，福祉サービス利用等の全体の相談窓口として市町村の役割強化がなされ始めている。しかし，市町村という圏域で考えた場合に財政的にもマンパワー的にも格差があり今後の検討課題として残されている。

3） 精神障害者の在宅サービスの強化

従来からの地域生活援助事業（グループホーム）のほかに，平成11年度の改正において短期入所事業（ショートステイ）や居宅介護等事業（ホームヘルプサービス）が，具体的な実施（平成14年度）を目指して明記されその準備作業が始まっている。

4） 精神保健福祉領域における当事者活動が意味するもの

精神障害者の当事者運動（セルフ・ヘルプ活動）として，「家族会」（全国精神障害者家族会連合会）の活動と「当事者本人の会」（全国精神障害者団体連合会）が活発に運動を展開し始めている。これらの当事者の活動は，社会から，差別や偏見のまなざしにさらされて社会的孤立に陥りがちな当事者を内側から支え合うことで地域社会への啓蒙・教育活動はもとより，具体的な社会福祉に関する制度や施策立案の過程へ参画するという重要な役割を持っている。

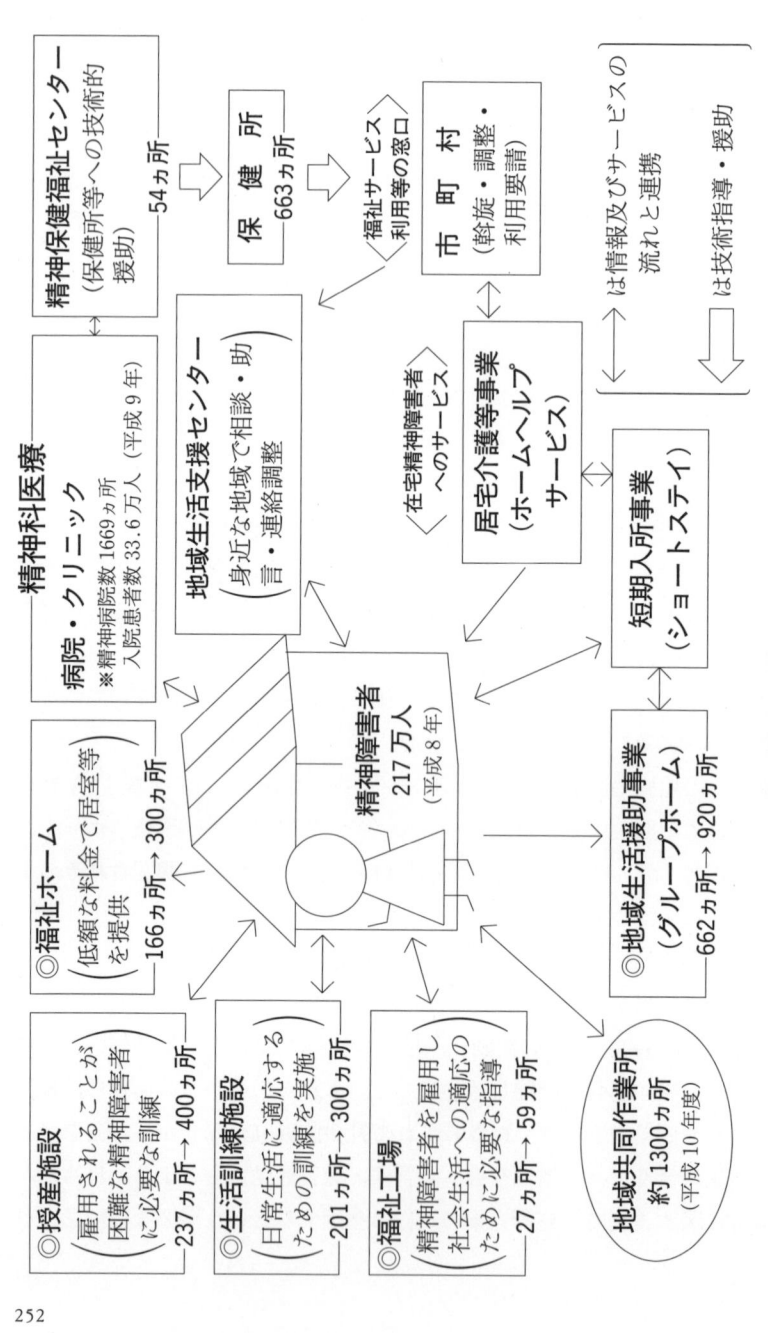

図11-1 地域精神保健福祉の現状と支援マップ

◎は社会復帰施設、枠下の数値は「施設数（平成11年度予算カ所数）→障害者プラン平成14年度目標数値」を意味する。
⇨は情報及びサービスの流れと連携
⇩は技術指導・援助

精神科医療
病院・クリニック
※精神病院数1669カ所
入院患者数33.6万人（平成9年）

精神保健福祉センター
（保健所等への技術的援助）
54カ所

保健所
663カ所

市町村
〈福祉サービス利用等の窓口〉
（斡旋・調整・利用要請）

精神障害者
217万人
（平成8年）

地域生活支援センター
（身近な地域で相談・助言・連絡調整）

〈在宅精神障害者へのサービス〉
居宅介護等事業
（ホームヘルプサービス）

短期入所事業
（ショートステイ）

◎**地域生活援助事業**
（グループホーム）
662カ所→920カ所

◎**福祉ホーム**
（低額な料金で居室等を提供）
166カ所→300カ所

◎**授産施設**
（雇用されることが困難な精神障害者に必要な訓練）
237カ所→400カ所

◎**生活訓練施設**
（日常生活に適応するための訓練を実施）
201カ所→300カ所

◎**福祉工場**
（精神障害者を雇用し、社会生活への適応のために必要な指導）
27カ所→59カ所

地域共同作業所
約1300カ所
（平成10年度）

(4) 論点

　近年，精神障害者の地域生活実現に向けたサービス・プログラムはようやくメニューが整い始めたところである。今後は，精神障害者である当事者のニーズに十分応えるだけの量と質が問われ始めることになる。事例に取り上げた鈴木氏の場合でも，理解のある大家が見つかりアパートを借りることができても，家族からの経済的な協力が得られない状況であった。したがって，社会福祉事務所で生活保護の手続きを申請し，最低生活を維持するだけの経済保障を手に入れることから，地域での自立生活が始まる。

　日中の過ごし方としては共同作業所への通所を始め，そこで出会った仲間の紹介もあって，患者会のミーティングへも顔を出し始めている。

　地域生活支援サービスは，必要な時に必要なだけ必要な人に必要なサービスを供給することができて初めて本来の意味を持つ。しかし，それはあくまで本人の了解と同意を得ながら，基本的人権に配慮しつつ進める地域福祉実践であり，特に環境の変化に馴染むことに人一倍時間がかかるという障害特性をもつ精神障害者と関わる場合には，この点について，援助者が再度心すべき要点なのである。

　　　　　　　　　　　　　　　　　　　　　　　　　　　（結城俊哉）

参考文献
(1) 厚生省大臣官房保健福祉部精神保健福祉課監修『我が国の精神保健福祉（平成11年度版）』。
(2) 厚生省大臣官房保健福祉部精神保健福祉課監修，高橋清久・大島巌編『精神障害者ケアマネジメントの進め方』精神障害者社会復帰促進センター，1999年。
(3) 蜂矢英彦監修，見浦康文・藤本豊他編『コメディカルスタッフのための精神障害Q＆A：生活支援ハンドブック』中央法規出版，1995年。
(4) 植田章・岡村正幸・結城俊哉編著『社会福祉方法原論』法律文化社，1997年。

資料編

資料1
「社会福祉基礎構造改革について（中間まとめ）」の要点

I　改革の必要性

〈福祉を取り巻く状況〉
- ○少子・高齢化，家庭機能の変化，低成長経済への移行
- ○社会福祉に対する国民の意識の変化
- ○国民全体の生活の安定を支える社会福祉制度への期待

〈社会福祉制度〉
- ○現行の基本的枠組みは，終戦直後の生活困窮者対策を前提としたものであり，今日まで50年間維持
- ○現状のままでは増大，多様化する福祉需要に十分に対応していくことは困難
- ○この間，児童福祉法の改正，介護保険法の制定を実施

→ 社会福祉の基礎構造を抜本的に改革

II　改革の理念

改革の基本的方向
① サービスの利用者と提供者の対等な関係の確立
② 個人の多様な需要への地域での総合的な支援
③ 幅広い需要に応える多様な主体の参入促進
④ 信頼と納得が得られるサービスの質と効率性の向上
⑤ 情報公開等による事業運営の透明性の確保
⑥ 増大する費用の公平かつ公正な負担
⑦ 住民の積極的な参加による福祉の文化の創造

社会福祉の理念
- ○国民が自らの生活を自らの責任で営むことが基本
- ○自らの努力だけでは自立した生活を維持できない場合に社会連帯の考え方に立った支援

↓

- ○個人が人としての尊厳をもって，家庭や地域の中で，その人らしい自立した生活が送れるよう支える

資料編

III 改革の具体的内容

社会福祉事業法及び関係法令の改正を含め，次のような制度の抜本的な改革のための措置を早急に講じる必要がある。

1 社会福祉事業の推進

社会福祉事業
- ◎ 権利擁護のための相談援助事業，障害者の情報伝達を支援するための事業などを新たに追加するとともに，公益質屋など存在意義の薄れたものは廃止
- ○ 身近できめ細かなサービス提供のため事業の規模要件を緩和
- ◎ 多様なサービス提供を確保するため，事業の性格等に応じ経営主体の範囲を見直し

社会福祉法人
- ◎ 社会福祉法人は，低所得者，援護困難者に配慮した事業実施など，引き続きサービス提供において中心的な役割
- ◎ 民間企業等の他の事業主体との適正な競争条件の整備
- ◎ 厳格な会計区分の撤廃，理事長等の経営責任体制の確立，法人の経営規模の拡大などによる経営基盤の確立
- ○ 外部監査の導入や情報開示による適正な事業運営の確保
- ○ 既存法人の資産の活用の方策の検討

サービスの利用
- ◎ 行政処分である措置制度から，個人が自ら選択し，それを提供者との契約により利用する制度への転換を基本
- ◎ サービスの内容に応じ利用者に着目した公的助成
- ○ 利用者にとって利便性の高い利用手続及び支払方法の導入
- ○ 契約による利用が困難な理由があるものは特性に応じた制度

権利擁護
- ◎ 成年後見制度とあわせ，社会福祉分野において，各種サービスの適正な利用を援助するなどの権利擁護の制度を導入・強化

施設整備
- ◎ サービスの対価を施設整備に係る借入金の償還に充てることができる仕組みを導入
- ○ 選択に基づくサービス利用ができるよう供給体制の計画的な整備
- ○ 地方分権の観点から，老人保健福祉計画等との整合性を確保した上で，公立施設の単独整備も可能となるように公費補助制度の見直し
- ○ 施設の複合化の推進などに対応し，公費補助制度の弾力的，効果的な運用

2 質と効率性の確保

サービスの質
- ◎ サービスの提供過程，評価などの基準を設け，専門的な第三者機関によるサービスの評価の導入
- ○ 福祉サービス全般に介護支援サービス（ケアマネジメント）のようなサービス提供手法の確立
- ○ サービスに関する情報の開示，利用者等の意見反映の仕組みや第三者機関による苦情処理
- ○ 外部監査，情報開示などを踏まえ，行政による監査の重点化，効率化

効率性
- ○ 経営管理指標の設定，外部委託制限の緩和等の実施による経営の効率性の向上
- ○ 福祉事業経営のための人材育成や専門的な経営診断・指導の活用

人材養成・確保
- ◎ 社会福祉施設等職員にふさわしい給与体系を導入し，その能力等に応じた処遇
- ○ 幅広い分野からの優秀な人材の参入を促進
- ○ 専門職の教育課程の見直しなど質の向上

3 地域福祉の確立

地域福祉計画
- ◎ 地域での総合的なサービスを受けられる体制を整備するため，対象者ごとの計画を統合した地域福祉計画の導入

福祉事務所等行政実施体制
- ○ 地域の実情に応じ，福祉事務所の機能を効果的かつ効率的に発揮できるような行政実施体制の確立
- ○ いわゆる三科目主事について，その資質を確保する観点から見直し

社会福祉協議会
- ◎ 市区町村社協は，地域の住民組織，ボランティア組織の連携強化や日常的生活援助を中心的な活動とし，地域の公益的な組織として位置付け
- ○ 都道府県社協は，社会福祉事業経営者の協議会として連絡調整等を推進

民生委員・児童委員
- ○ 住民が安心して暮らせるような支援を行う者として位置付け
- ○ 児童委員としての機能の強化，主任児童委員の積極活用

共同募金
- ○ 事業の透明性の向上，社会福祉事業への過半数配分規制の撤廃，広域配分が可能となる仕組みの導入

出典：中央社会福祉審議会社会福祉構造改革分科会『社会福祉基礎構造改革の実現に向けて』1998年

資料編

資料2

社会福祉の増進のための社会福祉事業法等の一部を改正する等の法律の概要

平成12年6月
厚生省

I 趣旨

○ 本改革は，昭和26年の社会福祉事業法制定以来大きな改正の行われていない社会福祉事業，社会福祉法人，措置制度など社会福祉の共通基盤制度について，今後増大・多様化が見込まれる国民の福祉への要求に対応するため，見直しを行うものである。

○ この見直しは，平成12年4月から施行されるてい介護保険制度の円滑な実施や成年後見制度の補完，地方分権の推進，社会福祉法人による平祥事の防止などに資するものである。

II 制度改正の概要

1 改正等の対象となる法律（8本）
- 社会福祉事業法（「社会福祉法」に題名改正。）
- 身体障害者福祉法，知的障害者福祉法，児童福祉法，民生委員法，社会福祉施設職員等退職手当共済法，生活保護法の一部改正。
- 公益質屋法の廃止。

2 改正の内容

(1) 利用者の立場に立った社会福祉制度の構築

①福祉サービスの利用制度化

【身体障害者福祉法，知的障害者福祉法，児童福祉法】

| 行政が行政処分によりサービス内容を決定する措置制度 | → | 利用者が事業者と対等な関係に基づきサービスを選択する利用制度 |

※1 公費助成については，現行の水準を維持
※2 要保護児童に関する制度などについては，措置制度を存続

②利用者保護のための制度の創設　　　　　　　　　　　【社会福祉法】
　ア）地域福祉権利擁護制度（福祉サービス利用援助事業）
　　○癡呆性高齢者など自己決定能力の低下した者の福祉サービス利用を支

援するため，民法の成年後見制度を補完する仕組みとして制度化
○都道府県社会福祉協議会等において実施
イ）苦情解決の仕組みの導入
○福祉サービスに対する利用者の苦情や意見を幅広く汲み上げ，サービスの改善を図る観点から，
・社会福祉事業経営者の苦情解決の責務を明確化
・第三者が加わった施設内における苦情解決の仕組みの整備
・上記方法での解決が困難な事例に備え，都道府県社会福祉協議会に，苦情解決のための委員会（運営適正化委員会）を設置
※運営適正化委員会は，地域福祉権利擁護制度の運営にも関与
ウ）利用契約についての説明・書面交付義務付け

(2) サービスの質の向上
①事業者によるサービスの質の自己評価などによる質の向上【社会福祉法】
【運用事項】
・福祉専門職について，保健医療との連携，介護保険への対応，全体の資質向上などの観点から教育課程の見直し
・サービスの質を評価する第三者機関の育成
②事業運営の透明性の確保，サービス利用者の選択に資するため，
・事業者によるサービス内容に関する情報の提供
・財務諸表及び事業報告書の開示を社会福祉法人に対して義務付け
・国，地方公共団体による情報提供体制の整備　　　　【社会福祉法】

(3) 社会福祉事業の充実・活性化
①社会福祉事業の範囲の拡充　　　　　　　　　　【社会福祉法】
○社会福祉に対する需要の多様化に対応し，権利擁護のための相談援助事業，手話通訳事業，知的障害者デイサービス事業等9事業を追加
②社会福祉法人の設立要件の緩和
○地域におけるきめ細かな福祉活動を推進するため，
・障害者の通所授産施設の規模要件の引き下げ　　【社会福祉法】
（20人以上→10人以上）
【運用事項】
・小規模通所授産施設又はホームヘルプ事業を行う社会福祉法人の設立のための資産要件（1億円）を大幅引き下げ（1千万円を軸に検討中）。
③社会福祉法人の運営の弾力化

【運用事項】
- 施設ごとの会計区分を弾力化し，法人単位の経営を確立すること。
- 利用制度化した事業については，利用料収入を施設整備費の償還に充てることを認めること。
- 行政監査の重点化・効率化を図ること。

(4) 地域福祉の推進
① 市町村地域福祉計画及び都道府県地域福祉支援計画　　　　【社会福祉法】
② 知的障害者福祉等に関する事務の市町村への委譲
【知的障害者福祉法，児童福祉法】
③ 社会福祉協議会，共同募金，民生委員・児童委員の活性化
【社会福祉法，民生委員法，児童福祉法】

○市町村社会福祉協議会を地域福祉の推進役として明確に位置づけるとともに，二以上の市町村を区域として設立することができること。都道府県社会福祉協議会の役割として社会福祉事業従事者の養成研修，社会福祉事業の経営指導を行うことを明確にすること。

○県内配分を原則とする共同募金について，大規模災害に対応した広域配分を可能にするとともに，配分の透明性確保のための配分委員会設置の義務付けや，「過半数配分の原則」の撤廃を行うこと。

○住民の立場に立った活動を行う民生委員・児童委員の職務内容を明確にすること。

(5) その他の改正
社会福祉施設職員等退職手当共済法の見直し，公益質屋法の廃止　等

3　成立日
平成12年5月29日

4　公布日及び施行日
平成12年6月7日公布，施行。ただし
- 身体障害者生活訓練等事業，盲導犬訓練施設の社会福祉事業への追加，助産施設及び母子生活支援施設の入所方式の見直し，社会福祉施設職員等退職手当共済法の見直しについては，平成13年4月1日施行
- 措置制度の利用制度への変更，地域福祉計画の策定，知的障害者福祉等に関する事務の市町村への委譲に関する規定については，平成15年4月1日施行

資料3

社会福祉事業の内容

第一種社会福祉事業	第二種社会福祉事業
1 生活保護法に規定する救護施設、更生施設その他生計困難者を無料又は低額な料金で入所させて生活の扶助を行うことを目的とする施設を経営する事業及び生計困難者に対して助成を行う事業 2 児童福祉法に規定する乳児院、母子生活支援施設、児童養護施設、知的障害児施設、知的障害児通園施設、盲ろうあ児施設、肢体不自由児施設、重症心身障害児施設、情緒障害児短期治療施設又は児童自立支援施設を経営する事業 3 老人福祉法に規定する養護老人ホーム、特別養護老人ホーム又は軽費老人ホームを経営する事業 4 身体障害者福祉法に規定する身体障害者更生施設、身体障害者療護施設、身体障害者福祉ホーム又は身体障害者授産施設を経営する事業 5 知的障害者福祉法に規定する知的障害者更生施設、知的障害者授産施設、知的障害者福祉ホーム又は知的障害者通勤寮を経営する事業 6 売春防止法に規定する婦人保護施設を経営する事業 7 授産施設を経営する事業及び生計困難者に対して無利子又は低額で資金を融通する事業 8 共同募金を行う事業	1 生計困難者に対して、その住居で衣食その他日常の生活必需品若しくはこれに要する金銭を与え、又は生活に関する相談に応ずる事業 2 児童福祉法に規定する児童居宅介護等事業、児童デイサービス事業、児童短期入所事業、障害児相談支援事業、児童自立生活援助事業又は放課後児童健全育成事業、同法に規定する助産施設、保育所、児童厚生施設又は児童家庭支援センターを経営する事業及び児童の福祉の増進について相談に応ずる事業 3 母子及び寡婦福祉法に規定する母子家庭居宅介護等事業又は寡婦居宅介護等事業、同法に規定する母子福祉施設を経営する事業及び父子家庭居宅介護等事業（現に児童を扶養している配偶者のない男子がその者の疾病その他の理由により日常生活に支障を生じた場合に、その者につきその者の居宅において乳幼児の保育、食事の世話その他日常生活上の便宜を供与する事業であって、母子家庭居宅介護等事業その他これに類する事業を経営する者が行うものをいう。） 4 老人福祉法に規定する老人居宅介護等事業、老人デイサービス事業、老人短期入所事業又は痴呆対応型老人共同生活援助事業及び同法に規定する老人デイサービスセンター、老人短期入所施設、老人福祉センター又は老人介護支援センターを経営する事業 5 身体障害者福祉法に規定する身体障害者居宅介護等事業、身体障害者デイサービス事業、身体障害者短期入所事業、身体障害者相談支援事業、身体障害者生活訓練等事業又は手話通訳事業、同法に規定する身体障害者福祉センター、補装具製作施設、★1 盲導犬訓練施設又は視聴覚障害者情報提供施設を経営する事業及び身体障害者の更生相談に応ずる事業 6 知的障害者福祉法に規定する知的障害者居宅介護等事業、知的障害者デイサービス事業、知的障害者短期入所事業、知的障害者地域生活援助事業又は知的障害者相談支援事業、同法に規定する知的障害者デイサービスセンターを経営する事業及び知的障害者の更生相談に応ずる事業 7 精神保健及び精神障害者福祉に関する法律に規定する精神障害者社会復帰施設を経営する事業及び同法に規定する精神障害者地域生活援助事業 ★2 8 生計困難者のために、無料又は低額な料金で、簡易住宅を貸し付け、又は宿泊所その他の施設を利用させる事業 9 生計困難者のために、無料又は低額な料金で診療を行う事業 10 生計困難者に対して、無料又は低額な費用で介護保険法に規定する介護老人保健施設を利用させる事業 11 隣保事業（隣保館等の施設を設け、無料又は低額な料金でこれを利用させその他その近隣地域における住民の生活の改善及び向上を図るための各種の事業を行うものをいう。） 12 福祉サービス利用援助事業（精神上の理由により日常生活を営むのに支障がある者に対して、無料又は低額な料金で、福祉サービスの利用に関し相談に応じ、及び助言を行い、並びに福祉サービスの提供を受けるために必要な手続又は福祉サービスの利用に要する費用の支払に関する便宜を供与することその他の福祉サービスの適切な利用のための一連の援助を一体的に行う事業をいう。） 13 以上の事業に関する連絡又は助成を行う事業

★1——平成13年4月1日から追加される。
★2——「精神保健及び精神障害者福祉に関する法律等の一部を改正する法律」（平成11年6月4日法律第65号）により、平成14年4月1日から次のように改められる。
　　7 精神保健及び精神障害者福祉に関する法律に規定する精神障害者社会復帰施設を経営する事業及び同法に規定する精神障害者居宅生活支援事業（精神障害者居宅介護等事業、精神障害者短期入所事業、精神障害者地域生活援助事業）

出典：厚生省社会・援護局資料

資料4

措置制度の支援費支給方式への転換（概念図）

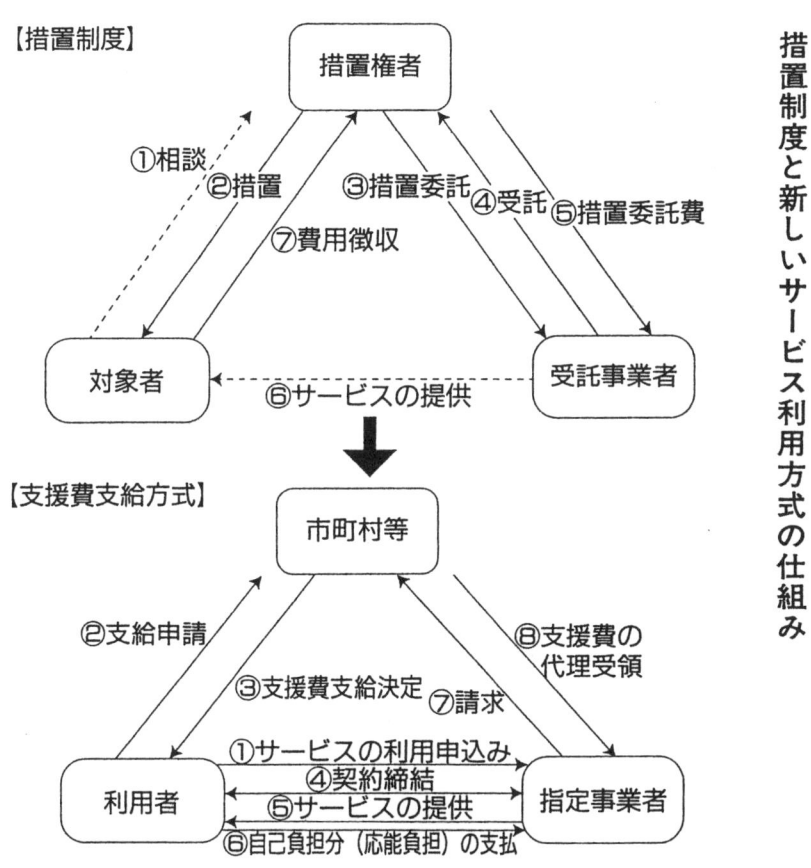

【措置制度】

```
                    措置権者
        ①相談 ↗  ②措置 ↓↑③措置委託 ④受託↑ ↓⑤措置委託費
              ⑦費用徴収
        対象者  ……⑥サービスの提供……→  受託事業者
```

【支援費支給方式】

```
                    市町村等
        ②支給申請 ↗         ↑⑧支援費の代理受領
        ③支援費支給決定 ↓    ⑦請求
              ①サービスの利用申込み
        利用者 ←④契約締結→  指定事業者
              ⑤サービスの提供
              ⑥自己負担分（応能負担）の支払
```

出典：厚生省社会・援護局資料

措置制度と新しいサービス利用方式の仕組み

資料 5
公的機関の監督を伴う任意代理制度（任意後見制度）の概要

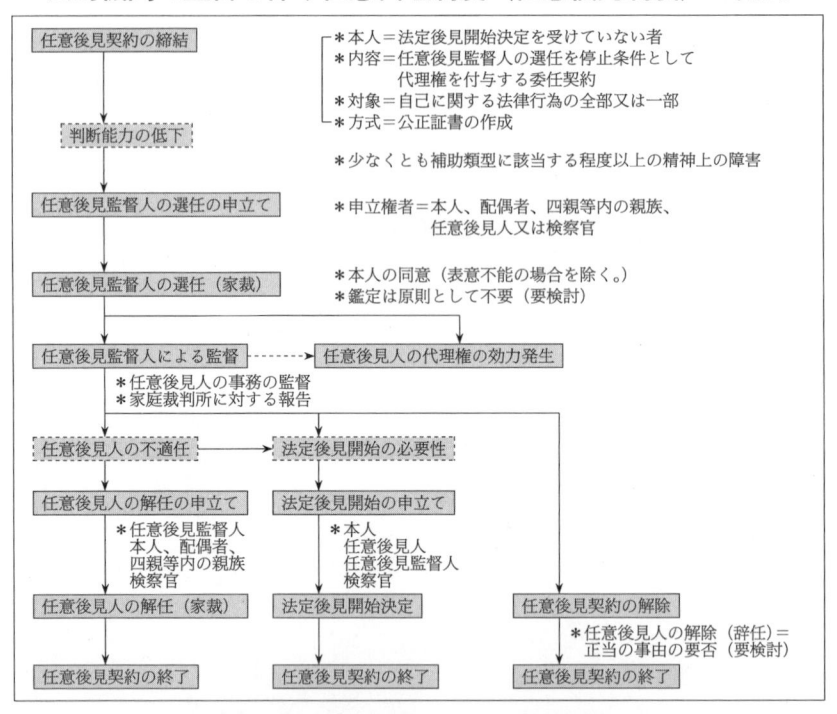

```
任意後見契約の締結 ── *本人＝法定後見開始決定を受けていない者
       │          *内容＝任意後見監督人の選任を停止条件として
       ↓                代理権を付与する委任契約
  判断能力の低下       *対象＝自己に関する法律行為の全部又は一部
       │          *方式＝公正証書の作成
       │
       │           *少なくとも補助類型に該当する程度以上の精神上の障害
       ↓
任意後見監督人の選任の申立て  *申立権者＝本人、配偶者、四親等内の親族、
       │                    任意後見人又は検察官
       ↓
任意後見監督人の選任（家裁） *本人の同意（表意不能の場合を除く。）
       │                  *鑑定は原則として不要（要検討）
       ↓
任意後見監督人による監督 ----→ 任意後見人の代理権の効力発生
       │       *任意後見人の事務の監督
       │       *家庭裁判所に対する報告
       │
  ┌────┴────┐
任意後見人の不適任  法定後見開始の必要性
       │             │
       ↓             ↓
任意後見人の解任の申立て  法定後見開始の申立て
 *任意後見監督人         *本人
  本人、配偶者、          任意後見人
  四親等内の親族          任意後見監督人
  検察官                検察官
       │             │           任意後見契約の解除
       ↓             ↓            *任意後見人の解除（辞任）＝
任意後見人の解任（家裁） 法定後見開始決定     正当の事由の要否（要検討）
       │             │                │
       ↓             ↓                ↓
任意後見契約の終了  任意後見契約の終了   任意後見契約の終了
```

〈補助・保佐・後見の三類型と任意後見制度の対応関係〉

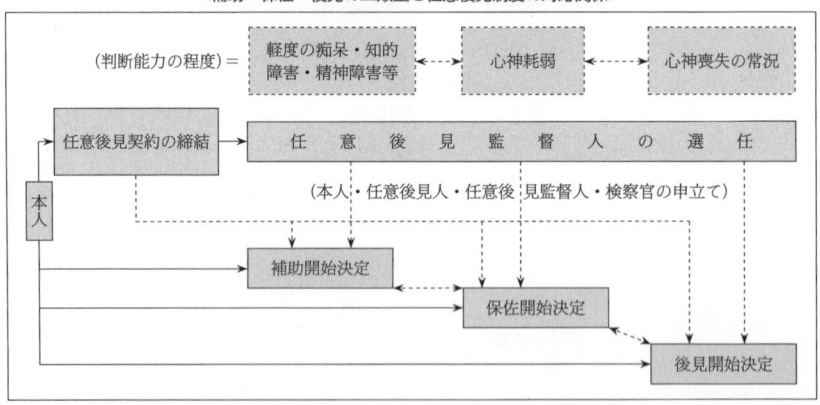

```
（判断能力の程度）＝ 軽度の痴呆・知的  ←--→  心神耗弱  ←--→  心神喪失の常況
              障害・精神障害等

任意後見契約の締結     任 意 後 見 監 督 人 の 選 任
本
人                （本人・任意後見人・任意後見監督人・検察官の申立て）

         補助開始決定
                    保佐開始決定
                              後見開始決定
```

出典：法務省民事局資料

資料編

資料6

補助・保佐・後見の三類型の概要

		補助類型	保佐類型	後見類型
要件	判断能力〈対象者〉	軽度の痴呆・知的障害・精神障害等により代理権又は同意権・取消権による保護を必要とする者	心神耗弱者	心神喪失の常況にある者
	鑑定	原則として不要（再検討）	原則として必要	同左
開始の手続	申立権者	本人，配偶者，四親等内家族，検察官，任意後見人，任意後見監督人等福祉関係の行政機関（要検討）	同左	同左
	本人の同意	必要		
	成年後見人	補助人	保佐人	後見人
同意権・取消権	付与の対象	特定の法律行為	民法12条1項各号所定の行為	日常生活必要行為以外の行為
	付与の申立て	必要	不要	同左
	本人の同意	必要		
	取消権者	本人〔及び補助人〕（再検討）	本人及び保佐人	本人及び後見人
代理権	付与の対象	特定の法律行為	保佐人の同意必要行為の全部・一部	財産に関するすべての法律行為
	付与の申立て	必要	同左	不要
	本人の同意	必要	同左	
職務	財産管理	本人の財産を管理する権利〈代理権等の範囲に対応〉	同左	同左
	身上監護	本人の身上に配慮する義務〈代理権等の範囲に対応〉	同左	同左 療養看護義務

出典：法務省民事局資料

資料7

地域福祉権利擁護事業の基本的な実施体制

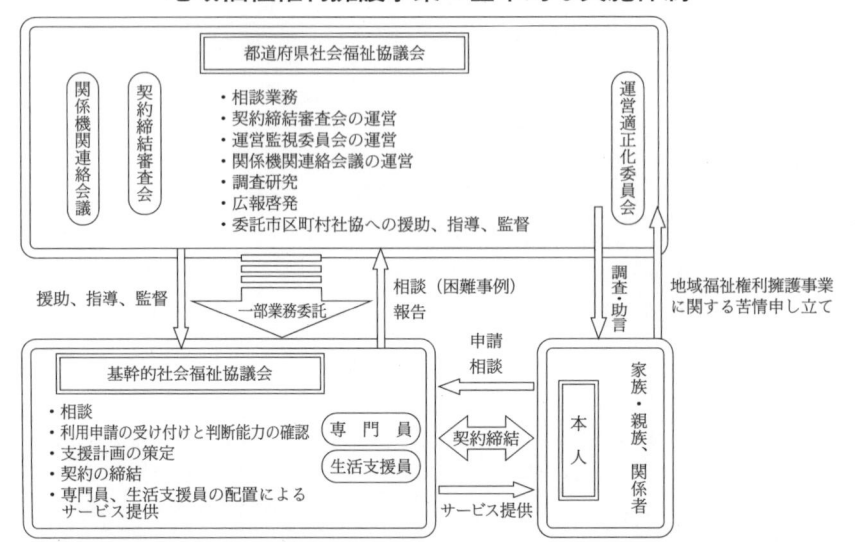

```
┌─────────────────────────────────────────────────────────┐
│                    都道府県社会福祉協議会                │
│  関  契            ・相談業務                      運   │
│  係  約            ・契約締結審査会の運営          営   │
│  機  締            ・運営監視委員会の運営          適   │
│  関  結            ・関係機関連絡会議の運営        正   │
│  連  審            ・調査研究                      化   │
│  絡  査            ・広報啓発                      委   │
│  会  会            ・委託市区町村社協への援助、    員   │
│  議                  指導、監督                    会   │
└─────────────────────────────────────────────────────────┘
```

援助、指導、監督　　一部業務委託　　相談（困難事例）報告　　調査・助言　　地域福祉権利擁護事業に関する苦情申し立て

```
┌─────────────────────────────┐              ┌──────────┐
│     基幹的社会福祉協議会     │   申請・相談 │  家族・  │
│ ・相談                       │◄────────────►│  親族、  │
│ ・利用申請の受け付けと       │   契約締結   │  関係者  │
│   判断能力の確認  ┌──────┐   │              │          │
│ ・支援計画の策定  │専門員│   │              │  本人    │
│ ・契約の締結      │生活支│   │   サービス   │          │
│ ・専門員、生活支援│援員  │   │   提供       │          │
│   員の配置による  └──────┘   │              │          │
│   サービス提供               │              │          │
└─────────────────────────────┘              └──────────┘
```

【都道府県社会福祉協議会】	【基幹的社会福祉協議会】	【その他の市区町村社会福祉協議会の協力体制】
ア．事業の企画運営 イ．相談 ウ．契約締結審査会の開催及び調整業務 エ．運営監視委員会の開催及び調整業務 オ．関係機関連絡会議の開催及び調整業務 カ．基幹的社会福祉協議会（専門員、生活支援員）業務の指導、支援及び監督 キ．生活支援員等研修の実施 ク．調査研究の実施 ケ．広報啓発等	ア．利用（予定）者の実態把握、確認の業務 イ．契約書・支援計画の作成と契約締結（または見直し）に係る業務 ウ．契約に基づく、利用者への具体的な援助 エ．生活支援員が社会福祉協議会の履行補助者として行う援助内容の指示と監督 オ．定期の実施状況の報告	ア．潜在化しているニーズを発掘し、地域福祉権利擁護事業につなげること イ．基幹的社会福祉協議会が訪問相談を行う際に、利用者との仲立ちをすること ウ．生活支援員の援助活動に必要なサポートを行うこと エ．基幹的社会福祉協議会と契約している、当該地域住民である利用者について、市区町村社会福祉協議会が日常的な見守り支援等を行うこと

出典：全国社会福祉協議会『よくわかる地域福祉権利擁護事業』2000年，47頁より，一部修正

資料編

資料8　地域福祉権利擁護事業における援助の流れ

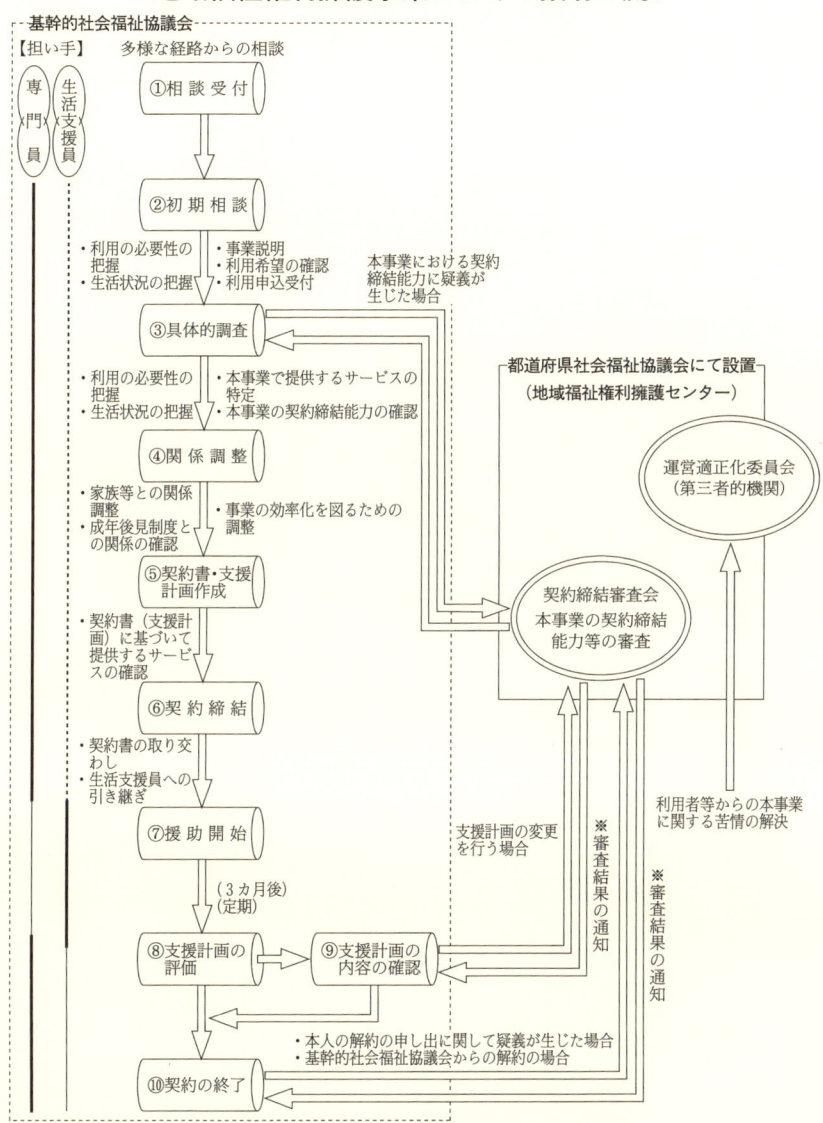

【基幹的社会福祉協議会】
【担い手】：専門員／生活支援員

多様な経路からの相談

① 相談受付
　↓
② 初期相談
- 利用の必要性の把握
- 生活状況の把握
- 事業説明
- 利用希望の確認
- 利用申込受付
　↓
③ 具体的調査　← 本事業における契約締結能力に疑義が生じた場合
- 利用の必要性の把握
- 生活状況の把握
- 本事業で提供するサービスの特定
- 本事業の契約締結能力の確認
　↓
④ 関係調整
- 家族等との関係調整
- 成年後見制度との関係の確認
- 事業の効率化を図るための調整
　↓
⑤ 契約書・支援計画作成
- 契約書（支援計画）に基づいて提供するサービスの確認
　↓
⑥ 契約締結
- 契約書の取り交わし
- 生活支援員への引き継ぎ
　↓
⑦ 援助開始
　↓（3カ月後）（定期）
⑧ 支援計画の評価　→　⑨ 支援計画の内容の確認
　　　　　　　　　　　　　支援計画の変更を行う場合
　↓
⑩ 契約の終了
- 本人の解約の申し出に関して疑義が生じた場合
- 基幹的社会福祉協議会からの解約の場合

【都道府県社会福祉協議会にて設置（地域福祉権利擁護センター）】

契約締結審査会
本事業の契約締結能力等の審査

運営適正化委員会（第三者的機関）

※審査結果の通知

利用者等からの本事業に関する苦情の解決

注：【担い手】の ──── は主に相当する段階を、──── は主な相当に協力して行う段階を、
　　……… は状況によって関与する段階を示している。

出典：全国社会福祉協議会『よくわかる地域福祉権利擁護事業』2000年，44頁より，一部修正

資料9

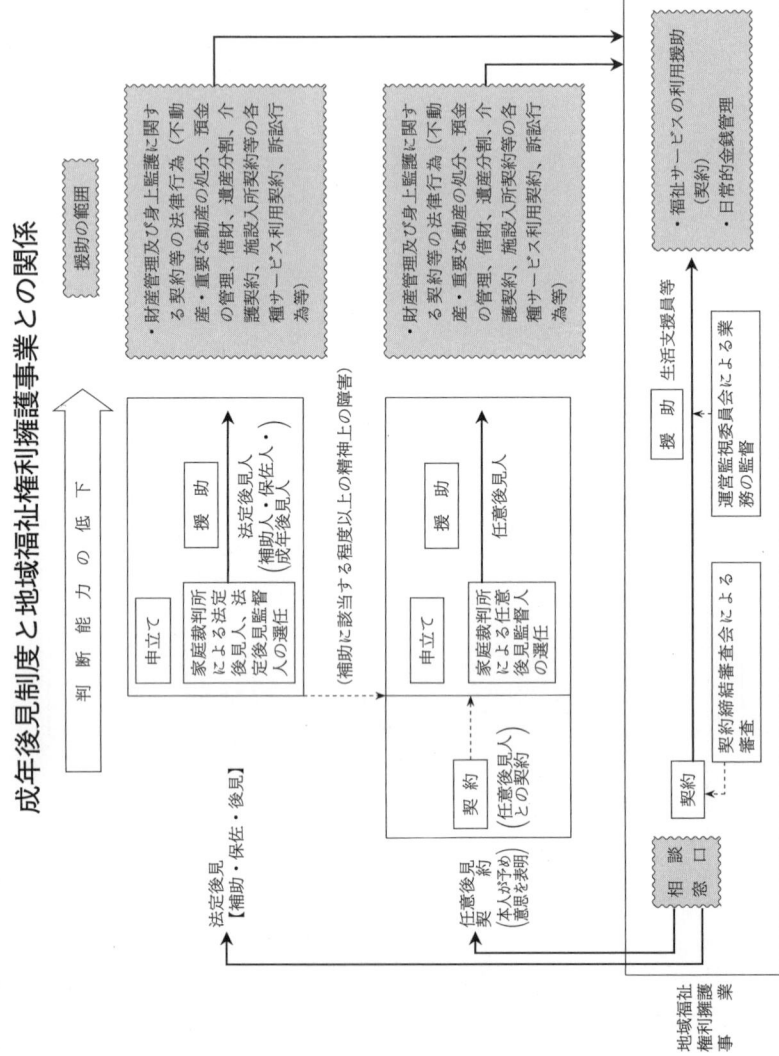

成年後見制度と地域福祉権利擁護事業との関係

	援助の範囲
法定後見【補助・保佐・後見】	・財産管理及び身上監護に関する契約等の法律行為（不動産・重要な動産の処分、預金の管理、借財、遺産分割、介護契約、施設入所利用契約、訴訟行為等）
任意後見契約（本人があらかじめ善意を表明）	・財産管理及び身上監護に関する契約等の法律行為（不動産・重要な動産の処分、預金の管理、借財、遺産分割、介護契約、施設入所利用契約、訴訟行為等）
地域福祉権利擁護事業	・福祉サービスの利用援助（契約） ・日常的金銭管理

判断能力の低下

法定後見：家庭裁判所による法定後見人、法定監督人の選任 → 援助 → 法定後見人（補助人・保佐人・成年後見人）

（補助に該当する程度以上の精神上の障害）

任意後見：家庭裁判所による任意監督人の選任 → 援助 → 任意後見人

相談窓口 → 契約締結審査会による審査 → 契約 → 運営適正化委員会による業務の監督 → 援助 → 生活支援員等

出典：『新・福祉システム PART 4』全国社会福祉協議会、2000年、90頁

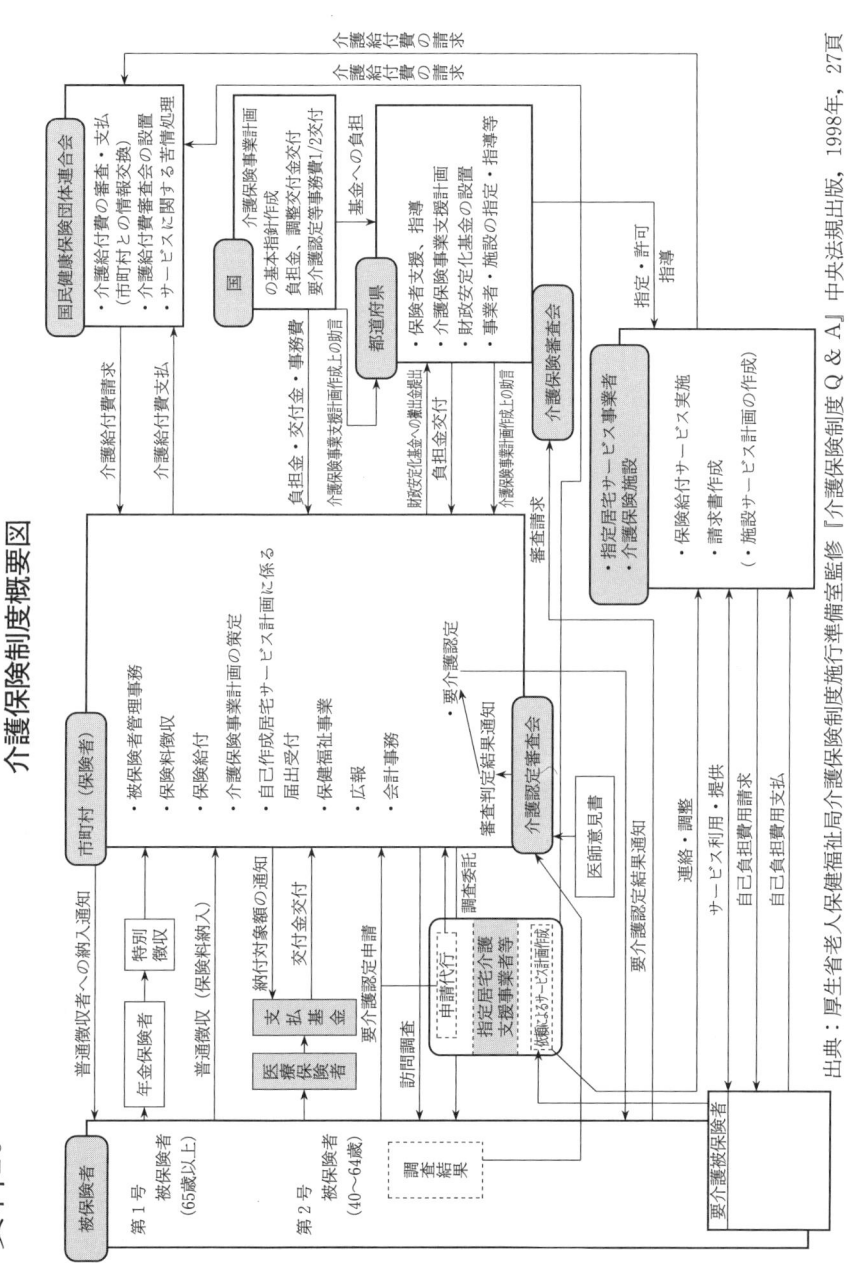

資料編

資料10　介護保険制度概要図

被保険者
- 第1号被保険者（65歳以上）
- 第2号被保険者（40～64歳）

市町村（保険者）
- 被保険者管理事務
- 保険料徴収
- 保険給付
- 介護保険事業計画の策定
- 自己作成在宅サービス計画に係る届出受付
- 保健福祉事業
- 広報
- 会計事務

国民健康保険団体連合会
- 介護給付費の審査・支払
- 市町村との情報交換
- 介護給付費審査会の設置
- サービスに関する苦情処理

国
- 介護保険事業計画の基本指針作成
- 負担金、交付金、事務費
- 調整交付金交付
- 要介護認定等事務費1/2交付

都道府県
- 保険者支援、指導
- 介護保険事業支援計画
- 財政安定化基金の設置
- 事業者、施設の指定・指導等

介護保険審査会

介護認定審査会

指定居宅サービス事業者・介護保険施設
- 保険給付サービス実施
- 請求書作成
- （施設サービス計画の作成）

支払基金

医療保険者

主な流れ：
- 普通徴収への納入通知
- 年金保険者（特別徴収）
- 普通徴収（保険料納入）
- 納付対象額の通知
- 交付金交付
- 要介護認定申請
- 訪問調査（申請代行、指定居宅介護支援事業者、被保険者から依頼）
- 調査結果
- 審査判定結果通知
- 医師意見書
- 要介護認定結果通知
- 要介護認定
- 審査請求
- 指定・許可
- 指導
- 介護給付費請求
- 介護給付費支払
- 負担金・交付金・事務費
- 介護保険事業支援計画作成上の助言
- 財政安定化基金の繰出し繰入れ
- 負担金交付
- 介護保険事業計画作成上の助言
- 基金への負担
- 介護給付費の請求
- サービス利用・提供
- 連絡・調整
- 自己負担費用請求
- 自己負担費用支払

出典：厚生省老人保健福祉局介護保険制度施行準備室監修『介護保険制度Q&A』中央法規出版、1998年、27頁

資料11

特定非営利活動

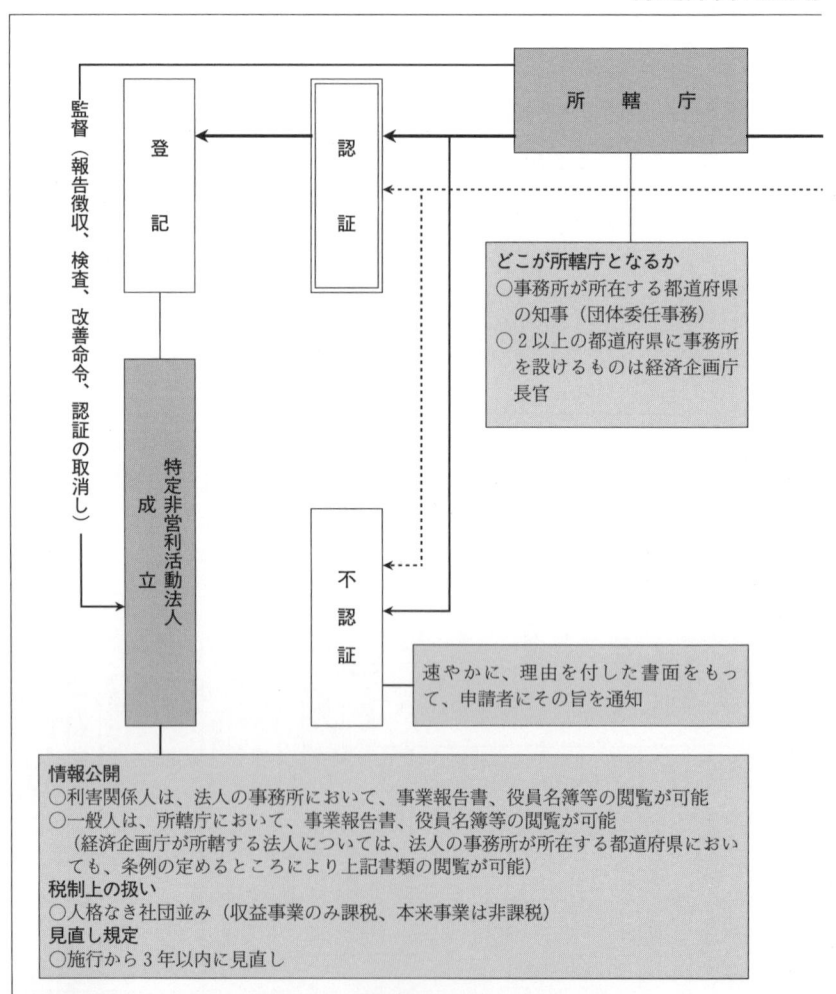

```
所轄庁 → 認証 → 登記 → 特定非営利活動法人 成立
所轄庁 → 不認証
所轄庁 → 監督（報告徴収、検査、改善命令、認証の取消し）
```

どこが所轄庁となるか
- 事務所が所在する都道府県の知事（団体委任事務）
- 2以上の都道府県に事務所を設けるものは経済企画庁長官

（不認証について）速やかに、理由を付した書面をもって、申請者にその旨を通知

情報公開
- 利害関係人は、法人の事務所において、事業報告書、役員名簿等の閲覧が可能
- 一般人は、所轄庁において、事業報告書、役員名簿等の閲覧が可能
  （経済企画庁が所轄する法人については、法人の事務所が所在する都道府県においても、条例の定めるところにより上記書類の閲覧が可能）

税制上の扱い
- 人格なき社団並み（収益事業のみ課税、本来事業は非課税）

見直し規定
- 施行から3年以内に見直し

衆議院内閣委員会附帯決議
- 信教、結社及び表現の自由が侵害されることのないよう配意し、特定非営利活動法人の自主性を十分尊重するとともに、法律の趣旨、国会における議論を踏まえ、公正・透明な行政運営に努める
- 税制等を含めた見直しは、法施行後2年以内に検討、結論を得る
- 営利を目的としない法人の制度については、今後、総合的に検討
- 12項目の活動分野に関しては、広く運用するよう努める
- 中央省庁の再編に際して、責任ある推進体制となるよう十分配慮

促進法（NPO法）

```
認証の申請 ──────────→ ［ 団 体 ］
←┄┄┄┄┄┄┄┄┄┄┄
  4カ月以内
 （受理後2カ月間公告）
```

特定非営利活動の定義
○不特定かつ多数のものの利益の増進に寄与することを目的とする
○次の12の活動分野に限定
　①保健、医療又は福祉の増進を図る活動
　②社会教育の増進を図る活動
　③まちづくりの推進を図る活動
　④文化、芸術又はスポーツの振興を図る活動
　⑤環境の保全を図る活動
　⑥災害救援活動
　⑦地域安全活動
　⑧人権の擁護又は平和の推進を図る活動
　⑨国際協力の活動
　⑩男女共同参画社会の形成の促進を図る活動
　⑪子どもの健全育成を図る活動
　⑫前各号に掲げる活動を行う団体の運営又は活動に関する連絡、助言又は援助の活動

特定非営利活動法人の定義・要件
○特定非営利活動を行うことを主たる目的とする
○営利を目的としない
○次のいずれにも該当する団体
　①社員の資格の得喪に関して、不当な条件を付さない
　②報酬を受ける役員が、役員総数の1/3以下
○その行う活動が次のいずれにも該当する団体
　①宗教活動を主たる目的としない
　②政治上の主義の推進・支持・反対を主たる目的としない
　③特定の候補者等又は政党の推薦・支持・反対を目的としない
○申請に係る法人が暴力団又は暴力団若しくはその構成員の統制の下にある団体でないこと
○10人以上の社員　等

法制定の目的：ボランティア活動をはじめとする市民が行う自由な社会貢献活動としての特定非営利活動の健全な発展の促進

参議院 労働・社会 政策委員会 附帯決議	○信教、結社及び表現の自由に配意し、特定非営利活動の自主性を損なわぬよう努める ○税制等を含めた見直しは、法施行後2年以内に検討、結論を得る ○営利を目的としない法人の制度については、今後、総合的に検討 ○中央省庁の再編に際して、責任ある推進体制となるよう十分配慮

出典：『月刊福祉1998年8月号』全国社会福祉協議会，12頁より，一部修正

索　引

ア

アウトリーチ　111
アカウンタビリティ　113
アセスメント　69, 92
アソシエーション　23, 43
アドボカシー　27, 92, 105, 195
アメニティ（快適性）　177
医学モデル　123
生き合う　32
育成　61
委託事業　147
一物多価　31
一般的地域組織化活動　87, 88
院外救済　38
インクルージョン（inclusion＝包括化）　236
インター・グループワーク説　85
インテグレーション（integration＝統合化）　236
インナーシティ問題　40
インフォーマル　29
インフォーマル・ケア　140
インフォームド・コンセント　111
上乗せサービス　69
運営適正化委員会　74
運動体社協　148
英国コミュニティ白書　193
ADA　173

ADL（Activities of Daily Living＝日常生活動作）　234
エーデル改革　207
NPO　66, 113, 182
援護　61
エンゼルプラン　56, 240
エンパワメント（Empowerment）　24, 106, 195, 200
エンパワリング・プロフェッション　115
オンブズパーソン制度　98, 106

カ

介護給付　65, 69
介護支援専門員　69, 129
介護報酬　65
介護保険事業　111
介護保険審査会　70
介護保険法　61
介助関係　237
家族会　251
家族の会活動　18
過疎地域　225
活動　175
カプラン　93
からだのケア　178
完全参加と平等　173
関連機関のネットワーク化　243
関連する分野　153

索　引

緩和ケア　210
キー・リング（Key Ring）　195
企業ボランティア　228, 229
疑似市場　196
基礎的潜在能力の平等　33
救護法　54
共助　14
行政監察専門員制度　98
共生空間　170
共セクター　17
協同組合　80
居宅介護等事業（ホームヘルプサービス）　251
緊急保育対策等5か年事業　240
近親者有給介護休暇　207
禁治産　72
苦情申し立て　77
グリフィス報告　49, 193
ケアネットワーク　129
ケアパッケージ　129
ケアプランの作成　69
ケアマネージャー　28
ケアマネジメント　90, 108, 124
経済的自立　234
契約　61
ケースマネジメント　90
欠格条項　74, 233
ゲゼルシャフト　42
ゲマインシャフト　42
公共　141
後見　72
公助　14
交通アクセス　171

公的介護保険制度　1
公的生活の二重性　17
公的責任性　64
幸福追求権　15
高齢者ケアプログラム　210
高齢者サービス総合調整推進会議　156
高齢者サービス調整チーム　156
高齢者総合相談センター　156
国際アクセスシンボルマーク　184
国際障害者年　163, 173, 235
国際障害分類　175
国民健康保険団体連合会　70
国連・障害者の十年　173
心の過疎　226
こころのケア　180
心のバリア　185, 233
互酬　30
互酬モデル　31
子育て環境のレベルアップ　244
コミューン（commune）　41, 205
コミューン・デモクラシー　206
コミュニタス（communitus）　44
コミュニティ・オーガニゼーション　39, 199
コミュニティケア　191
コミュニティケア法　193
コミュニティ・ソーシャルワーカー　115
コミュニティ・ソーシャルワーク　192
コミュニティ・デベロップメント　85
コミュニティ・プラクティスモデル　200

コミュニティワーカー　147
コミュニティワーク　147, 196
コンボイ（護送船団）モデル　160

　　　　サ

在宅支援ボランティア　245
再分配モデル　31
策定委員会　84
差別禁止法　173
参加　21, 175
残存能力　156
COS　38, 190
シーボーム報告　49, 191
ジェネリック・ソーシャルワーク　94
支援ネットワーク　183
市区町村社会福祉協議会　60, 136
事業体社協　56, 148
自己決定権　187
自己決定権への代弁的支援　105
自助　14
市場（競争）原理　105
市場交換モデル　31
施設ケア　125
施設の在宅化　125
施設の地域化　125
施設病（＝institutionalism）　235
慈善組織協会　190
自治　141
シビル・ミニマム　47
社会サービス　104
社会サービス法　206
社会診断　40
社会的入院　249

社会的バリア　175
社会的不利（ハンディキャップ）　249
社会福祉関係八法改正　55, 109
社会福祉基礎構造改革　14, 54, 140
社会福祉基礎構造改革の主旨　56
社会福祉協議会　136, 225
社会福祉サービス利用主体　163
社会福祉士　115
社会福祉法　1, 104
社会福祉法人　136
社会福祉法制定　109
弱者保護　107
主意主義（ボランタリズム）　15
就学保障　181
集団討議　86
住民運動　183
住民参加　159
住民参加型　182
住民参加型のホームヘルプサービス事業　245
住民主体　140
授産施設　250
主体的共同　24
恤救規則　54
準禁治産　72
生涯学習　164
障害者基本法　250
障害者の雇用促進等に関する法律　237
障害者の雇用率　237
障害者プラン　56, 183, 251
小地域福祉活動　139, 247
情報アクセスへのバリア　233

索　引

情報提供　132
食事サービス　245
職権主義　104
ショップ・モビリティ　178
自立　25
自立生活運動（IL 運動＝Independent Living）　183, 234
知る権利　113
シルバーハウジング　184
新救貧法　190
人権　145
人権侵害　110
新ゴールドプラン　56
心身機能・構造　175
身辺自立　234
心理的バリア　175
スウェーデン・モデル　205
スクリーニング　91
スクリーニングの段階　93
スティグマ化　107
生活課題　171
生活協同組合　18
生活訓練施設　250
生活圏拡大運動　174, 184
生活世界　32
生活の質　143, 162, 185
生活福祉資金　137
生活文化　177
生活力　237
精神的自立　235
精神保健及び精神障害者福祉に関する法律　250
精神保健福祉士（PSW＝精神科ソーシャルワーカー）　249
精神保健福祉法　250
生存権　122
生存権・生活権　15
制度的バリア　175, 233
成年後見制度　2, 27, 57, 77, 105
生命価値の平等　32
生命の尊厳　15
セツルメント運動　38, 190, 199
セルフ・アドボカシー　108
セルフヘルプ　108
セルフヘルプ・グループ　138
先駆的・開拓的　248
全国社会福祉協議会　136
全国精神障害者家族会連合会　251
全国精神障害者団体連合会　251
選択　61
相談援助機能　133
相談サービス　133
ソーシャル・アクション　201, 247
ソーシャル・サービス　200
ソーシャル・サービス包括補助金（The Social Services Block Grant）　200
ソーシャルサポート　93
組織運営　86
組織化　130
組織化説　85
措置制度　62, 114

タ

タイトル XX（Title XX of the Social Security Act）　200

275

惰民観　41
だれでも利用できる　243
短期入所事業（ショートステイ）　251
地域医療　154
地域開拓　127
地域ケアサービス　120
地域ケア・システム　154
地域子育て支援事業　240
地域性（area）　47
地域生活援助事業（グループホーム）　251
地域生活支援センター　251
地域組織化活動　87, 138
地域組織化理論　87
地域担当者　243
地域におけるケア　120
地域によるケア　120
地域の組織化　20, 47, 89, 145
地域福祉　143
地域福祉活動　166, 180, 228
地域福祉活動計画　82
地域福祉計画　59, 81, 114
地域福祉権利擁護事業　2, 77, 105
地域福祉権利擁護制度　57, 74
地域福祉実践主体　163
地域福祉の主要な担い手　163
地域福祉力　110
地域保健　154
地域保健法　158
地区社協　138
父親気質　107
地方自治体サービス法　191
地方性（region）　47

地方分権推進法　142
中間（共）セクター　17
直接現金給付（Direct Payments）　194
常に地域に開かれた存在　243
ディスクロージャー　113
点字ブロック　184
テンニース, F.　42
統合　154
統合化　21
当事者　171, 181
当事者運動(セルフ・ヘルプ活動)　251
当事者グループ　18, 138
当事者本人の会　251
独占禁止法　66
特定非営利活動促進法　97
都市化　228
都道府県社会福祉協議会　136

ナ

ナショナル・ヘルス・サービス（NHS）　193
ナショナル・ミニマム　39
ニーズ・資源調整説　85
ニーズ充足　15
ニーズに直接応える　243
任意後見制度　72
人間一価性　31
人間的自立　236
人間の経済　31
人間の生命基盤　32
ノーマライゼーション　17, 21, 122, 145, 172

索　引

ノーマライゼーション運動　40
ノーマライゼーション思想　163, 233
ノーマライゼーション 7 カ年戦略　185, 251
ノンステップバス　176

ハ

バークレイ報告　46, 49, 192
パートナーシップ　192
パートナーシップの確立　111
ハートビル法　183
ハウス　93
パターナリズム　107
パッチシステム　192
ハンディキャプト・マイノリティ　146
バリア（障壁）　112, 232
バリアフリー（barrier free）　110, 112, 121, 172, 174, 232
ピンカー，R. K.　46
フェア（Fair）　44
フォーマル・ケア　140
福祉意識　109
福祉移送サービス　246
福祉オンブズパーソン　99
福祉元年　55
福祉機器（technical aid）　178
福祉教育　161, 181
福祉協同組合　18
福祉工場　251
福祉コミュニティ　49, 88, 139
福祉コミュニティ形成　164
福祉社会　33
福祉人材センター　145

福祉推進委員　138
福祉専門職　114
福祉組織化活動　87, 88
福祉ニーズ　147
福祉の組織化　20, 48, 89, 145
福祉のまちづくり　50, 180
福祉のまちづくり運動　174
福祉のまちづくり条例　184
福祉ホーム　251
福祉ミックス化　140
福祉六法　55
父権保護的温情主義　107
物理的バリア　174, 175, 233
プロセスゴール（process goal）　23
ベバリッジ報告　191
包含　21
法定後見制度　72
訪問看護　158
訪問指導　158
ホームヘルパー　140
保健・医療・福祉の連携　154
保健サービスの地域組織化　159
保健福祉事業　69
保護　61
保佐　72
保佐人　72
補助　72
補助人　72
ボランタリー・アソシエーション　24
ボランティア　121
ボランティア活動　94
ボランティア・センター　96

マ

マーケット（Market） 43
毎日給食 224
マイノリティ・グループ 106
マクロプラクティス 200
マッキーバー，R. M. 42
マンパワー 226
ミニデイサービス 245
民間非営利組織 (Non Profit Organization) 97
無償性の原則 246
名称独占 115
モニター制度 228, 229
モニタリング 69

ヤ

ユーザー（利用者） 22
有償ボランティア 246
友人サービス 206
ユニバーサルデザイン 172, 174
揺りかごから墓場まで 191
要介護認定 90
横だしサービス 69
予防給付 69

ラ

ライフステージ 104
ライフモデル 123
ラポール 112
ラングラン (Lengran, P.) 165
ランスティング 205
リカレント方式 166
リッチモンド，M. E. 39
利用者参加 113
利用者主体の原則 120
利用者中心のシステム 113
利用者同士のネットワーク化 243
レイン報告 49, 199
レーン 205
劣等処遇 122
劣等処遇原則 190
連携や統合 153
連絡 153
老人保健法 156
労働力人口 228

ワ

ワーグナー報告 192

執筆者一覧（所属は，刊行時のものです。）

星野政明	三重県立看護大学大学院（はじめに）〈編者〉	
牛津信忠	聖学院大学（第1章，第10章―1）〈編者〉	
増田樹郎	静岡県立大学短期大学部（第2章，第10章―3，資料編）〈編者〉	
佐藤克繁	流通経済大学（第3章）	
澤　宣夫	長崎純心大学（第4章）	
松山博光	大妻女子大学（第5章）	
西村正広	愛知江南短期大学（第6章）	
井上英晴	九州保健福祉大学（第7章）	
大橋純一	流通経済大学（第8章）	
中野伸彦	長崎ウエスレヤン短期大学（第9章）	
増田公香	聖学院大学（第10章―2）	
洋子マーフィー	バララット・ヘルスサービス（第10章―4）	
張　昌鎬	長崎ウエスレヤン短期大学（第10章―5）	
伊藤　桜	静岡県立大学短期大学部（第11章―1，2）	
結城俊哉	聖学院大学（第11章―3，6）	
秋山修子	保育専門学校（第11章―4）	
石元洋子	つくば市社会福祉協議会（第11章―5）	

| 地域福祉論 |

| 2000年11月20日　初版発行 |
| 2006年 4月10日　 3 刷発行 |

|編著者| 牛 津 信 忠
星 野 政 明
増 田 樹 郎 |

発行者	武 馬 久 仁 裕
印　刷	株式会社 太 洋 社
製　本	

発行所　株式会社 黎 明 書 房

〒460-0002 名古屋市中区丸の内3-6-27 EBS ビル　☎052-962-3045
　　　　　振替・00880-1-59001　　FAX052-951-9065
〒101-0051 東京連絡所・千代田区神田神保町1-32-2　南部ビル302号
　　　　　　　　　　　　　　　　　　　　　　　　☎03-3268-3470

落丁本・乱丁本はお取替します。　　　　　　　ISBN4-654-05711-0
ⓒ N. Ushizu, M. Hoshino, T. Masuda 2000, Printed in Japan